LA VENTAJA DEL STORYTELLING

LA VENTAJA DEL STORY-TELLING

Cómo una narrativa influyente
puede hacer prosperar
a una empresa

CHRISTINA FARR

Traducción de Leire García-Pascual Cuartango

EMPRESA ACTIVA

Argentina – Chile – Colombia – España
Estados Unidos – México – Perú – Uruguay

Título original: *The Storyteller's Advantage*
Editor original: Basic Venture, un sello de Hachette Book Group, Inc.
Traducción: Leire García-Pascual Cuartango

1.ª edición: noviembre 2025

ISBN: 978-84-18308-25-3
E-ISBN: 979-13-87750-42-8
Depósito legal: M-19.620-2025

Fotocomposición: Urano World Spain, S.A.U.
Impreso por Romanyà Valls, S.A. – Verdaguer, 1 – 08786 Capellades (Barcelona)

Impreso en España – *Printed in Spain*

Para Wendy, la narradora con más talento que conozco.

Índice

PARTE 1
El poder de las historias

PARTE 2
Historias que venden

PARTE 3
Cómo percibimos las historias

Introducción

Una buena historia es capaz de inspirar, persuadir y hacer cambiar opiniones. Pocas herramientas son tan valiosas (y accesibles) para las empresas en nuestro mundo globalizado, en el que vivimos millones de personas y, sobre todo, cuando la mayoría solemos trabajar en línea. Debido a que muchos nos hemos creído la frase de «Los datos son el nuevo petróleo», la mayor parte de las empresas solo tienen en cuenta los números a la hora de tomar una decisión, y han empezado a infravalorar el poder de una buena historia.[1] La mayoría de nosotros, en nuestras carreras, hemos tenido que demostrarles a nuestros jefes con números y datos nuestro progreso, a ser posible mediante métricas que se pudiesen presentar en forma de tabla o gráficos. Las historias pueden ser algo un poco más subjetivo y, por lo tanto, sus resultados un poco menos tangibles. ¿Cómo saber si ha sido tu narración magistral, o tu demostración perfecta del potencial del producto, o una combinación de ambas lo que ha convencido a ese cliente imposible de invertir o comprar? ¿Se puede demostrar que ha sido la historia? Quizás no, pero la mayoría de los líderes a los que he entrevistado para este libro reconocen que una buena historia suele jugar un papel fundamental a la hora de tener éxito en tus objetivos. Y, sin embargo, muy pocas compañías ofrecen recursos u oportunidades a sus empleados para que mejoren sus dotes narrativas.

Parece que nos hemos olvidado de que los datos, al igual que el petróleo, no sirven de nada si no sabemos qué hacer con ellos. De hecho, los datos no son la antítesis de una buena historia. Son más bien su potencial compañero o aliado. Los analistas de datos de las mejores universidades están constantemente estudiando técnicas de narración para poder transformar todas esas listas llenas de números en bruto en algo mucho más emotivo, útil y procesable.[2] Sin la capa añadida de la historia, los datos carecen de significado; por lo tanto, a la mayoría de los seres humanos les costará mucho trabajo interpretarlos o digerirlos, así que ya no hablemos de cuando tengan que recordarlos.[3]

Neil Lindsay, vicepresidente sénior de Amazon, que dirige el grupo de salud empresarial y que en el pasado dirigió la sección de marketing y la de Prime, afirmó: «Se puede tener éxito con un gran producto si este encuentra a la audiencia adecuada, siempre y cuando se les ponga enfrente dicho producto. Puedes tener *mucho más éxito* si logras que tu mensaje sobre lo que haces y los beneficios emocionales que tu producto puede aportarles a tus clientes llega hasta tu público objetivo».

Lindsay compartió además una analogía sobre comprar una chaqueta vieja y ajada o comprar una chaqueta de la marca Patagonia. Las dos chaquetas pueden tener el mismo aspecto y tacto, y ambas sirven para mantener el calor corporal a la hora de ir a hacer senderismo, pero la chaqueta de Patagonia tiene mucho más significado que la otra, porque la marca ha dedicado innumerables recursos para darle una historia. Desde Patagonia dejan claro que adoran lo más salvaje que la Tierra tiene para ofrecernos. En su página web incluyen múltiples referencias a sus objetivos de conservación, y declaran orgullosos que nosotros, como seres humanos, debemos poseer un espíritu pionero y defender «nuestro único hogar». La empresa también ha invertido en el mensaje que da (tal y como veremos más tarde, uno de los rasgos más importantes que ha de tener una buena narración es que tenga acciones que la respalden), ya que han invertido en organizaciones no gubernamentales que abogan por la protección del medio ambiente, así como en soluciones contra el cambio climático. Patagonia es una de las marcas más conocidas de Estados Unidos, a la que se la asocia constantemente con valores muy positivos, como una buena experiencia del consumidor o la sostenibilidad.[4] De ahí que haya tantos consumidores que sigan eligiendo comprar sus chaquetas de montaña.

Los seres humanos llevan contando historias desde hace siglos. Nuestros cerebros han ido evolucionando para procesar dichas historias, para organizar pequeños detalles hasta crear un argumento y recuerdos que perduren en el tiempo. Así que el crear una buena historia debería ser prioritario para cualquiera de las empresas de hoy en día, a todos los niveles, no solo para los directivos de dicha compañía, sino también para los empleados de legislación, recursos humanos, políticas, producto y cualquier otro departamento de operaciones, no solo para directivos, relaciones públicas y marketing. Tal y como aseguró *The New York Times* cuando les habló directamente a las empresas que pudiesen querer en un futuro anunciarse en su periódico: «Los consumidores, ahora más que nunca, quieren tener una especie de conexión genuina con las marcas a las que apoyan de una forma ciega. Sin embargo, los consumidores no pueden ser leales a una marca hasta que comprendan del todo cuál es su objetivo y su propósito. Una buena historia es lo único capaz de llenar ese vacío».[5]

La mayoría de las empresas que vienen a verme en busca de consejo no cuentan con una buena historia. Y lo puedo afirmar con confianza, porque llevo quince años en un trabajo que me obliga a pasar mucho tiempo escuchando historias mal contadas. Y me refiero a *mucho tiempo*. De hecho, diría que me he pasado unas 5000 horas (lo que equivaldría más o menos a unos siete meses) escuchando a fundadores, muchos CEO y personas de distintas compañías intentando comunicar qué es lo que hacen sus productos exactamente y tratar de ganar potenciales clientes usando herramientas solo de negocios, sobre todo, muchas presentaciones de PowerPoint.

El estar siempre en el lado receptor de tantas nuevas empresas y lanzamientos formaba parte del trabajo que asumí al convertirme en periodista de negocios en la CNBC, Reuters y *Fast Company*, y más tarde como inversora en tecnología y salud en OMERS Ventures, la compañía de inversiones privada que trabaja para una de las ramas de uno de los mayores fondos de inversión para pensiones del mundo. A partir de ahí, me incorporé a la empresa de consultoría estratégica y jurídica Manatt, donde sigo trabajando como inversora y asesorando a empresas. A lo largo de mi carrera, como asesora, inversora y periodista, me di cuenta de que siempre estaba en el mismo lado de la ecuación. A principios de mi carrera, sabía que todas las empresas me veían solo como una herramienta necesaria para conseguir una agenda más amplia con la que llamar la atención. Durante la segunda mitad de mi carrera, mi valor estaba directamente relacionado con el acceso que tenía a los fondos, lo que podía ayudar a impulsar a una empresa hasta la siguiente fase o mantenerla a flote hasta que su modelo de negocio empezase a funcionar. Hoy en día, trato de trabajar siempre con ambos lados de la ecuación, ya que ayudo tanto a los fundadores como a los ejecutivos a crear una buena historia que los ayude a alcanzar sus objetivos, porque sé que no hay mejor forma de salir adelante que esa.

Si echo la vista atrás y recuerdo todas esas presentaciones de producto y marca que tuve que escuchar a lo largo de mis primeros años, me doy cuenta de que la mayoría no tuvieron éxito desde el punto de vista de lo que intentaban conseguir. No les tendí un cheque al final ni puse el nombre de la empresa o del CEO en ningún artículo para hacerles publicidad. Sin embargo, de vez en cuando, sí que me sentía realmente fascinada por la persona que había sentada delante de mí, tanto que sentía la necesidad de echarle una mano. Quería que todas esas empresas saliesen a flote, a pesar del escepticismo que albergaba antes incluso de que la interacción tuviese lugar. Si me creía la historia que me estaban contando y me involucraba a un nivel emocional con la empresa, era como si un interruptor se encendiese de repente en mi cabeza. Cada vez que eso ocurría, me reafirmaba en mi idea: los buenos narradores gobernarán el mundo.[6]

Podrías objetar que muchas empresas de éxito tienen malos narradores al mando, y estarías en lo cierto. Pero, tal y como descubriremos a lo largo de LA VENTAJA DEL STORYTELLING, una buena historia puede conseguir el mismo efecto que si echamos gasolina a una hoguera. Si la empresa está bien consolidada, una buena historia puede ayudar a que progrese mucho más rápido. Incluso en el caso de una empresa de dudosa solidez o que no esté rindiendo tanto como debería, una buena historia (sobre todo en manos de un buen narrador) podría llevar a una empresa a tener un éxito estratosférico antes de que inevitablemente quebrase. La razón principal está clara: cuando un buen narrador consigue cautivar al público al que se dirige, ya sea un personaje mediático, un potencial cliente o un nuevo empleado, gana un aliado clave.

Con los suficientes aliados, una empresa podría cobrar impulso rápidamente. Los grandes empleados acuden en masa a buscar empleo allí, los inversores se amontonan y la prensa toma nota de lo que ocurre. Y, sin embargo, he oído en más de una ocasión a gente calificar peyorativamente la capacidad de contar una buena historia y sus beneficios, sobre todo en Silicon Valley, donde estuve viviendo durante más de una década. Si a un fundador se le describe como un «buen narrador», se da por sentado que la empresa que dirige es mucho ruido y pocas nueces. Como me contó Lulu Cheng Meservey, antigua jefa de comunicación de Activision Blizzard y miembro de la junta directiva de Shopify, en el mundo empresarial está demasiado extendida la percepción negativa hacia los buenos narradores, y debería ocurrir justamente lo contrario. Ella cree que cualquier empresa capaz de contar una historia convincente podría ser «el doble de exitosa» que si no la tuviese, y aquellos que creen lo contrario probablemente se deba a que no saben cómo narrar una buena historia. «Solo tienen envidia», dijo.

Delian Asparouhov, inversor de la firma de capital riesgo Founders Fund y fundador de Varda Space, cree que la industria tecnológica es la que más podría beneficiarse de una buena historia. Cuanto más técnico es el negocio, más importante es la narrativa. «Si lo que se quiere es incitar al consumidor a que se descargue una aplicación, basta con pedir a alguien de su entorno que se la descargue para entusiasmarle…; en cambio, con cualquier cosa que tenga que ver con la IA, o el clima, o el espacio, o los nuevos tipos de ciencia, normalmente lo único que tendrás para defenderte durante varios años es la historia que escribas para respaldarte». Piensa en Mark Zuckerberg cuando creó Facebook. Tan solo necesitaba mostrar cómo descargar la aplicación que había creado. Las empresas que crean tecnologías realmente revolucionarias (como coches autónomos, úteros artificiales, sistemas de captura de carbono, etc.) no suelen tener mucho más allá de su historia para explicar qué es lo que están creando. Estas empresas suelen necesitar inversores durante una década o incluso más tiempo, pero pueden tener poco que mostrar en forma de progreso durante todo ese periodo en el que siguen avanzando para lograr su objetivo. Necesitan el capital que estos les pueden ofrecer para creer en un futuro en el que esa tecnología que están creando se convierta en la norma, en el que todo el mundo la use, y para eso necesitan un toque de imaginación. ¿Y cómo consiguen ese toque de imaginación? Con una historia que sea imposible de olvidar.

Entonces, ¿qué clase de historias merece la pena compartir? Sin importar quién seas, un CEO o un profesional junior con pocos años de carrera. Pues esa es precisamente la pregunta que exploraremos a lo largo de las páginas de este libro. En La ventaja del storytelling os compartiré multitud de casos reales y ejemplos de empresas de todos los tamaños que utilizaron la narración de una buena historia para superar contratiempos clave o para gritar a los cuatro vientos su éxito (sin molestar, claro). Como veremos más adelante, ser un gran narrador no significa tener un gran ego ni publicar constantemente en las redes sociales. Muchos fundadores, ejecutivos y empleados abordan las comunicaciones de forma auténtica y directa. En esencia, la narración de historias solo funciona cuando es auténtica; de lo contrario, el público sentirá que le están vendiendo algo y desconectará. «Las mejores historias son las más auténticas», afirma Lindsay, vicepresidente sénior de Amazon.

Pero te tengo una buena noticia: a diferencia de la mayoría de las habilidades profesionales, la capacidad de contar una buena historia no requiere una gran inversión de tiempo o recursos. Cualquiera, sin importar cuál sea su posición dentro de la empresa, puede hacerlo, con la formación y el compromiso adecuados. Al contrario de lo que dicta la creencia popular, contar historias no es una cualidad innata que algunas personas posean y de la que otras carecen. Ser bueno contando historias requiere disciplina, preparación y práctica, como todo. E incluso los autoproclamados «expertos» pueden mejorar sus habilidades si se vuelven a familiarizar con los conceptos básicos o les piden comentarios constructivos a sus compañeros.

Aprender a ser un mejor narrador también puede ser divertido y creativo. Pensemos en Dick Costolo, antiguo CEO de Twitter, que atribuye gran parte de su éxito a sus dotes de improvisación, una forma de teatro espontáneo y sin guion en el que los actores se inventan los diálogos y la temática de la obra sobre la marcha.[7] Tal y como explicó a *Bloomberg*, la improvisación es como la creación de empresas, ya que anima a las personas a unirse para alcanzar un objetivo común. Lo que nos enseña la interpretación es a adaptarnos en el momento a cualquier nueva historia, por descabellada o inesperada que sea.[8] Se trata de una valiosa habilidad para cualquiera que trabaje en una empresa diversa, en la que muchas culturas, lenguas y puntos de vista compiten por verse representados. Para quienes no puedan imaginarse haciendo improvisación, hay muchos otros sitios donde se puede practicar el intercambio de historias, ya sea LinkedIn, una conferencia, una reunión interna de equipo o una presentación fuera de la empresa. Mi red social favorita suele ser X, porque me atrae la idea de poder comunicar algo usando tan solo frases cortas y concisas. Y, en cambio, lo que menos me gusta es tener que contar una historia en formato de vídeo, porque todavía no me siento cómoda escuchando mi propia voz.

Todos estamos ocupados y tenemos muy pocas horas al día para perfeccionar nuestras habilidades. Así que, desde el punto de vista funcional, ¿cómo podemos hacer que el contar una buena historia se convierta en una prioridad para la empresa? Para la mayoría de los CEO, cualquier cosa que implique hacer una lluvia de ideas, pensar, escribir y compartir ideas normalmente queda relegado a un segundo plano en medio de la rutina de reuniones y proyectos urgentes. Por eso veo que muchos directivos acaban pensando que pueden delegarle la tarea de contar una buena historia a otra persona. La mayoría de las empresas subcontratan a otras para crear una buena narrativa, y por ese motivo existen un número desconcertante de agencias de relaciones públicas y empresas de marketing que elaboran «temas de conversación adecuados» e informes de mensajes con guiones predeterminados. No me cansaré de repetirlo: eso no es lo mismo que contar una buena historia. Estos esfuerzos a menudo se quedan cortos porque una buena historia debe ser profundamente personal y requiere forjar una conexión con la audiencia, ya sea un cliente, un inversor o cualquier otra persona interesada. Para que funcione de verdad, tiene que ser algo fundamental para los ejecutivos o directivos desde el primer día. Tienen que dedicarle tiempo.

Cuando me contratan para asesorar a alguna empresa, siempre les recomiendo empezar con una tarea sencilla y factible: dedica una hora por la mañana a leer las noticias o a anotar cualquier idea que se te ocurra, aunque nunca llegues a compartir esas ideas con nadie. Hazte preguntas como: «¿Por qué empecé o me uní a este negocio en primer lugar?». A partir de ahí, piensa en lo que sabes y así podrás compartir esa historia con los demás.

El encontrar a esa persona que pueda convertirse en el «líder intelectual», aquella capaz de aportar nuevas ideas a la empresa y una buena narrativa, es uno de los principales objetivos que buscan los directivos cuando intentan encontrar a alguien capaz de relatar una buena historia, pero adquirir esa habilidad en cuestión de semanas o incluso meses es imposible. Y, desde luego, será incluso menos posible si se subcontrata a una persona externa para hacer ese trabajo. Como señala a menudo una amiga mía, Jacquelyn Miller, una profesional de la comunicación que trabajó en Google y Amazon, «los líderes intelectuales deben tener ideas reales». Aunque suene obvio, eso también significa que deben tener tiempo a lo largo de la semana para pensar y procesar la información que reciben. En esto no existen atajos, como encargarle a un escritor fantasma que redacte algo en nombre de un directivo para que un representante de la agencia lo envíe a varios medios de prensa en su nombre. Por mucho talento que tenga el escritor contratado, es imposible «pensar» lo que pensaría la otra persona, y el resultado suele ser un texto bien elaborado pero genérico. Lo mismo ocurre con la narración de una buena historia. Solo la persona que la vivió y experimentó puede compartirla de manera veraz y creíble.

Una buena historia no se basa tan solo en el arte de saber comunicar. También hay que tener en cuenta a la audiencia. La narración rara vez es eficaz cuando una de las partes está interesada en imponer sus puntos de vista o sus mensajes, en lugar de encontrar formas de conectar con la persona o el grupo al que se dirige. Eso es justo lo que los departamentos de marketing de las empresas de todo el mundo deberían cambiar; su forma de pensar y sus recursos. Debemos hablar menos sobre lo que queremos contarle al mundo sobre las empresas para las que trabajamos y mucho más sobre lo que podemos hacer para intrigar o apoyar a nuestro público (centrándonos en sus necesidades, sus objetivos y sus prioridades). Pensar en la audiencia es una forma bastante buena de destacar dentro del enorme océano de empresas y productos similares que parecen no tener ningún cliente objetivo en mente al crearse. Porque ¿a alguien le importa que un CEO del que nunca ha oído hablar vaya a crear una plataforma para la transformación de datos en la nube? Probablemente a nadie, sobre todo si no se explica por qué eso es tan importante. La mayoría de los productos que nos encontramos en el mercado no tienen ninguna historia detrás que los respalde. Son mucho ruido y pocas nueces.

¿Quieres otro consejo? Internet ha hecho que sea mucho más fácil que nunca llegar hasta la audiencia adecuada a través de toda una clase de medios, desde LinkedIn hasta Substack, pero esto también implica que ya no existe una segmentación estricta como sí que existía antiguamente. Si el objetivo es llegar hasta un potencial cliente y hablarle directamente, genial, pero si se publica algo en internet, ese contenido no solo estará disponible para ese cliente potencial, sino también para otros consumidores, la prensa, inversores, etc. Y todo lo que se publica en internet puede caer en el olvido muy fácilmente o, peor aún, malinterpretarse. Hoy en día, se puede descubrir algo sobre una empresa o compañía con una simple búsqueda en Google. Así que ahora, el verdadero reto, del que vamos a hablar en este libro, es encontrar la forma de tener en cuenta las necesidades de nuestros clientes como conjunto, no como personas individuales. Por suerte, las historias son algo universal y se han vuelto una herramienta mucho más poderosa que nunca porque pueden ayudarnos a cerrar la brecha entre las distintas audiencias y potenciales clientes.

En la primera parte no solo hablaremos de cómo se utilizan dichas historias dentro del mundo empresarial y descubriremos por qué funcionan tan bien, sino que también descubriremos algunas de las historias de los mejores narradores de hoy en día. En la segunda parte nos sumergiremos en las marcas y su identidad, y descubriremos por qué aquellas que comparten sus historias a través de diversos medios de comunicación y canales son las que más éxito tienen, así como desentrañaremos algunos detalles sobre cómo los profesionales del sector pueden lograr aprender a crear una buena historia y qué beneficios puede traer eso a su vida del día a día. Y, por último, en la tercera parte veremos un breve resumen sobre algunos de los dilemas éticos que van de la mano con la narración y creación de una buena historia, destacando ciertos casos en los que se han valido de una buena narrativa para hacer el mal, así como algunas de las nuevas tecnologías que podemos usar para aprender o incluso mejorar nuestros esfuerzos, como la inteligencia artificial. También me gustaría tratar el tema de los sesgos omnipresentes y cómo estos siguen afectando a los narradores, porque no solo hay que tener en cuenta *cómo* relatamos una historia, sino también el *quién* la está contando. Diversos estudios han demostrado que la audiencia ve de forma mucho más positiva una historia si se la cuenta un hombre blanco que si, por ejemplo, la relata una mujer de color. Así que ¿cómo podemos conseguir dejar de lado esos sesgos y hacer que nuestro mensaje llegue al público adecuado?

Además de preguntar a los propios narradores (los CEO y otros líderes empresariales que dominan esta habilidad), también sugeriré nuevas formas de trabajo y de creación de equipos que incorporen la capacidad de crear una buena historia a sus objetivos. En este sentido, propondré un nuevo marco de trabajo que he denominado «comunicaciones dirigidas por los fundadores», que devuelve a los fundadores y creadores el protagonismo a la hora de articular su propia historia. Esto no significa que el CEO deba ser el único que se haga cargo de la historia: hablaré de cómo entretejer la narrativa con la cultura y los valores de una empresa para que todo el mundo dentro de la organización tenga su voz. Lo que quiero decir es que los directivos deben evitar descargar demasiado pronto la responsabilidad de la comunicación y la narración en otros empleados o subcontratados, antes de haber intentado ellos mismos probar sus habilidades narrativas con audiencias clave.

Al igual que en las ventas internas, dirigidas por los CEO o fundadores (una técnica cada vez más popular que implica que los fundadores se encargan de la comunicación con los clientes en lugar de contratar a otra persona para que lo haga), los líderes tienen que dominar su propia historia antes de que nadie más pueda hacerlo. Una vez que se demuestre que con esa historia pueden atraer potenciales clientes y vender su producto, puede que sea el momento de contratar a un equipo, pero no antes.

Los efectos de que un mensaje se extienda

¿Alguna vez has estado en presencia de un narrador excelente? Cuando echo la vista atrás y recuerdo algunos de los momentos en los que yo sí que lo he estado, tan solo consigo acordarme de algunos pequeños detalles, como el restaurante en el que estábamos, si estaba lloviendo o no, y lo que llevaba puesto aquel día. Entre los narradores excepcionales con los que he tenido el privilegio de interactuar se incluyen fundadores, altos ejecutivos y CEO, como Jensen Huang, CEO de Nvidia; Anne Wojcicki, CEO de 23andMe; Aaron Levie, CEO de Box, y Alexis Ohanian, fundador de Reddit.

La primera vez que conocí a Ohanian, en la conferencia South by Southwest a principios de 2010, por aquel entonces yo era una joven periodista de veintipocos años de *VentureBeat*. Aún recuerdo lo abarrotado que estaba el bar, el olor a cerveza mezclado con sudor, porque fuera había unos treinta y dos grados, y la hora que estuve en la cola para entrar.

Durante nuestra primera conversación, me habló sobre la historia de la idea original de Reddit: una aplicación para pedir que alguien te hiciese la compra y te la trajese a casa que creó con su amigo y compañero de habitación, Steve Huffman, cuando iban juntos a la universidad. La idea resultó ser bastante mala y no llegó a ninguna parte. Pero me contó cómo una fructífera reunión con el inversor tecnológico Paul Graham impulsó al equipo inicial en una nueva dirección para crear lo que llamó «la portada de internet».[9] Esa historia se me quedó grabada en la memoria, al igual que muchas de las otras anécdotas que compartió. Lo que hizo que resultase una historia tan eficaz fue lo vulnerable que se mostró Ohanian al reconocer que su idea original había fracasado. Le hizo único, dado que la mayoría de las personas con las que me reuní en aquellos días describían su trayectoria como una serie de victorias imparables. También le volvió más humano. La historia de Ohanian despertó mi interés, y nos acabamos pasando un par de horas charlando y pasando el rato después de aquello.

Ese fue uno de mis primeros encuentros profesionales con un gran narrador, y se me quedó grabado para siempre en la memoria. Existe un motivo por el que Steve Jobs, cofundador de Apple y hábil orador público, describió una vez al narrador como «la persona más poderosa del mundo». La mayoría solemos desconectar y dejar de prestar atención cuando sentimos que nos están dando un discurso demasiado planificado o intentando vender algo, pero prestamos muchísima más atención cuando estamos en presencia de un buen narrador. Todos nos hemos enfrentado a toda clase de dificultades y retos a lo largo de nuestras vidas. Escuchar las historias sobre cómo otros han tenido que superar dificultades o enfrentarse a varios retos para lograr su objetivo nos recuerda que todos somos iguales, y nos ayuda a formar relaciones significativas en el proceso.

«Tienes que valerte de las historias cuando intentas inspirar a la gente», afirma Anne Wojcicki, de 23andMe, una empresa que ha vendido pruebas genéticas y de salud a millones de personas. La habilidad de contar una buena historia es una herramienta que sirve para que las empresas destaquen en momentos cruciales, incluidos los inevitables tiempos difíciles. Wojcicki ha pasado por muchos de esos últimos. Ha perdido clientes clave, se ha enfrentado a ciberataques, ha tenido que hacer frente a la presión de los reguladores federales, ha sufrido la dimisión pública de varios miembros del consejo de administración y ha soportado drásticas fluctuaciones de las acciones de su empresa. Pero ha logrado superar todo eso con la ayuda de una buena historia.

Esa buena historia que ha creado también ha tenido un impacto directo en las métricas que le importan a ella y a su negocio, que ha alcanzado algunos máximos y mínimos increíblemente altos (a finales de 2024, Wojcicki estuvo inmersa en una batalla pública para llevar su empresa al sector privado). Uno especialmente importante: el 42 % de los empleados se han quedado en la empresa durante al menos cinco años, mientras que un 4 % adicional se ha ido de la empresa y ha vuelto. Normalmente, en una empresa de este calibre y tamaño, los empleados suelen quedarse durante, al menos, cuatro años.[10]

Wojcicki dijo que cuando siente que su equipo necesita sentirse motivado o inspirado, les cuenta una historia. Una de sus favoritas es la de una usuaria de 23andMe que descubrió a través de una de las pruebas de ADN de su empresa que era en parte inuit. Aquella mujer se sintió tan conmovida que dejó su trabajo y se trasladó al Círculo Polar Ártico. Tres años después, envió un correo electrónico a 23andMe para decir que había «encontrado su verdadera vocación». Esta historia también sirvió como un aviso no muy sutil de que más vale que el equipo no se equivoque a la hora de entregar los resultados de las pruebas: un resultado incorrecto podría cambiar la vida de alguien por completo y de una manera potencialmente irreversible. Pero también sirvió como recordatorio de que la gente se toma estas pruebas muy en serio, y por lo tanto el trabajo de los empleados de 23andMe importa, al menos, a este subconjunto de usuarios.

Cuando todo lo demás falla, Wojcicki también aborda las preguntas difíciles con el humor y el ingenio que la caracterizan, otro componente clave de un buen narrador. Cuando los periodistas le preguntaron por el fin de una lucrativa colaboración con otra empresa con la que llevaban dieciséis años colaborando, Wojcicki respondió: «¿Tu hijo adolescente estaría otros dieciséis años con mamá?».

El humor, la autenticidad, la sencillez y la sorpresa son la base de una buena narración. Es más fácil decirlo que hacerlo. He leído personalmente miles de páginas web y artículos de toda clase de sectores a lo largo de los años, y el mayor elogio que puedo hacerles a muchos de ellos es decir que son «secos». La realidad es que la mayoría ni siquiera alcanzo a comprenderlos. Es decepcionante porque, como dice el refrán, solo tenemos una oportunidad para causarle una buena primera impresión a alguien. ¿Eso es lo que pretenden las empresas cuando presentan una «solución» que «se integra con el flujo de trabajo en la nube»? Y no me hagas hablar del uso excesivo de la palabra «plataforma» en ciertas páginas web corporativas (¿qué hay de malo en llamarlo simplemente lo que es, una «aplicación» o una «página web»?). Existen innumerables instantes dentro del mundo corporativo en los que las marcas tienen la posibilidad de establecer una conexión fuerte con sus clientes y ofrecer a los accionistas algo nuevo en lo que invertir, pero que al final acaban en la basura y desaprovechados. Hablaremos también sobre algunos de los mitos más comunes del mercado y algunas de las nociones erróneas que tienen algunas empresas sobre lo que se conoce como el «discurso corporativo», así como sobre cómo ha de ejecutarse y qué es lo que podemos mejorar para que nuestro discurso logre calar en nuestros potenciales clientes.

Siempre hemos sido narradores

En algún momento, hemos perdido el contacto con nuestra intrínseca habilidad narrativa. Los seres humanos siempre se han dejado guiar por la narración, no por una serie de datos o estadísticas, y mucho menos de la jerga empresarial.

Los estudios demuestran que las historias son poderosas porque forjan conexiones entre comunidades diversas y porque transmiten cultura, historia y valores. Uri Hasson, profesor del Departamento de Psicología y del Instituto de Neurociencia de la Universidad de Princeton, ha escaneado el cerebro de algunas personas para entender cómo respondemos al escuchar ciertas historias. Ha descubierto que, cuando se cuentan bien, las historias sirven de puente entre personas que pueden empezar con ideas diferentes. Tal y como dijo: «Si empiezas a entenderme, tu cerebro empieza a parecerse al mío... Y si me entiendes de verdad, nuestras respuestas cerebrales son cada vez más parecidas». En un estudio, Hasson y su equipo registraron la actividad cerebral en parejas de sujetos mientras uno contaba una historia y el otro escuchaba. Cuanto mayor era la comprensión del oyente, más empezaban a sincronizarse los dos cerebros.[11] Los escáneres mostraron que ciertas zonas del cerebro, aquellas que estaban en constante funcionamiento y con una alta actividad cerebral, como los córtex frontales, se alineaban aún más cuando el narrador relataba una historia que hubiese vivido personalmente.

Hasson me dijo que una historia es más eficaz cuando la gente «hace clic» con ella, lo que suele ocurrir cuando el narrador se desentiende del guion y se centra en conectar con su público. Como les dice a sus alumnos, eso no significa improvisar sin preparación alguna. Hasson anima a sus alumnos a ponerse en la piel de los oyentes o espectadores y a pensar por qué deberían interesarse. «El público quiere aprender algo, pero tiene que haber una historia con un principio, un nudo y un desenlace», explica.

Como han descubierto los neurocientíficos, las historias también son poderosas porque pueden estimular ciertas partes del cerebro asociadas con la predicción, lo que a su vez fomenta la cooperación entre dos o más individuos. Esa cooperación se produce cuando se liberan sustancias neuroquímicas en el cerebro, como la oxitocina, asociada a la confianza, la empatía y la recompensa. Hay una razón por la que las narraciones son tan útiles para inspirar a la gente a donar a la caridad, por ejemplo. Nos ayudan a sentirnos más conectados con un individuo, una especie o una zona geográfica, aunque no estemos experimentando directamente los efectos negativos ligados a ella. Y cada vez existen más pruebas que demuestran que una buena historia está estrechamente relacionada con la memoria (por ejemplo, a través del estudio de ciertos escáneres cerebrales), lo que explica por qué todavía soy capaz de recordar los detalles de aquella reunión con Ohanian incluso años después. Por estos motivos, la narración de una buena historia también podría convertirse en una responsabilidad ética, ya que podría utilizarse para el bien o para el mal. En la tercera parte hablaremos de cómo los CEO de conocidas empresas como FTX y Theranos utilizaron sus habilidades narrativas para perpetuar el fraude y se salieron con la suya durante años.

Si los directivos y fundadores de las empresas conociesen de primera mano el poder que tiene una buena historia, ninguna empresa recurriría a la jerga empresarial o a las presentaciones de diapositivas. Algunos neurocientíficos, como Paul Zack, que es profesor en la Universidad de Claremont, aconseja a los CEO de las empresas, sin importar la etapa o el tamaño en la que esta se encuentre, a que empiecen siempre sus presentaciones con una historia impactante que incluya algún instante en el que hayan tenido que enfrentarse a un contratiempo, para aumentar la tensión en el ambiente y atrapar al público. «Esta estrategia sirve para crear algo de impacto —asegura—. No como una presentación de PowerPoint, que inevitablemente quedará relegada al olvido».[12]

PARTE 1

El poder de las historias

1

El fundador como narrador principal

La persona más poderosa del mundo es un narrador.
El narrador establece la visión, los valores
y la agenda de las generaciones futuras.

—Steve Jobs, difunto CEO de Apple

Cuando Alexis Ohanian fundó Reddit en 2005, tenía la intención de crear «la portada de internet». Puede que resulte difícil recordar cómo era internet por aquel entonces, pero era un caos desorganizado y muchas de las páginas web más populares de las que dependemos hoy no existían. Ohanian y su cofundador, Steve Huffman, se propusieron crear un lugar al que completos desconocidos pudieran acudir para hablar de actualidad, política, sus parejas, sus hijos, sus gatos y cualquier otro tema.

Durante los primeros días de Reddit, la dirección de la compañía la llevaban un grupo de veinteañeros que solía jugar a videojuegos como el *World of Warcraft* hasta bastante entrada la madrugada. Según expone Christine Lagorio-Chafkin en su brillante libro *We Are the Nerds*, la idea de este sitio web surgió a raíz de una serie de divertidos accidentes y gracias a un único inversor, Paul Graham, que los animó a alejarse de la idea inicial que tuvieron de crear una aplicación para pedir que te trajesen la compra a domicilio. A Ohanian se le ocurrió el nombre de «Reddit» un día que estaba en la biblioteca de la Universidad de Virginia después de decidir que iban a seguir por el camino del sitio web, aunque tuvo que decidir si quería que se llamase «Reddit» o «Reditt», pero acabó decantándose por la primera opción porque parecía mucho más fácil de escribir y de pronunciar. Huffman y Graham no estaban demasiado a favor del nombre, al menos, no al principio, pero Ohanian dijo que se puso firme para que lo eligiesen y al final salió ganando.

Debido a la falta de experiencia profesional de los fundadores y a la arriesgada visión que tenían, había motivos para creer que Reddit no tendría éxito. La mayoría de las aplicaciones de redes sociales se monetizaban mediante la publicidad, algo que los fundadores solo podían lograr si demostraban que la aplicación estaba creciendo bastante en número de usuarios durante un corto periodo de tiempo. ¿Cómo conseguirían Ohanian, Huffman y el equipo inicial que un gran número de personas acudiese a Reddit como página web de referencia? Desde el principio, Ohanian, que supervisaba todos los aspectos técnicos de la aplicación, decidió dedicar una parte considerable de su jornada a las relaciones públicas y la comunicación, para tratar de correr la voz sobre las ventajas de la página web y su historia. Para una empresa tan orientada al cliente como lo es Reddit, era crucial hacerlo bien. Un artículo o una mención por parte de alguna de las personas influyentes de internet en una página web sobre tecnología que por aquel entonces era bastante popular, como podían ser *Mashable*, *TechCrunch* o *VentureBeat* (donde empecé como periodista sobre tecnología), podía suscitar mucho interés, lo que llevaría a un punto de inflexión clave para el negocio. Para tener éxito, Reddit dependía de la retención, es decir, de que la gente utilizara el sitio religiosamente mientras hacía cola para tomar un café o estaba sentada en el retrete. Y sin un sólido plan para captar nuevos usuarios, se quedarían estancados en la línea de salida para siempre.

Así que, durante unos cinco años, Ohanian dedicó unos minutos a enviar «correos en frío» (correos electrónicos que nadie le había pedido que mandase) a cualquier persona que tuviera una plataforma en la que expresarse, ya fuera un bloguero, una persona influyente o un periodista, y le pedía que se reuniera con él para charlar sobre Reddit. Con el paso de los años, se le ocurrieron formas más creativas de conocer a esa gente en persona. Por ejemplo, se dedicó a realizar todas las semanas lo que entre sus amigos denominaba «giras mediáticas falsas». Las giras mediáticas eran (y siguen siendo) la forma en la que las grandes empresas presentan a sus CEO ante los principales medios de comunicación. Normalmente, las organizan equipos de relaciones públicas con grandes presupuestos. Flanqueados por un séquito de profesionales de la comunicación que investigan a fondo a los periodistas ante los que se van a presentar. Lo que hacen es que los CEO se presentan en esos salones de conferencias llenos de medios con una resolución férrea, dispuestos a responder a las preguntas sobre los éxitos de su empresa y desviar cualquier pregunta incómoda que puedan hacerles. Te voy a contar una anécdota: solía ver estos expedientes mientras trabajaba en la CNBC, cuando se caían accidentalmente de las carpetas de los ejecutivos. Las empresas se gastan una buena suma de dinero en esta clase de giras mediáticas, lo que a veces suele culminar con elegantes cenas privadas con los periodistas de los medios invitados.

Ohanian no era ninguna promesa, era el fundador de una página web de la que muy poca gente había oído hablar y tampoco tenía el presupuesto necesario para poder contratar una empresa de marketing para que le llevase su imagen pública (y no quería contratar a nadie externo para hacer esa clase de trabajo tampoco). Así que lo que solía hacer era comprar un billete de autobús de Boston, donde vivía, a Nueva York y nos mandaba un correo electrónico para avisarnos de que estaba en la ciudad para presentar Reddit «oficialmente». En ese momento, nos preguntó si estaríamos dispuestos a reunirnos con él y nos animó a meter esa reunión en nuestros calendarios lo antes posible, para asegurarnos de que pudiese hacernos un hueco en su apretada agenda. Al principio, Ohanian pensó que nadie le respondería o aparecería en la rueda de prensa, pero pronto se dio cuenta de que, al haber contactado con los periodistas de una forma tan personal, una que daba la impresión de cercanía, como si estuvieses hablando con un viejo amigo o con un familiar que necesitaba volver a verte desesperadamente, funcionaba. Entonces se pasaba días metido en una cafetería hablando con aquellos periodistas que hubiesen decidido responder a su correo. No había ninguna cena cara ni catas de vino de por medio, y mientras estaba en la ciudad se quedaba a dormir en el sofá de un amigo, hasta que terminaba con las reuniones que había logrado concertar y después volvía a subirse en un autobús de vuelta a casa.

No externalices tu historia

Cuando las empresas hablan de «relaciones públicas» normalmente se refieren al proceso de atraer la atención de la prensa con un buen titular. Muchos fundadores suponen que, al contratar a una empresa externa de relaciones públicas (o a alguien en plantilla que se ocupe de las relaciones públicas), conseguirán rápidamente que se escriban grandiosos artículos sobre ellos en *The New York Times* o en *The Wall Street Journal*, que luego podrán compartir con su público objetivo en sus perfiles de redes sociales, como Facebook o LinkedIn, para impulsar la demanda y captar potenciales clientes. O, mejor todavía, para poder recortar después dichos artículos y pincharlos en el corcho de su oficina para poder leerlos siempre que necesiten un pequeño chute para su ego, aunque hoy en día hay cada vez menos gente que lee periódicos o revistas en papel. Pero, oye, por lo menos pueden exponer esos artículos para adornar los pasillos de la oficina o enviárselos a sus familiares para que los pongan orgullosos en la nevera.

Sin embargo, esto lo único que consigue es que las empresas se desentiendan parcial o totalmente de su publicidad. Tal y como llevo viendo desde hace años, aquellas empresas que deciden contratar a una agencia de publicidad para que les lleve las relaciones públicas, lo hacen con el único objetivo de destacar un acontecimiento o un hito que quieren promocionar (el lanzamiento de un producto, haber conseguido nuevos inversores, una contratación clave) o para lanzar un conjunto de «mensajes» que quieren transmitir, y después se sientan y dejan que la agencia trabaje hasta que los medios de comunicación solicitan una entrevista con el fundador o el CEO. En ese momento, si hay algún interés, el asistente del CEO organiza la entrevista a través del profesional de relaciones públicas que está en contacto directo con el periodista. Este tipo de acuerdo crea al menos dos o tres niveles de desconexión entre el entrevistador y el entrevistado. Luego, en el momento de la entrevista, el equipo de comunicación asiste al encuentro y a veces incluso interviene con respuestas o comentarios. Por lo general, entre bastidores también se lleva a cabo una ardua labor de coaching para garantizar que el fundador o el CEO digan «lo que tienen que decir» y no revelen información privada o delicada. A partir de ese momento, solo queda esperar que el periodista quiera escribir un artículo en el que incluya todos los temas de los que se han hablado.

Esta estrategia no suele ser eficaz, sobre todo cuando la persona implicada (el CEO o el fundador) no interviene de forma activa, algo de lo que Ohanian se dio cuenta desde el principio. Adoptó un enfoque mucho más informal, pero también trató las relaciones públicas de una forma muy diferente a como lo hacen la mayoría de los fundadores o CEO. Las consideraba una inversión estratégica para el éxito a largo plazo de su empresa, no un mal necesario para alcanzar un número determinado de menciones de prensa por trimestre. Y no trataba sus encuentros con los medios de comunicación como meras transacciones. Incluso si una reunión no se traducía en un artículo de prensa que alabase a Reddit, podía considerarla una victoria en otros aspectos y, por tanto, merecía la pena dedicarle tiempo. A medida que la empresa crecía, siguió considerando la publicidad como una prioridad y algo que gestionaría personalmente en lugar de subcontratar a otra persona para que se encargase de ello.

Ohanian también hizo las cosas de forma distinta porque no dudó a la hora de incorporar el hecho de ser él quien se comunicase siempre con la prensa a la lista de tareas de las que tenía que ocuparse como fundador de Reddit. Muchos CEO insisten en que están demasiado ocupados, ya que también tienen que contratar personal, responder a las preguntas de los clientes sobre sus productos, gestionar los distintos equipos y celebrar reuniones con gente importante para la empresa, entre otras muchas responsabilidades. Pero yo diría que el ser capaz de comunicarte directamente con la prensa para contarle tu historia debería ocupar un lugar muy destacado en la lista de prioridades de cualquier CEO, y Ohanian estaría de acuerdo. Es un catalizador que sirve para impulsar todo lo demás. Por ejemplo, captar nuevos talentos suele ser mucho más fácil si saben que la empresa existe y la perciben como una compañía interesante a la que unirse. A la hora de plantearse la opción de elegir un puesto en una empresa que aún no es muy conocida o en otra que sí lo es, resulta muy útil enviar por correo electrónico un artículo de prensa a amigos y familiares para explicarles por qué has elegido la primera opción («Puede que no hayáis oído hablar de ella, ¡pero esta empresa emergente es increíble!»). El estar presente en prensa y tener buena publicidad facilita todo lo demás.

Así es como Ohanian hizo que cada entrevista contara:

- *Se labró una red de contactos y seguidores.* Los periodistas tienen que reunirse con muchísimos empresarios a lo largo de las semanas, por lo que están entrenados para buscar historias que puedan despertar el interés de la audiencia. Ohanian se dio cuenta de que hablar con personas cuyo trabajo consistía en establecer contactos, evaluar empresas y relacionarse con el público sería algo muy valioso para él como cofundador. Y, aunque todavía no era un CEO conocido, sabía que los periodistas preferían responder el correo electrónico que les había mandado un CEO que el de un *flak,* un término de la industria empresarial que se utiliza para referirse a un profesional del marketing.
- *Para él, los periodistas eran un público exigente; si podía ganárselos, podría ganarse a cualquiera.* Al prestar mucha atención al lenguaje corporal de cada persona y a cualquier otra señal, podía determinar si su historia estaba calando en su público o no.

¿Podría contarla de otra manera o de una forma mejor? Si lograba convencer a este público escéptico por naturaleza, ¿podría eso ayudarle a ser un mejor narrador cuando intentara convencer también a otros públicos importantes (a la hora de reclutar, presentar a inversores, realizar ventas)?

- *Investigó y aprendió todo lo que pudo sobre el «efecto mariposa».* Los periodistas cuentan con grandes redes de comunicación y son los proveedores de información preferidos por la mayoría de la población, una información que no suele transmitirse por escrito. Así que reunirse con ellos podría abrirle puertas a su negocio. Por ejemplo, en una ocasión, Ohanian mantuvo una larga conversación con la periodista tecnológica *freelance* Rachel Metz, a pesar de que ella le dijo explícitamente que no pensaba escribir ningún artículo sobre su empresa. Sin embargo, a Metz le intrigó lo suficiente como para comentárselo a su editora de *Wired*. La editora estaba casada con el director de desarrollo de negocio de Condé Nast y decidió presentarle Ohanian a su marido. Eso llevó a un acuerdo de licencia y, finalmente, Condé Nast adquirió Reddit. Años después, Ohanian le suele hablar a la gente que le rodea sobre esta experiencia para recordarles que hay que tener la mente abierta y no cerrarse puertas.

- *Aprendió a escuchar.* En las entrevistas con periodistas, Ohanian aprendió a hablar, pero también a quedarse callado y escuchar. Se dio cuenta de que ganaba mucho más cuando se quedaba callado y escuchaba atentamente durante estas conversaciones y, en su lugar, les hacía preguntas a los periodistas sobre su trabajo o sobre qué creían ellos que era vital para tener éxito. A través de ese proceso, Ohanian encontró una oportunidad de negocio y de relaciones públicas. Como no había muchos sitios web en internet que los periodistas y blogueros pudieran utilizar para conocer la opinión del público sobre las noticias, Ohanian pensó que Reddit podía satisfacer esa necesidad. Sin duda, esto supuso un doble golpe de suerte para Reddit: los miembros de la prensa utilizaron Reddit para ayudarles a hacer su trabajo, por lo que los medios de comunicación se convirtieron en sus principales socios, lo que a su vez aumentó su deseo de escribir sobre Reddit en sus artículos de prensa.

Con el tiempo, Reddit se volvió mucho más conocido y acabó convirtiéndose en una de las principales páginas web a la que usuarios y periodistas acudían en busca de nuevas historias y opiniones. La suerte de Ohanian fue creciendo junto con el sitio que ayudó a crear, sobre todo cuando empezó a compartir las lecciones que había ido aprendiendo a lo largo de los años y estrategias que había seguido para crear su empresa desde cero. Ahora es inversor con su propio fondo de capital riesgo, Seven Seven Six. También le suelen pedir asiduamente que dé charlas sobre creación empresarial, es asesor de empresas y comentarista de televisión. Y en 2017 se casó con la superestrella del tenis Serena Williams. Siempre tan bromista como es, tras recibir una codiciada invitación a la boda real de la década por parte del príncipe Harry y Meghan Markle, Ohanian publicó un vídeo de sí mismo en su casa, adoptando un falso acento británico en el que decía: «A partir de ahora podéis llamarme lord Ohanian».

Durante el apogeo de Reddit, antes de que Ohanian se lanzara a crear algo por su cuenta, muchos de sus inversores le preguntaban por qué se molestaba en estar siempre presente en Twitter o Instagram, así como por qué tenía tantas reuniones con la prensa. ¿No tenía cosas más importantes de las que ocuparse, como aumentar los ingresos de su empresa? Pero Ohanian dejó claro que no consideraba el hablar constantemente con los medios una pérdida de energía o de tiempo. Todo lo que había hecho para establecer su marca, que en ese momento también incluía su propia presencia en LinkedIn, Twitter y otras redes sociales, creaba una relación cercana con los medios y le daba buena publicidad a la empresa. «A medida que tu creación va creciendo —me dijo Ohanian—, los medios de comunicación se van interesando cada vez más en ti y se preguntan qué estarás haciendo, y gracias a ellos te descubren también nuevos inversores, empleados potenciales y muchas más personas que podrían ayudarte a progresar en un futuro».

Cuando tiene que considerar las nuevas oportunidades de inversión que se le presentan ahora, años después de que Reddit se convirtiese en todo un éxito, Ohanian busca a fundadores que tomen la iniciativa a la hora de labrarse sus propias historias. En su opinión, las personas capaces de asumir este reto tienen una ventaja frente al resto, porque están dispuestas a enfrentarse al rechazo y a levantarse después de cada fracaso (la realidad es que muchos periodistas, al igual que cualquier otro grupo que recibe innumerables correos electrónicos al día, no siempre responden). Cuando tienen éxito, se labran su propia buena publicidad, que es lo que los diferencia frente al resto de empresas.

Por desgracia, la lista de empresas con fundadores que están también dispuestos a narrar su propia historia no es muy extensa. Según Ohanian, todo el mundo quiere crear una gran empresa, pero pocos son capaces de tomar cartas en el asunto y ensuciarse las manos, y muchos menos tienen la paciencia necesaria para conseguirlo. La mayoría de las personas conocidas y respetadas que lograron crear una marca o una empresa de éxito tardaron mucho tiempo en construirla.

Eso fue algo que me explicó muy bien cuando hablamos:

«Para mí, el generar buena publicidad no era muy distinto de crear una comunidad. Todo el mundo lo quería, pero nadie quería hacer el trabajo. Yo, en cambio, no podía evitar pensar en este punto como «el trabajo importante» porque entendía que cada persona que conocía podía ser un Redditor. Y muchas de las personas que podían utilizar Reddit estaban en los medios de comunicación. Así que tenía una gran historia que contar. Aprendí a hablar del producto y a hablar del negocio. Y ahora que trabajo como capitalista de riesgo, siempre les doy este consejo a los fundadores: *No externalices tu historia.* Los periodistas prefieren hablar con el creador real del proyecto que con un intermediario, sobre todo antes de llegar a crear una empresa grande y exitosa, cuando eso quizás es menos práctico. Imagínate que eres un periodista con la bandeja de entrada llena de notas de prensa y peticiones al azar. Como fundador, tienes que destacar entre los demás. Y tienes que empatizar con el periodista, porque no se levanta por la mañana para escribir sobre una empresa que probablemente fracasará y que ni siquiera es real todavía. Y, sin embargo, solo alrededor del 5 % de los fundadores tienen ganas de ponerse a hacerlo. Pero me he dado cuenta de que es justo a ese 5 % al que mejor le va después».

Gracias a sus enseñanzas, muchas de las empresas con las que ha trabajado Ohanian se encuentran hoy en día entre las mejores en lo que respecta a tener una buena historia detrás que las sustente, lo que significa que sus fundadores se han molestado en crearla y se han formado en el arte de la narración, porque para ellos forma parte fundamental de su manera de hacer negocios. Entre esas empresas está Ro, que se dedica a vender por internet suplementos para la caída del cabello, Viagra, medicamentos para adelgazar y otros productos relacionados con la salud, y está valorada en miles de millones de dólares. Ohanian también forma parte del consejo de administración de la empresa. Zachariah Reitano, CEO de Ro, describió a Ohanian como el «maestro» cuando se trata de narrar historias. Gracias al ejemplo de Ohanian, mantiene una línea de diálogo abierta con sus clientes en las redes sociales; incluso se toma el tiempo de responder a los comentarios. También suele escribir extensos artículos que acompañan al lanzamiento de cualquier nuevo producto para que la gente entienda realmente su forma de pensar y sus puntos de vista sobre el mercado. Reconoce que corre el riesgo de que lo malinterpreten, pero que esta táctica es esencial para estar a la vanguardia. La clave es hacerse querer por los usuarios y sentirse accesible para ellos. «Ohanian me enseñó que la autenticidad y la honestidad es lo que hace que una empresa sea exitosa», afirma.

En los próximos capítulos, hablaremos de qué tipo de historias contar y cómo hacerlo, ¡así que quédate conmigo! Pero, antes de llegar ahí, es importante que reflexionemos sobre algunas de las macrotendencias que están transformando las comunicaciones y haciendo que sea más importante que nunca que los fundadores dominen el arte de narrar sus propias historias.

Ventas dirigidas por fundadores con una historia de fondo

Entonces, ¿cómo se puede formar parte de ese pequeño grupo de élite de CEO que narran sus propias historias, son el centro de atención y tienen un poder aparentemente mágico para atraer a la gente?

Hay que comprometerse seriamente con la comunicación, es decir, encontrar los foros adecuados en los que compartir tu historia y las personas con las que compartirla. Reconozco que es un poco como hacer malabares, dado que muchos líderes empresariales de hoy en día ya están asumiendo más responsabilidades de las que solían asumir. El trabajo de un CEO o de cualquier directivo es una batalla constante entre hacer el trabajo que debes hacer y saber comunicar qué es lo que estás haciendo exactamente; entre bajar la cabeza o asomarla para motivar al equipo o informar al mundo de tu labor. Sin embargo, algunos CEO están teniendo que volver a hacer frente a algunas tareas que desde hace un tiempo habían dejado de ser competencia suya. La comunicación es una de ellas.

Hablemos, por ejemplo, de un método que las empresas de nueva creación usaban bastante y que cobró relevancia en la década de 2020 conocido como «ventas dirigidas por fundadores». Este método lo que hace es animar a los fundadores y CEO a asumir las ventas y las relaciones con los clientes como su principal responsabilidad en las primeras etapas de crecimiento de la empresa, en lugar de contratar a un jefe de ventas antes de que el motor de ingresos esté en marcha. Solo cuando la empresa haya generado ingresos reales y suficientes como para permitírselo, será el momento de considerar la contratación de un jefe de ventas que pise a fondo el acelerador e impulse aún más la empresa. El primer paso, sin embargo, es demostrar que la empresa debe existir, y ese es el trabajo del fundador y/o del CEO. Dicho de otro modo, no contrates a un líder de ventas antes de que la empresa haya logrado la adecuación entre el producto y el mercado. De lo contrario, los directivos de la empresa podrían perder mucho tiempo culpando a otra persona de que el producto no se venda como rosquillas. O, lo que es peor, los ejecutivos podrían no saber qué opinan exactamente los clientes sobre el producto; opiniones que podrían haber salvado la empresa de haberse tratado directamente.

Los fundadores que han adoptado este modelo de negocio se han dado cuenta de que se trata de una experiencia de aprendizaje fundamental por dos motivos clave: es una manera de perfeccionar cómo se comparte la historia con un comprador potencial y les obliga a sentarse y a escuchar. Para realizar una venta eficaz, es fundamental que el fundador haga preguntas a los potenciales compradores y sienta verdadera curiosidad por lo que tienen que decir. ¿Se está resolviendo una necesidad real? ¿O se trata solo de un producto atractivo sin un comprador real? Otra ventaja de las ventas dirigidas por los fundadores es que estos se ven obligados a enfrentarse al rechazo y a sentirse cómodos con todos los aspectos del proceso de venta. A cambio, descubrirán que su capacidad para contar historias mejora con el tiempo y evoluciona a medida que el negocio cambia.

Tal y como escribió Peter Kazanjy, experto en este modelo de negocio, en *The Early-Stage Go-to-Market Handbook*, para que un CEO o fundador domine el arte de vender su propio producto, tendrá que aprender a publicitar dicho producto y dominar la gestión «evangélica» del producto, es decir, aprender a llevar un producto al mercado y alinearlo con las necesidades del cliente. Aquellos que se sientan cómodos compartiendo la historia que se esconde detrás de su empresa o de su producto se darán cuenta de que no les cuesta contársela a sus clientes, de hecho, les saldrá natural. Cuando se pongan a cuantificar las ventas, les será mucho más sencillo hacerlo, así como reflexionar sobre los resultados. ¿Se ha realizado la venta? Y si no es así, ¿hay algo en la historia que no esté funcionando? Eso puede llevar a un fundador a ponerse al teléfono para mantener una conversación sincera con un cliente importante o potencial y, tal vez, a ajustar la estrategia como consecuencia de ello.

Las ventas dirigidas por fundadores componen ahora una especie de «industria artesanal» en cierto sentido, con cientos de consultores y maestros que ofrecen su apoyo a los fundadores a la hora de crear una relación sólida con sus clientes. Después de hablar con media docena de ellos, me enteré de que gran parte de esas enseñanzas les muestra cómo sentirse cómodos a la hora de narrar una historia. «La gente compra guiada siempre por sus emociones», dice el maestro de ventas Grant Parker. «Un cliente se preocupa por comprar algo que le facilite la vida, por lo que la mejor manera de hacer una venta es averiguar qué es lo que quieren y luego contarle una historia que le cale hondo».

Cómo los fundadores pueden contar su propia historia

Llevemos esto de las ventas dirigidas por los fundadores un paso más allá. La comunicación y las relaciones públicas se encuentran entre los principales elementos de ayuda a una buena venta. Pero, si comparamos todos los tipos de ventas, nos daremos cuenta de que se ha escrito muy poco sobre por qué es tan importante que los fundadores y los directivos de toda clase de industria sepan vender su producto, y no solo en el ámbito tecnológico. Esto se debe a que a menudo se devalúa y se externaliza todo aquello que no tiene una repercusión directa y clara con los ingresos de la empresa, tal y como hemos comentado anteriormente. Pero yo diría que las comunicaciones son tan importantes como las ventas, sobre todo para un subconjunto de empresas, y para que los fundadores puedan beneficiarse de una buena historia tanto como Ohanian. También diría que las cosas han cambiado desde 2005, cuando trabajó para poner en marcha Reddit. Abrirse paso entre la marabunta de empresas similares es ahora más difícil que nunca, pero también existen más oportunidades ahora que entonces.

En cuanto a lo que se ha vuelto más complicado, primero tenemos que hablar del cambiante panorama de los medios de comunicación. Los blogueros y periodistas son las personas que se dedican a compartir las historias de las distintas empresas con el público general. Pero sus vidas (y sus medios de vida) han cambiado de forma radical en los últimos años.

Dicho de otro modo: las cosas van muy mal en el mundo del periodismo (con contadas excepciones, la palma del éxito se la llevan probablemente los medios independientes y con un carácter un poco más comercial, que siguen al alza). Entre 2008 y 2024, el empleo en las redacciones de periódicos o revistas se redujo en un 26 % en Estados Unidos, según los análisis del Pew Research Center que se realizaron con los datos recopilados por el Bureau of Labor Statistics.[13] Los periódicos se han visto mucho más afectados que aquellos medios que solo publicaban desde el principio en digital, pero en general toda la industria se ha visto en apuros. En 2023, el *Press Gazette* informó de al menos 8000 recortes tan solo en Reino Unido, Canadá y Estados Unidos. Y algunos países ni siquiera cuentan con una prensa que funcione con libertad.

Todos estos recortes han conseguido que sea mucho más complicado que nunca el lograr captar la atención de los medios, porque cada vez hay menos periodistas que trabajen a tiempo completo para un medio en concreto. Muchas empresas se dedican a generar listas de contactos que podrían serles de ayuda a la hora de promocionarse. Pero esas listas se acortan a cada año que pasa.

Así que ¿qué tienen que hacer las empresas para adaptarse?

Lo primero sería bajar las expectativas que tienen sobre lo que esperan conseguir con la atención de los medios, sin importar si las funciones de publicidad de la empresa se han internalizado o externalizado. Jacquelyn Miller, profesional de la comunicación que ha trabajado tanto en empresas emergentes, o *start-ups,* como en grandes compañías, me contó que cuando presentó la ronda de financiación de una empresa emergente del 014 llamada PillPack, cuarenta y un periodistas cubrieron la noticia. Hoy en día, dada la falta de periodistas que cubran las presentaciones de estas empresas emergentes, las empresas con las que trabaja tendrían suerte si recibieran siquiera *una* mención en una publicación de primer nivel. Repito: el descenso fue de cuarenta y una a una en una década. Y muchos de los profesionales de la comunicación con los que hablé para la redacción de este libro estaban de acuerdo con ello y eran plenamente conscientes de este descenso. Para empeorar las cosas, en la actualidad hay unos seis profesionales de las relaciones públicas por cada periodista en activo, una proporción que no hace más que aumentar a cada año que pasa.

Pero no todo está perdido. La solución para las empresas es centrarse en la calidad en lugar de la cantidad, contratar al equipo adecuado y colaborar con él (en lugar de subcontratarlo), e intensificar el contacto directo.

Recomiendo a los directivos que empiecen por elegir a *no más de* tres o cinco periodistas que cubran su industria o sector con los que deseen entablar una relación y que se pongan en contacto con ellos directamente de forma activa y directa. Esto puede llevar unas horas y tan solo tendrán que enviar un correo electrónico para presentarse. Puede que esos periodistas no respondan, y no pasa nada. No significa que la estrategia no sea la correcta. Y, tal y como nos recuerda Ohanian, gestionar el rechazo forma parte del trabajo de un líder.

Hay que entender que estos esfuerzos de difusión no consisten en conseguir clics y menciones. Se trata de forjar relaciones a largo plazo con muchas concesiones mutuas. Pueden pasar años hasta que un periodista de una publicación de primer nivel quiera escribir sobre una empresa o encuentre una oportunidad para hacerlo que sus editores aprueben (ellos también tienen jefes y objetivos). Así que aconsejo a los CEO que reajusten su forma de pensar y aprovechen el tiempo para perfeccionar la historia que quieren contar, así como observar cómo está siendo recibida por el público general y, de vez en cuando, también que se sienten a escuchar lo que la gente tiene que decir. Los periodistas que siguen trabajando en medios respetados tienen un mandato claro: su trabajo consiste en participar en el flujo de información y hablar con muchas empresas. Los fundadores y CEO deben tratar cada conversación con ellos como una oportunidad de aprendizaje y no limitarse a pasar treinta minutos recitando la letanía de temas de conversación sin sentido que no los llevarán a ninguna parte.

Este enfoque tan directo, en el que son los fundadores o CEO los que le cuentan su propia historia a la prensa, también implica que el CEO forje una nueva relación con el responsable de comunicación, suponiendo que haya uno en la empresa. Al igual que el jefe de ventas, esta persona debe incorporarse una vez que la empresa empiece a mostrar cierta tracción con los clientes y, en mi opinión, no antes (salvo en casos excepcionales, cuando esa persona sea uno de los fundadores o trabaje a ese nivel). Encontrar el momento ideal para contratar a esa persona es complicado, al igual que encontrar al candidato adecuado. Como resultado, he visto a muchos ejecutivos restarle importancia al trabajo que debe hacer ese empleado o contratar ayuda externa cuando todavía no existe una historia real sobre la empresa que puedan contar. También he visto a otros que lo hacen demasiado tarde, simplemente porque no dan suficiente prioridad a este conjunto de habilidades.

Antes de incorporar al jefe y al equipo de comunicación, el fundador debe ser proactivo y entablar pronto esas relaciones clave con los medios, siempre por su cuenta, invirtiendo tiempo en el proceso y sin adoptar una mentalidad transaccional. Una vez que la historia (y el negocio en general) parece funcionar, es el momento de considerar la incorporación de esa ayuda. La excepción son las empresas que se encargan de algo extremadamente complejo desde el punto de vista normativo, tecnológico o científico. En ese caso, puede ser necesario recurrir a profesionales que garanticen que la empresa no está revelando propiedad intelectual clave o comunicando de forma que nadie fuera de un público especializado pueda entender. Aun así, a menudo existen diversos motivos para externalizar el proceso de contar la historia que han creado. Puede haber cierto riesgo de que un competidor robe la propiedad intelectual, pero la mayoría de las veces el factor diferenciador no es la idea, sino la ejecución.

Dónde se sitúan las comunicaciones en un organigrama típico

COMUNICACIONES

A continuación, es importante establecer exactamente dónde debe situarse esta persona dentro de la organización. A la izquierda, verás el modelo típico que utilizan muchas de las grandes empresas actuales. En mi opinión, está un tanto «anticuado» porque el modelo de organización de ninguna empresa debería parecerse a este hoy por hoy.

En muchas empresas, sobre todo en las grandes, los responsables de comunicación dependen del Departamento de Marketing y siempre deben encontrarse cerca del fundador o del CEO. Como resultado, simplemente no son conscientes de lo que está pasando en el nivel del CEO porque no participan activamente en las reuniones internas clave. En cambio, se les relega a una función cuyo principal trabajo es conseguir menciones en la prensa (el mito de que conseguir menciones en la prensa es todo lo que implica su trabajo es la raíz del problema). Es la receta perfecta para el desastre. Como explica Jacquelyn Miller, consultora de comunicación, las menciones de la prensa ni siquiera impulsan el crecimiento de una empresa. Impulsan su reputación y su marca (cuando una persona te busca a ti o a tu empresa en Google, ¿qué encuentra?). Se trata de una distinción fundamental, porque la mayoría de la gente asume que la prensa es un catalizador para el crecimiento de los clientes y las ventas. Pero como la mayoría de los artículos de prensa giran en torno a lo que se está hablando en este momento, y la gente tiende a prestarles atención durante un breve instante y luego pasa a otra cosa. La excepción son los clientes que ya están considerando seriamente realizar una compra. Una mención en la prensa puede aportar legitimidad, de modo que los compradores se sientan más cómodos con su decisión. Teniendo esto en cuenta, ¿qué hace el responsable de comunicación por debajo del Departamento de Marketing en tantas empresas cuando su verdadera función está relacionada con la reputación de dicha empresa?

La estrategia para establecer una buena presencia externa a través de las comunicaciones debe enfocarse en conectar con el cliente a nivel emocional y en encontrar formas de crear una buena relación con los clientes, lo que también se conoce como «consolidar una marca». El área de comunicación debe estar siempre cerca del CEO y trabajar de forma transversal con todo el equipo ejecutivo, incluidos los departamento jurídico, de desarrollo empresarial, de explotaciones y de Recursos Humanos, ayudándoles a compartir lo que les apasiona no solo dentro de la propia empresa, sino también en el mundo exterior. Deben ser el confidente más cercano y la contraparte del CEO, capaces de responder a preguntas sobre la empresa con increíble detalle y, si alguna vez no saben qué decir, deben ser capaces de llamar a la persona que sí lo sepa en cuestión de minutos.

Cuando los fundadores se hacen cargo de las comunicaciones y se *alían* con su jefe de comunicaciones, todo cambia. Esta persona (más un jefe de comunicación que un *director* de comunicaciones) debe respetar a los periodistas y saber discernir correctamente lo que es noticia de lo que no. Debe estar siempre al tanto de todo lo que ocurre en el nivel ejecutivo de la empresa. Y deben estar muy bien informados tanto de la empresa como del panorama general. Puede que incluso lleguen a formar un equipo de empleados estrella dentro del mundo de las comunicaciones cuando la empresa se vuelva lo bastante grande. Al igual que el CEO, el jefe de comunicaciones no debe limitarse a promover artículos positivos en los buenos tiempos y mentir o eludir las preguntas en los malos. Tiene que forjar relaciones mutuamente beneficiosas con los periodistas, porque los clientes y otras partes interesadas ya confían en lo que tiene que decir.

En este modelo de negocio, el fundador o el CEO y el director de comunicaciones son aliados y tienen una misión en común:

- Influir en el público objetivo a través de canales directos (redes sociales, conferencias, *podcasts*, boletines informativos, etc.) con el fin de dar a conocer a la empresa y crear una sensación de legitimidad dentro del mercado.
- Establecer relaciones estrechas con los medios de comunicación, blogueros y cualquier otra persona influyente dentro del mercado.
- Valerse de la comunicación interna para ayudar a crear una cultura de trabajo que permita a los empleados acudir a la oficina sintiendo que tienen una misión clara, incluso (y especialmente) si esa misión tiene una naturaleza altamente capitalista. La palabra clave es «clara», ya que muchas empresas hoy en día se dedican a fomentar una cultura de trabajo donde los fallos de comunicación y malentendidos están a la orden del día.

¿Dónde se *deberían* situar las comunicaciones en un organigrama típico?

Cabe subrayar que todo esto funciona mejor cuando los líderes de la empresa se hacen cargo de la función de comunicación y predican con el ejemplo. Todavía no he encontrado organizaciones en las que las personas que están más abajo en el escalafón se sientan inspiradas por las comunicaciones externas e internas si el CEO las descuida. Si esas organizaciones existen, son muy poco comunes, desde luego.

He aquí una idea un tanto controvertida que me gustaría compartir contigo. Tres de las funciones más subcontratadas, sobre todo en las empresas en fase inicial, son la contratación, las comunicaciones y las ventas. Yo diría que, en los tres casos, existe una diferencia bastante grande cuando el fundador o el CEO asume la responsabilidad de cualquiera de esos tres campos y cuando no lo hace. Piensa en lo que significaría que un CEO se pusiese en contacto contigo a través de LinkedIn para contratarte para un puesto en su empresa. ¿No sería mucho más sorprendente y daría mejor imagen que si el que te escribiese fuese un reclutador externo? O, como potencial cliente, imagínate lo que sentirías si un fundador, en lugar de un vendedor junior, se pusiera en contacto contigo para mantener una conversación. No estoy diciendo que el fundador o el CEO deban redactar todos los mensajes. Lo que sugiero, sin embargo, es que deberían sentirse cómodos enviando correos electrónicos en frío a personas influyentes de fuera de sus organizaciones, como hizo Ohanian durante años, y que compartan su historia ellos mismos antes de encargárselo a otra persona. Puede que eso, de primeras, te parezca intimidante, pero para sentirse cómodo haciendo algo también hay que pedir ayuda de vez en cuando. Y ahí es donde entra en juego el equipo de comunicación.

La contratación, las comunicaciones y las ventas son ámbitos que una empresa tiende a externalizar, y para trabajar en cualquiera de ellos hay que saber cómo narrar una buena historia. También requieren un cierto nivel de comodidad con el rechazo o el ser ignorado, porque no todo el mundo encontrará la historia lo suficientemente convincente como para actuar en consecuencia. Internalizar esos tres ámbitos y dominarlos desde el principio, en lugar de subcontratarlos, es una habilidad fundamental que deberían poseer todos los CEO de las empresas emergentes modernas.

El problema del liderazgo intelectual

Te voy a contar un secreto no tan secreto: para ser el líder intelectual de una empresa, hay que tener ideas originales. Muchos CEO no reservan tiempo dentro de su día para pensar y, en su lugar, externalizan la función del liderazgo intelectual. Esto no tiene ningún sentido. ¿Cómo puedes ser el líder intelectual de tu empresa si no estás dispuesto a dedicar tiempo a pensar en algo más que en números, por no hablar de anotar aquellas ideas que se te ocurran? ¿Y por qué querrías hacer algo así?

Rara vez funciona eso de pagar a otra persona para que se limite a escribir ideas, aunque puedo entender el atractivo de cederle el proyecto a un tercero y librarte de esa carga. Es muy difícil representar eficazmente las opiniones de otra persona. Así que, si no tienes tiempo para escribir o pensar en tu día a día, déjalo y dedícate a otra cosa. O encuentra la manera de darle prioridad y sacar tiempo para ello. Empieza escribiendo, sin intención de publicar nada, hasta que se convierta en algo que te salga de forma natural. Para muchas personas, escribir puede ayudarlos a pensar mejor. Para quienes se sienten cómodos compartiendo lo que escriben, convirtiéndose potencialmente en «líderes intelectuales» en el proceso, hoy por hoy existen cientos de formas o métodos con los que pueden mostrarle sus ideas al mundo, como LinkedIn, Medium o cualquier plataforma de boletines informativos o boletín de novedades como beehiiv o Substack.

¿Te falta mucho para ponerte manos a la obra? Yo suelo sugerirles a las empresas que el equipo reserve una hora por las mañanas para leer y escribir un poco, mientras se toman un café, por ejemplo. Si eso te parece demasiado, incluso una hora a la semana puede marcar una gran diferencia.

«Ser directo»

Con todas las reacciones en contra de los medios de comunicación que estamos viendo hoy en día, algunos destacados inversores tecnológicos suelen animar cada vez más a los fundadores de las empresas a crear su propio canal de comunicación. De ese modo, pueden eludir por completo a la prensa, ya que, en su opinión, la prensa siempre será inherentemente parcial y estará en contra de las empresas tecnológicas. Esto es lo que llaman «ser directo», un término que personas influyentes del sector y expertos tecnológicos suelen usar dentro de las redes sociales al hablar del tema.

¿A nadie le interesa cubrir la presentación del producto que vas a lanzar? No hay problema. ¡Crea una buena comunidad en redes sociales y compártelo con tu legión de fans! Es así de simple o, al menos, lo es en teoría.

Teniendo en cuenta el nivel de esfuerzo que se requiere para lograrlo y el decreciente número de periodistas que están dispuestos o disponibles para acudir a la presentación de un producto para posteriormente hablar de él, algunas empresas se sienten tentadas de tomar la ruta más rápida e ignorar a la prensa por completo y compartir ellos mismos a través de sus redes sociales o blogs sus productos. Estoy de acuerdo en cierta medida con este enfoque, pero no estoy totalmente a favor. Los medios de comunicación tradicionales *sí* que están en declive, así que tiene bastante sentido eso de no depender por completo de los periodistas para cubrir los hitos o logros de una empresa. Si existe alguna historia que estés seguro de que puede llegar incluso a salir en *The New York Times*, consigue que algún periodista venga a cubrir la noticia. Esa clase de publicidad no tiene precio, y el periodismo de calidad sigue importando muchísimo. Sin embargo, eso también requiere una buena investigación previa y la redacción de una buena historia que merezca ser contada, y no todas las empresas tendrán la capacidad o la confianza para lograr hacer algo así, para encontrar una de esas historias. En realidad, existen muchas formas de forjar una relación estrecha con la audiencia, y la prensa tradicional solo es una de ellas. Hablemos de en qué momentos deberíamos recurrir a ellas.

Dentro del mundillo de las comunicaciones, los profesionales suelen hablar del modelo PESO (siglas en inglés de «Paid, Earned, Shared, Owned»), que hace referencia a los cuatro tipos de medios que se pueden obtener a través de diversos tipos de comunicación de marca: medios pagados, medios ganados, medios compartidos y medios propios. Aquí tienes cómo se desglosan:

- Los medios pagados son en los que, históricamente hablando, se han centrado siempre los departamentos de marketing, e incluyen toda clase de contenidos personalizados, publicidad pagada y anuncios en redes sociales.
- Los medios ganados son aquellos que dependen en esencia de los periodistas, tienes que presentarles una oferta que les pueda gustar y «ganarte» el que accedan a hablar de tu empresa o producto en sus publicaciones.
- Los medios compartidos se refieren principalmente a colaboraciones, a la creación de una comunidad y a las oportunidades de colaborar con otras marcas.
- Los medios propios son aquellos que no necesitan intermediarios, y por eso suelen ser los favoritos de los CEO. Son aquellos que se pueden publicar directamente a través de sus canales de comunicación propios, lo que, a su vez, significa que ellos controlan por completo la narrativa y que posteriormente van a poder editarla siempre que quieran.

Los genios del mundo de las comunicaciones piensan que esta clase de medios publicitarios no deberían usarse de forma aislada, ya que cada uno tiene un propósito distinto. Los medios ganados, por ejemplo, le aportan credibilidad a una empresa, porque implica a una tercera persona, externa a la empresa, que no tiene nada que ganar por publicitarla, como puede ser que *Bloomberg* o *The Wall Street Journal* se tomen el tiempo de publicar un artículo que hable sobre tu empresa. Eso tiene peso entre las personas que no saben nada de la empresa y quieren discernir si es legítima o no.

Los medios propios, por su parte, son más eficaces para llegar a las personas que ya conocen la empresa y siguen tu blog o tus canales en las redes sociales. Los medios propios son una forma estupenda de recordarles todas las cosas interesantes que están ocurriendo y de aumentar su interés por la empresa. Determinar cuándo es apropiado decantarse por el uso de un medio propio y cuándo por uno ganado (o cualquier otro canal) requiere una apreciación de lo que es noticia y de lo que no. Y también requiere determinar los objetivos de la empresa en ese momento.

Para muchos CEO es todo un reto. A medida que la empresa crece y se vuelve más compleja, se sumergen en lo que parece un pozo sin fondo de trabajo. Algunos apenas salen a tomar aire para darse cuenta de que en el mundo ocurren otras cosas y no se dan cuenta de que el último anuncio de producto de su empresa puede no ser una noticia trascendental para el vecino de al lado.

Es cierto que hubo un tiempo en el que la prensa especializada en nuevas empresas tecnológicas, en particular, cubría muchos anuncios rutinarios. En la década de 2010, los periódicos y revistas empresariales tenían la costumbre de cubrir todos los anuncios de nuevas inversiones o financiaciones, mientras que la prensa tecnológica estaba ansiosa por cubrir los anuncios de productos, incluso de empresas relativamente jóvenes. Así que las empresas acabaron suponiendo que podían confiar en que la prensa cubriría todo lo que hacían.

Esta forma de pensar tiene muchas lagunas.

Para empezar, es posible que el público al que van dirigidas las noticias (si es que son noticias) que una empresa quiere compartir no lea *The New York Times* todos los días. Así que, aunque la prensa cubriera el anuncio, ¿serviría para algo?

Además, los periodistas no son portavoces a sueldo de las empresas. De verdad que no puedo repetir esto más veces para que le quede claro a todo el mundo. No es su trabajo cubrir todo lo que hace una empresa (a menos que se trate de una gran empresa como Apple o Google y el periodista se dedique a cubrir todo lo que hace esa empresa como su única especialidad). Su trabajo consiste en pensar si una noticia es relevante para el público para el que escribe, y normalmente ese público es mucho más amplio que el mercado al que una empresa determinada se dirige cada día. La publicación de esa información debe servir al interés del público, no solo a los intereses de una empresa.

Si estamos de acuerdo en que la prensa no debe ser el único canal para crear notoriedad, los CEO tendrán que dejar de referirse a todo esfuerzo de comunicación externa como «relaciones con los medios». Resulta demasiado restrictivo. Si hablásemos basándonos en el modelo PESO, podríamos decir que es un modelo que se centra exclusivamente en la cobertura ganada y pasa por alto los medios pagados, propios y compartidos disponibles. A menudo les digo a los CEO que dejen de pensar que la prensa debe encargarse de contar la historia de cada empresa por ellos y empiecen a pensar en cómo pueden contar su propia historia junto con la prensa.

Uno de mis ejercicios favoritos para demostrar mi hipótesis consiste en invitar a las empresas a pensar si una persona de a pie estaría interesada en descubrir la historia del CEO si la cuenta del modo en el que la está contando. Si la respuesta es que no, eso deja bastante claro que no es una historia que se merezca salir en las noticias o en un periódico.

Por supuesto, también hay excepciones a esta regla. Por ejemplo, la prensa especializada suele profundizar mucho en nichos específicos como la ciberseguridad o la tecnología sanitaria. Incluso en estos casos, el ejercicio de la «persona de a pie» sigue siendo útil, porque la prensa especializada está interesada en noticias relevantes para su público objetivo, aunque se trate de un grupo más reducido y mejor informado. Así que siempre es importante que la historia sea lo más accesible posible.

Con respecto a los fundadores de hoy en día, Ohanian dijo que casi siente envidia de que tengan tantas herramientas nuevas a su disposición para conectar con su público objetivo. En 2005, cuando él empezó, no existían páginas con las que mandar boletines de noticias o establecer un contacto directo con tus potenciales clientes, como Medium, Substack y LinkedIn. O te valías de los medios tradicionales o te quedabas sin nada. Pero ahora, con tantos canales, es mucho más fácil encontrar oportunidades para ser creativo y llegar al público objetivo allí donde es más probable que esté, en persona o en línea.

Ohanian me puso el ejemplo de una empresa de tecnología espacial en la que invirtió llamada Stoke Space. Los fundadores le pidieron consejo a Ohanian sobre relaciones públicas porque necesitaban hacer correr la voz entre los ingenieros para encontrar más talentos tecnológicos que contratar para su empresa. Ohanian los animó a dedicar tiempo a sus canales de YouTube y a crear más contenido sobre lo que hacían y sus conocimientos espaciales, vídeos que los ingenieros aeroespaciales estarían más que dispuestos a ver, y a no centrarse en los medios de comunicación convencionales. Por otro lado, si la empresa tuviera una historia más impactante que contar, por ejemplo, sobre el futuro de los vuelos espaciales tripulados, ese sería un buen momento para hablar con la prensa.

«Los fundadores nunca lo han tenido tan fácil como ahora», me dijo Ohanian. «Pueden triunfar siendo ellos mismos».

Sí, la estrategia directa tiene su utilidad. Pero generar repercusión lleva tiempo. Por poner un ejemplo, cuando trabajaba en capital riesgo, una de las empresas en las que invirtió mi empresa tuvo mucho éxito comercial. La empresa, Container Xchange, se hizo con el mercado de contenedores marítimos. No era exactamente una historia que despertara el interés de la prensa general. En aquel momento, Container Xchange quería llegar a sus clientes, es decir, al sector del transporte marítimo. Esa gente pasaba cada vez más tiempo en LinkedIn. Como le gustaba el formato, Christian Roeloffs, CEO de Xchange, decidió grabar vídeos cortos todos los viernes, que compartía después en su cuenta de LinkedIn. Los vídeos incluían muchos análisis y datos sobre los precios de los contenedores y sus implicaciones para los profesionales del sector. Los potenciales clientes de Container Xchange se lo tragaron. Sus vídeos atrajeron a un pequeño pero entregado grupo de seguidores. Recuerdo que no tardaron en conseguir nuevos clientes y, a partir de ahí, también nuevos ingresos.

La clave para ser directo: solo funciona cuando el ejecutivo o la empresa en cuestión no se mueven únicamente por la motivación de promocionarse a sí mismos. ¿Cuándo fue la última vez que seguiste a alguien que solo quería compartir lo fantástico que era? La reputación se gana cuando una empresa o un individuo utiliza su plataforma para *contribuir* a su comunidad compartiendo conocimientos e información, y no para *difundir* su propia grandeza o la de su producto. Esta es una de las razones por las que muchas personas con poco ego logran prosperar valiéndose de una estrategia directa. No te limites a hablar de ti mismo y de los logros de tu empresa hasta la saciedad. Piensa en cómo puedes aportarles algo de valor a los demás. ¿Cómo puedes ayudarles a alcanzar sus objetivos? ¿Qué información puedes proporcionarles a la que, de otro modo, no tendrían acceso? Esa es una de las principales razones por las que Container Xchange se ha convertido en un «imprescindible» para ejecutivos y operadores del mundo del transporte marítimo.

Ahora, volvamos con Ohanian, que sigue dándole su toque personal a las comunicaciones. Aunque ahora es inversor, sigue siendo un gran narrador y eso es evidente, sobre todo cuando narra la historia que ha creado para su fondo de inversión. Como la mayoría de los inversores, hace correr la voz cuando invierte en alguna nueva empresa con mucho potencial. Pero, a diferencia de muchos inversores, aporta algo único: explica por qué decidió invertir en dicha empresa. Normalmente, se trata de una historia muy personal, que comparte a través de LinkedIn, en la que incluye algunos de los factores clave que le hicieron dar el sí. La idea es compartir con el público algo personal, de lo que no habrían oído hablar de otro modo. Por ejemplo, si está hablando de una nueva inversión en una empresa de software empresarial, hablará de las dificultades que encontró al crear herramientas para su propio fondo de riesgo y cómo las superó. Si está hablando de una nueva inversión en una plataforma de redes sociales para coleccionistas, te llevará a ver un vídeo de su propia oficina para enseñarte todos sus videojuegos y cromos favoritos. Y si quiere que pruebes un sitio web para que la gente experimente el asesoramiento personalizado, te hablará de lo mucho que le han servido a él a lo largo de los años las distintas mentorías profesionales a las que ha asistido.

Tú también puedes hacerlo, apoyándote en lo que te hace único y tomando las riendas de tu propia historia. Ya sea para «ser directo», para entablar relaciones con los medios de comunicación o para combinar ambas cosas, no hay mejor momento para hacerlo que el presente.

2
Líneas argumentales

Existe lo que yo llamaría el viaje del héroe, el viaje nocturno por alta mar, la pregunta del héroe, en la que el individuo pretende hacer realidad algo que nunca antes había contemplado.

—Joseph Campbell, escritor

Cuando a Aaron Levie se le ocurrió la idea de Box, una forma de guardar, compartir y colaborar en archivos con equipos a través de un simple enlace, estaba en su segundo año de carrera en la Universidad del Sur de California. Él y su cofundador, Dylan Smith, crearon la primera versión del producto mientras presentaban la idea a los inversores de capital riesgo, la mayoría de los cuales les respondieron con un rápido no. Su primera oportunidad de verdad llegó cuando el multimillonario Mark Cuban les respondió a un correo electrónico que le habían enviado hacía tiempo aceptando extenderles un cheque de 350.000 dólares.[14] Cuando por fin lanzaron el software en el que habían estado trabajando en 2005, lo enfocaron desde un principio hacia sus potenciales clientes, el público general, pero a los primeros usuarios les gustó tanto el sistema que empezaron a usarlo también en su trabajo. En ese momento, las cosas iban tan bien que Levie decidió abandonar los estudios y dedicarse a tiempo completo a dirigir la empresa.

Diez años después, Box pasó a centrarse en cuentas empresariales mucho más grandes, recaudando decenas de millones en capital riesgo para acelerar ese cambio. La empresa había progresado de forma constante, hasta alcanzar millones de usuarios de pago, que confiaban en Box en el trabajo (si alguna vez has recibido un enlace a un archivo de gran tamaño en el trabajo, es probable que te haya remitido a Box).

Dos décadas más tarde, la empresa vale unos 4500 millones de dólares y cotiza en la Bolsa de Nueva York.

Pero nos estamos adelantando a los acontecimientos. Si esto te da a entender que tuvieron el camino fácil para llegar al éxito, solo porque un grupo de jóvenes tuvo una buena idea, dale otra vuelta, porque no fue así. En el momento en que Box pasó a centrarse tan solo en los grandes clientes, el mercado ya tenía mucha competencia establecida, con un montón de grandes empresas tecnológicas que se habían aprovechado de la misma oportunidad. Dropbox, Microsoft, Amazon y Google habían puesto sus miras en el mercado del almacenamiento en la nube para empresas, junto con una docena de empresas emergentes respaldadas por varios inversores. En aquel momento, Box se centraba más en clientes corporativos con necesidades muy específicas en privacidad y seguridad, como organismos públicos u hospitales, mientras que Dropbox, su mayor competidor, tenía las miras puestas inicialmente en el mercado de consumo. Había millones de consumidores que también necesitaban nuevas formas de compartir archivos de gran tamaño (álbumes de fotos y vídeos familiares, archivos CAD bastante pesados, etc.) y acceder a ellos a través de internet o de sus teléfonos móviles, los mismos que siempre llevaban en el bolsillo.

Entonces, ¿cómo podían destacar por encima del resto? Levie no sabía cómo podría destacar por encima de sus rivales, que tenían muchísima mejor y más financiación que él, que desembolsaban enormes sumas de dinero en un desfile incesante de *stands*, vallas publicitarias y anuncios de televisión. Por lo que él, para seguirles el ritmo a sus competidores, tendría que aumentar progresivamente el presupuesto de marketing. Sin embargo, decidió probar otra manera en vez de jugar a su mismo juego, una que hiciera hincapié en los puntos fuertes de la empresa y restara importancia a sus puntos débiles. «Hubo un momento dentro del mundo del software empresarial en el que estábamos pasando de la «Vieja Guardia» a la «Nueva Guardia»», explicó Levie en una entrevista. «En ese momento, celebramos eventos y conferencias, y hablamos con todo el que pudimos de los medios de comunicación para que nuestro mensaje llegase a mucha más gente».

Ese nuevo juego al que estaba jugando implicaba crear una campaña ágil, dirigida por la primera jefa de comunicación de la empresa, Ashley Mayer. Desde fuera, el objetivo principal consistía en conseguir que todo el mundo empezase a pensar en Box como el nuevo sistema de almacenamiento en la nube de moda. La idea de Mayer era menos directa. Animó a Levie a mostrarse como el erudito, reflexivo y a veces empollón que es en el escenario, en la televisión y en las conversaciones cara a cara con la prensa. Mayer se dio cuenta de que la gente no quería sentir que le estaban tratando de vender algo, así que nunca animó a Levie a tratar de meter con calzador el software de Box en cualquier conversación. «Algo bastante peculiar sobre Aaron [Levie] es que leía mucho y le encantaban los libros de negocios», explica Mayer. «También le gustaba escribir en su libreta constantemente, porque eso le ayudaba a gestionar sus ideas y pensamientos, y le encantaba publicar dichas ideas y pensamientos en páginas web donde podía dar su opinión».

Levie se hizo muy conocido en Silicon Valley gracias a sus ingeniosos aforismos, a las zapatillas que siempre llevaba, fuera a donde fuese, y a sus calcetines coloridos. Según Mayer, se le daba increíblemente bien colar la idea que se escondía detrás de Box y su historia en conversaciones mucho más cotidianas, llegando a hacer que incluso la otra persona se riese mientras tanto. Cuando Facebook compró WhatsApp por 19.000 millones de dólares, Levie le comentó en tono de broma a un periodista de *The Wall Street Journal*: «Me voy a deprimir si, cuando me toque a mí vender mi empresa, lo hago por menos de 20.000 millones…, pero todavía me queda mucho trabajo por hacer». Y en un evento organizado por *Recode*, cuando estaba sobre el escenario junto con un veterano periodista de tecnología, Walt Mossberg, hizo una broma sobre la historia del origen de Box. «Estábamos en la universidad pasando el rato, sin hacer nada, como hacen todos los estudiantes universitarios, y pensamos: "¿Cómo podemos hacer para almacenar archivos en la nube?"». Mossberg, que nunca se ha dejado engañar fácilmente, dijo: «No erais una empresa rentable, ¿verdad?» (Para contextualizar un poco esta pregunta: muchas de las empresas respaldadas por capital riesgo no eran ni de lejos rentables, ni siquiera cuando solicitaron salir en bolsa, y a menudo los directivos o fundadores se niegan a reconocer en voz alta esa verdad). Levie respondió a su pregunta con fingida torpeza: «Depende de lo que entiendas como rentable, pero no, no lo éramos», repuso, entre las risas del público. Terminó la entrevista describiendo el funcionamiento de Box como plataforma, y añadió, con seriedad: «Pero así es como conseguimos que la gente empezase a usar nuestra plataforma y ver que en realidad era bastante buena». El público volvió a estallar en risas. (Por aquel entonces, en la década de 2010, el término «plataforma» estaba bastante de moda, al igual que el término «IA» está a la orden del día después del COVID).

Te voy a dar otro ejemplo de cómo conectar la tecnología y el producto con las tendencias del momento (y no solo las tecnológicas): incluso antes de la pandemia, Levie hablaba a menudo con los medios de comunicación de lo común que sería que la gente empezase a trabajar desde casa más pronto que tarde y, cuando ese momento llegase, tendría que poder acceder a sus archivos y documentos de trabajo desde cualquier lugar. Eso significaría muchos menos desplazamientos a las oficinas y menos horas perdidas atrapados en un atasco día sí y día también. Pero, para hacer viable el trabajo desde casa, las empresas tendrían que lidiar con vulnerabilidades de ciberseguridad, así como con problemas de colaboración y comunicación entre equipos a distancia. En algunos casos, es más sencillo resolver un problema en persona. La mayoría de las empresas necesitan planificar y prepararse para las próximas grandes tendencias relacionadas con el futuro del mercado en el que operan, así que, al haber previsto exactamente lo que acabaría ocurriendo, Levie no tardó en convertirse en una de las voces más solicitadas del sector. Productores de televisión y periodistas iban a buscarlo, en lugar de acudir a sus competidores, con empresas mucho más grandes, porque podían confiar en que respondería con sinceridad y sin tapujos a sus preguntas sin promocionar en exceso su empresa.

Lo que Levie comprendió gracias a todo eso parece ser algo que a la mayoría de las empresas y CEO se les escapa: ser perspicaz e interesante, y hablar de tu empresa siempre relacionándola con lo que está ocurriendo en ese momento en la sociedad, hacer que lo que dices sea relevante para el público general, es vital. La gente se enterará de quién eres y dónde trabajas no porque les pongas la cabeza como un bombo con tu mensaje. En lugar de eso, gánatelos, enséñaselo y deja que se sientan lo bastante intrigados como para *averiguar por sí mismos* a qué te dedicas. A veces puede haber un momento perfecto para dar a conocer lo que estás desarrollando. Pero no todo el mundo necesita conectar al cien por cien con la promoción de un producto para comprarlo.

Al seguir esta estrategia, Levie se convirtió en la cara de la «Nueva Guardia» del software de almacenamiento en la nube, apareciendo una semana tras otra en cientos de medios de comunicación, como CNBC, *Bloomberg, Vox, Axios* y otros tantos más. Tanto si siguió esta estrategia de manera intencionada como si no, la idea de ser el rostro de la Nueva Guardia es brillante, sobre todo desde el punto de vista psicológico y neurocientífico. Porque se basa en varios principios narrativos y en lo que sabemos sobre el cerebro humano. Llevamos siglos sintiéndonos atraídos por este tipo de historias. Este tipo de tramas de «fuera lo viejo, dentro lo nuevo» nos resultan muy familiares por la sencilla razón de que funcionan.

Irónicamente, Box ya no es una empresa emergente. Un recién llegado podría referirse a ellos como la Vieja Guardia, teniendo en cuenta el tiempo que la empresa lleva en el mercado. Pero Levie está decidido a asegurarse de que nunca se le perciba como la plataforma que se va quedando lentamente atrás, porque en su cabeza, si se convierte en eso, acabará volviéndose totalmente irrelevante. Así que el truco consiste en mantener la filosofía de la Nueva Guardia, incluso cuando te conviertes en una empresa de la Vieja Guardia en términos de tamaño y escala. Se ha escrito mucho sobre este tema porque es muy difícil de conseguir. En su obra fundamental *El dilema de los innovadores*, Clayton M. Christensen demuestra cómo las empresas se ven perturbadas y pierden nuevas olas de innovación porque no valoran adecuadamente los nuevos productos y, por tanto, no consiguen introducirlos en el mercado. Christensen sostiene que la dirección de las grandes empresas tiene la capacidad de hacerlo, pero no está preparada para ello. Esto se debe a que las nuevas ideas a menudo tardan en generar el tipo de beneficios financieros que pueden dirigir las decisiones de una gran empresa.

Para evitar caer en estas trampas, Levie hace algunas cosas de forma diferente a la mayoría de los CEO de otras empresas del mismo calibre. Para él, la comunicación es fundamental. Mantiene una línea directa con su público a través de un amplísimo número de seguidores en X. Más de dos millones de personas (aproximadamente la población de Nebraska) comparten y leen asiduamente sus opiniones sobre la nube, el futuro de la tecnología y la inteligencia artificial. Como sigue pasando tiempo en la plataforma, eso le ayuda a transmitir un aire de accesibilidad, y significa que está constantemente aprendiendo y sintonizando con los comentarios de la industria. Ha seguido formando parte del discurso dentro de la comunidad tecnológica, siempre al tanto de las nuevas empresas y tendencias de las que habla la gente. ¿Cómo me puse en contacto con él para este libro? Me colé en sus mensajes directos en X. Así es como siempre he contactado con él, incluso cuando era periodista en *VentureBeat*, hace más de una década. Incluso después de que Box saliese a bolsa, Levie siempre se mostró dispuesto a responder las preguntas de todo el mundo, sin importar el medio o el motivo por el que se las hicieses.

Cuando hablamos hace poco, le pregunté si algo había cambiado, teniendo en cuenta cuántos empleados trabajan ahora para él y dependen de él para ganarse la vida. Eso conlleva mucha responsabilidad. Y, por regla general, Wall Street tiene siempre más vigiladas a las empresas que cotizan en bolsa que a sus homólogas privadas, y los ejecutivos pueden meterse más fácilmente en problemas. Decir algo equivocado no solo supone un mal día para el equipo de comunicación, sino que puede afectar a las acciones de la empresa y reducir la confianza en su liderazgo. Pero Levie me dijo que su cuenta de X solo sería «un 10 %» distinta si no fuera el CEO de una empresa pública con la correspondiente rendición de cuentas o responsabilidad que eso conlleva. «He tenido que morderme un poco la lengua de vez en cuando», reconoció. «Pero sigo diciendo solo aquello en lo que creo de verdad».

El poder del más débil

Probablemente hayas oído la historia bíblica de David y Goliat, o al menos la conozcas en líneas generales. Si no es así, te la resumo un poco por encima: un gigante filisteo fuertemente armado llamado Goliat desafió al rey Saúl a que enviase a un hombre capaz de enfrentarse a él. Le estuvo desafiando una y otra vez durante cuarenta días, pero nadie se atrevió a enfrentarse a un adversario tan temible, hasta que David dio un paso al frente, armado con hondas y piedras. Todos pensaban que David estaba loco y que perdería contra un enemigo tan despiadado. Pero, en un ataque sorpresa, golpeó a Goliat en la frente con una piedra, y el gigante se desplomó y murió.

La historia de David y Goliat se remonta al siglo VII a.C., lo que demuestra que al ser humano llevan gustándole este tipo de historias al menos desde esa época, y posiblemente desde mucho antes. Nos encantan las historias en las que gana el más débil, de ahí nuestra fascinación por la Nueva Guardia. Es una de las principales razones por las que millones de personas de todo el mundo siguen viendo los deportes. Todos buscamos ese momento mágico en el que un equipo de jugadores que nadie piensa que vaya a ser capaz de ganar acaba obteniendo una victoria que cambia la historia del deporte. Se han producido innumerables películas y programas de televisión sobre el tema, que nos recuerdan que todavía hay momentos en la vida en los que podemos sorprendernos de verdad.

Los psicólogos han estudiado nuestra fascinación por apoyar siempre al más débil y han descubierto que los seres humanos estamos predispuestos a apoyar a los contendientes que no son favoritos. Algo en nuestro cerebro nos hace anular la lógica y apostar con el corazón en lugar de seguir una evaluación mucho más racional sobre las probabilidades que tiene cada uno de los participantes. Cuando un par de investigadores de la Universidad Estatal de Bowling Green pidieron a los participantes del estudio que leyesen las descripciones de dos equipos de baloncesto que se enfrentaban en una serie ficticia de siete partidos, apoyaron al equipo descrito como no favorito en un 88,1 % de las ocasiones.[15]

Pero ¿qué pasaría si el no favorito empezara a ganar? ¿Cambiaría algo? Bueno, los investigadores también descubrieron que si el equipo al que un participante apoyaba anteriormente empezaba a tener éxito, convirtiendo al otro equipo en el no favorito, empezarían a apoyar al otro equipo. Los investigadores concluyeron que, aunque los humanos apreciamos a un buen ganador, nos interesan más emocionalmente hablando las competiciones en las que el más débil tiene posibilidades de ganar. Una explicación plausible sería que es nuestra forma de cubrirnos las espaldas en las apuestas y evitar acabar decepcionados siempre. Si el más débil gana, nos sentimos victoriosos nosotros también. Y si pierden, bueno, era de esperar.

Sin embargo, una parte de la industria del marketing se basa en presentar a las empresas siempre como los vencedores, nunca como los más débiles, como los perdedores. Se invierten enormes presupuestos en campañas publicitarias que describen a las empresas como «los líderes número uno del mercado», sea en la categoría que sea. E incluso me he encontrado con varias empresas que se han inventado categorías solo para afirmar que son líderes en ellas. Es comprensible que quieran hacer algo así: la gente quiere aliarse con la idea de ser siempre el vencedor o el mejor en algo para que los clientes y posibles compradores los elijan antes que a las demás. También es una forma de atraer a los inversores cuando necesiten aumentar su capital. Y a los directivos también les sube el ego. Es la misma razón por la que muchos CEO luchan por aparecer en las listas de «Los 40 mejores por debajo de los 40».

Pero ser «el más débil» tampoco es algo malo, publicitariamente hablando. Diversos estudios han demostrado que la gente suele asociar a los más débiles con la pasión o la determinación. Se suele hablar de los más débiles o los perdedores como aquellos que tienen los «más corazón» o los que «lo han tenido más difícil», mientras que a los vencedores siempre se los asocia con ser los más «talentosos» o «inteligentes». No tiene nada de malo que te categoricen como alguien talentoso, pero la mayoría de los directivos (sobre todo aquellos que están empezando a desarrollar sus empresas) prefieren que se les asocie con lo primero antes que con lo segundo, porque son adjetivos que dejan claro que han tenido que hacer un esfuerzo titánico para llegar a donde están ahora, y que nadie les ha dado nada en bandeja de plata. Además, las historias de superación de los más débiles son las más entretenidas. De vez en cuando, un David consigue ganar a un Goliat. Y, cuando eso ocurre, la gente les presta atención de verdad. Es mucho más entretenido ver cómo el más débil logra ganar por fin que tener que estar viendo siempre cómo el eterno ganador sigue ganando.

Lo que yo saco de todo esto es que cualquier empresa puede verse beneficiada de ser vista como la más débil e inclinarse por este tipo de narrativa, al menos en los primeros años. También existen distintas formas de ser el ganador y el más débil a la vez. Una empresa puede ser la más débil en un área, como una nueva línea de productos que está desarrollando, pero una ganadora en otra. Existe un motivo por el que el término «Nueva Guardia» de Levie funcionó tan bien. Esencialmente, estaba posicionando a Box como el más débil frente a un enemigo mucho más grande y mejor capitalizado, como por ejemplo Dropbox. Ambas empresas en las entrevistas a los medios se posicionan, a lo largo de los años, como dos bandos enfrentados en una «guerra de almacenamiento en la nube».

Y, sin embargo, Levie y su equipo ejecutivo también se apoyan a veces en presentar a Box como el «líder del mercado», por ejemplo, dentro del campo del software de almacenamiento de contenidos en la nube, para atraer a su cliente clave: las medianas y grandes empresas.[16] Levie, en entrevistas con la prensa, reconoce abiertamente que a su competencia se le da mucho mejor que a él atraer al usuario de a pie, pero subraya que su empresa ha invertido en crear un producto que se ajuste más a las necesidades altamente especializadas de sus clientes, que son empresas y compañías mucho más grandes. Y, en ese terreno, cree que Box saldrá siempre ganando. Esa estrategia ha sido muy eficaz y ha demostrado que las empresas pueden alternar entre ambas, sobre todo si piensan de forma creativa y cuentan con un equipo de comunicación sólido. Es muy posible ser a la vez, el líder y el más débil y, en mi humilde opinión, esa es la postura ideal para cualquier empresa.

En conclusión: los seres humanos tienden por naturaleza a simpatizar y a querer aliarse con aquellos que tienen menos probabilidades de ganar. Nos gusta apoyar al más débil, al perdedor. Siempre nos ha gustado y siempre nos gustará.

Elige una trama

¿Qué otras tramas deberían conocer las empresas? Resulta que las mejores historias son aquellas que resultan más repetitivas. La mayoría de las películas de Hollywood son distintas versiones que giran siempre alrededor del mismo tema manido. Incluso los mejores artistas y escritores de la historia, como William Shakespeare, se ciñeron a sus tópicos favoritos para redactar sus obras. El autor Christopher Booker, que se ha pasado años examinando las historias del cine y la literatura, ha identificado las siete tramas más comunes, aquellas que aparecen con mayor frecuencia. Los siete argumentos básicos que han desempeñado un papel mucho más influyente en la historia de la humanidad de lo que la mayoría podríamos pensar. Estas tramas que Booker ha identificado también se podrían aplicar al mundo empresarial, y todo narrador en ciernes debería familiarizarse con ellas.

Vencer al monstruo

Nuestro héroe o heroína tiene que vencer a un monstruo que amenaza a su comunidad. A veces, el monstruo tiene un tesoro o mantiene cautiva a la princesa. Existen muchas películas de Disney con este argumento, como *La Bella y la Bestia*, que originalmente era un cuento de hadas, y la mayoría de las películas de James Bond giran en torno a cómo el carismático espía salva tanto a una bella mujer como al mundo. David y Goliat, por supuesto, también gira en torno a este argumento y sería el ejemplo clásico por excelencia. Cuando empresas como Box utilizan términos como los de «Vieja Guardia» y «Nueva Guardia», también están haciendo una sutil referencia a este mismo tópico.

De pobre a rico

Nos encantan las historias que hablan de héroes y heroínas que empiezan pobres y oprimidos, pero que pueden llegar a ser muy grandes a medida que avanza la trama. Dejan atrás sus orígenes humildes para acumular riqueza y poder. Este, por supuesto, es esencialmente el argumento de la película clásica de Disney, *Cenicienta*, que originalmente era un cuento popular, aunque los fans de esta película sabrán que incorpora otros tópicos ajenos a la historia original, entre ellos, el de vencer al monstruo (la Cenicienta acaba consiguiendo vengarse de cierto modo de su malvada madrastra). Dejando a un lado las películas, Oprah Winfrey y Howard Schultz, de Starbucks, son empresarios de la vida real que han relatado cómo sus primeras experiencias vitales les convirtieron en emprendedores con las agallas y la determinación necesarias para triunfar. Oprah ha contado en más de una ocasión que proviene de una familia pobre, de madre soltera, y que sufrió abusos sexuales durante su infancia, antes de conseguir su primer trabajo en la radio cuando aún estaba en el instituto. Schultz, de madre recepcionista y padre camionero, creció en un barrio marginal antes de conseguir su primer empleo como vendedor. Tanto Schultz como Winfrey ascendieron en su carrera con relativa rapidez, ya que desde el principio se les reconoció por su ética de trabajo y su talento.

La misión

En esta trama, el héroe o la heroína emprende un viaje a un lugar lejano para conseguir un gran botín o lograr un enorme objetivo. Sí, hola, *El señor de los anillos*, estoy hablando de ti. También existe una versión más profunda de esta trama en la que el héroe se da cuenta de que lo que tanto quería, al final, cuando lo consigue, descubre que no le hace verdaderamente feliz. Vuelvo a recordar a Howard Schultz, de Starbucks, un neoyorquino de nacimiento que describió en algunas entrevistas a los medios cómo encontró la inspiración en las grandes cafeterías italianas antes de volver a casa para convertirse en el CEO de Starbucks.

Viaje y vuelta a casa

Esta trama está muy vinculada a la de la misión, por lo que en un contexto empresarial suelen utilizarse indistintamente. En esta trama, el héroe o la heroína viaja a un mundo nuevo que le resulta extraño pero emocionante. Al final, decide emprender el precario viaje de vuelta a casa como una persona cambiada. Un cuento clásico que sigue este argumento es el de *El Mago de Oz*. Uno de los ejemplos corporativos más conocidos es el de Steve Jobs, de Apple, que fue despedido por la junta directiva de Apple antes de fundar una nueva empresa, NeXT. Luego regresó triunfante a Apple después de que la empresa comprase NeXT. Esta es una historia que la mayoría de nosotros conocemos gracias a las copiosas biografías que se han escrito sobre Jobs.

Comedia

Se trata de un género mucho menos definido que podría incluir historias sobre relaciones que tienen que pasar por pruebas y tribulaciones, pero que siempre consiguen reponerse de formas a veces inesperadas (y graciosas). Por lo general, algún tipo de curación y catarsis pone punto final a la trama. Este es, en esencia, el arco argumental de todas las comedias románticas de Hollywood y de todas las películas protagonizadas por Drew Barrymore o Rachel McAdams, incluido *El diario de Noa*. En el mundo de la tecnología, se han escrito varios libros sobre la complicada dinámica entre los fundadores de PayPal, Peter Thiel, Max Levchin y Elon Musk. Según el biógrafo Walter Isaacson, Musk fue expulsado de PayPal por sus colegas mientras estaba de luna de miel. Sin embargo, a pesar de las luchas internas y las dificultades iniciales, los tres se convirtieron en multimillonarios en los siguientes capítulos de sus vidas.

Tragedia

En este género, el héroe o la heroína no consigue su objetivo, y todo termina con una nota decepcionante y triste. La intención de la tragedia es provocar una catarsis, o un dolor que haga que el público se conmueva. Shakespeare es conocido por sus tragedias, en las que los protagonistas no consiguen un final satisfactorio, sino que acaban destruidos por sus propios defectos. No hay más que ver *Hamlet* u *Otelo*, obras en las que muere mucha gente y el héroe nunca consigue lo que se propone (o lo consigue, pero no del modo en el que le gustaría). Hamlet muere, y también toda su familia, por lo que la corona se la acaba quedando un gobernante extranjero. Las empresas rara vez comparten estas historias por iniciativa propia, pero una tragedia que me viene a la mente es la historia de WeWork. Esta empresa inmobiliaria, que en su día fue un éxito de ventas, se desmanteló ante los ojos de todo el mundo, tanto por su cultura fiestera y desenfrenada como por los problemas que planteaba su modelo de negocio. WeWork fue categorizada como una empresa tecnológica, pero en última instancia era una empresa inmobiliaria. Nunca estuvo predestinada a sacar mucha rentabilidad porque vendía y explotaba inmuebles caros, pero fue categorizada como una empresa tecnológica y se esperaba que creciera como tal. La empresa, valorada en su día en cerca de 50.000 millones de dólares, se acogió a la sección 11 de la ley de quiebras a finales de 2023. Los narradores no tienen muchos motivos para escribir una tragedia, salvo contadas excepciones. Una historia como esta es poderosa y podría servir de advertencia para los demás. También puede hacer que un competidor se vea mejor parado al haber evitado un destino terrible tomando decisiones más estratégicas y consideradas.

Renacer

En este tipo de historias, el héroe experimenta una transformación, cuando se da cuenta de algo o le ocurre algo que cambia por completo su perspectiva o su vida. Un cuento clásico con este tema es *La Bella y la Bestia*; otro es *Cuento de Navidad*, de Charles Dickens. En *La Bella y la Bestia*, una chica guapa e inteligente de un pueblo se ve atraída hacia la guarida de una bestia. En el proceso de conocerlo se entera de que en realidad es un príncipe, y cuando se enamora de él este vuelve a su estado original. Del mismo modo, el protagonista de *Cuento de Navidad*, Ebeneezer Scrooge, se transforma en un hombre más amable y bondadoso tras recibir la visita de espíritus de su pasado, presente y futuro. En el mundo de los negocios, Warren Buffett es un hombre que ha tenido que pasar por varios renaceres (como autor, defensor de la inversión en acciones, CEO y filántropo) y se ha escrito mucho sobre cada capítulo de su vida. Una de mis anécdotas favoritas es aquella que habla del momento en que transformó el enfoque de Berkshire Hathaway a la hora de asumir riesgos, reconociendo con el tiempo que hacer una operación masiva generaría un rendimiento más rápido que hacer diez más pequeñas. Se tomó el tiempo necesario para estudiar las cifras, las empresas y las personas en lugar de buscar un éxito rápido, lo que le convirtió en un auténtico ejecutivo de alto nivel. Y ahora es considerado uno de los ejecutivos más queridos de Estados Unidos.

Todos hemos oído distintas versiones de estas siete tramas antes de irnos a dormir cuando les leíamos cuentos a nuestros hijos, o quizás incluso las recordemos de nuestra propia infancia. Pero, en el mundo de los negocios, los mejores narradores también las han explotado con frecuencia e intencionadamente para lograr sus objetivos. Estos narradores han utilizado estas tramas de forma simple e intercambiable, pasando de una a otra con facilidad. Para ellos, una historia puede utilizar múltiples elementos de cualquiera de ellas, en función de lo que pretendan conseguir o el efecto que quieran causar. Si aprendemos de su ejemplo, podemos hacer lo mismo en nuestra vida profesional. Estos tópicos narrativos los conoce casi todo el mundo, y eso es precisamente lo que los vuelve geniales.

La importancia de la cultura de empresa

Todas las empresas deberían tener algunas historias que se compartan asiduamente tanto con los empleados (por ejemplo, en las orientaciones para empleados) como con el mundo exterior. Estas historias deberían incluir una encrucijada o un reto aparentemente insuperable, y a ser posible también deberían estar vinculadas a una de las tramas que propone Booker. Una vez más, estas historias no deben ser puramente lineales: deben contener algún tipo de contratiempo. De lo contrario, nadie las recordaría, no tendrían ningún valor.

Probablemente te habrás dado cuenta de que en las siete tramas de Booker casi siempre el héroe o la heroína debe vencer a un monstruo o enemigo. Apoyamos al héroe porque nos sentimos identificados con él y porque el monstruo al que se enfrenta es una amenaza real. Así que siempre les recomiendo a los líderes empresariales que piensen en un momento en el que la empresa estuvo a punto de no salir adelante o se enfrentó a su propia versión de un monstruo. La historia debe contener cierto grado de suspense o sorpresa; si no, no será ni entretenida ni apasionante.

Para los empleados, es importante saber estas historias, esas pequeñas «tradiciones empresariales» que están ligadas a la cultura de la empresa en su conjunto, para que sientan que su trabajo tiene sentido y un propósito. Es un momento para recordar que el líder de la empresa es humano y que tuvo que tomar decisiones muy difíciles para llegar a donde está. Este tipo de historias sirven para que el fundador o el CEO parezcan cercanos. Incluso podríamos empatizar con el estrés o la indecisión que sintieron en ese momento y el alivio que experimentaron cuando todo salió bien. Todos los ejecutivos deberían tener, al menos, dos o tres de estas historias sobre su empresa bajo la manga para poder contarlas y recurrir a ellas en cualquier momento.

Cuando le pregunté a Levie por la cultura de empresa de Box, él no dudó en compartir dos de sus historias principales.

La primera trataba sobre el momento en que Box estuvo a punto de ser adquirida, justo al principio de su historia. Al parecer, la oferta de adquisición habría enriquecido enormemente a Levie y al resto del equipo fundador. Los detalles de esa oferta (el comprador y el precio) nunca se hicieron públicos, así que nunca lo sabremos con certeza. Pero se rumorea que el precio que ofrecían era muy superior al que le habían puesto a la empresa cuando la valoraron, unos 550 millones de dólares.

Al tener que enfrentarse a una decisión tan difícil, los fundadores se reunieron y discutieron sus opciones durante varios días. ¿Aceptaban la oferta o la rechazaban y seguían como estaban? Al final decidieron rechazar la oferta; después de, como dice Levie «pensarlo largo y tendido». Los fundadores de Box tenían la corazonada de que la empresa crecería mucho más, por lo que aceptar el trato en ese momento significaría dejar dinero sobre la mesa. Decidieron por unanimidad apostarlo todo a una sola mano. Y, afortunadamente para ellos, como todos sabemos, ganaron la apuesta. La empresa vale hoy mucho más que el precio de la oferta de adquisición.

Pero ahora, si tenemos en cuenta las tramas de Brooker, esta historia entraría en la categoría del viaje y la vuelta a casa, en la que al héroe de la historia se le ofrece una opción suculenta que podría llevarle a forjarse una nueva vida en otro sitio, pero al final acaba decidiendo volver a lo que le es familiar. No habría sido una historia tan influyente o memorable si no hubiesen decidido rechazar la oferta de adquisición y, en cambio, la hubiesen aceptado para volverse ricos solo ellos. Eso habría resultado ser una tragedia, no solo para los fundadores, sino también para los inversores y para cualquiera que tuviese acciones de la empresa. Al final, se demostró que la decisión que tomaron era la correcta, aunque en aquel momento fuese la opción más complicada; si Levie se hubiese equivocado, no solo habría perdido millones de dólares, sino que también habría defraudado a todos sus empleados. La mayoría decide unirse a una empresa emergente con la esperanza de encontrar el éxito a largo plazo, y optan por trabajar muchas horas, por menos dinero y durante mucho tiempo con la esperanza de ganar algo más dentro de unos años. La mayoría de las empresas suelen elegir el camino arriesgado y rechazar una oferta de adquisición, con la esperanza de tener una oportunidad mejor en el futuro que les aporte más beneficios.

Otra historia que Levie comparte a menudo con sus empleados tiene que ver con el momento en que el fundador de Apple, Steve Jobs, lanzó el iPad en 2010. En cuanto Levie tuvo el dispositivo en sus manos, sintió firmemente que la tableta representaba el futuro de la informática. Así que decidió apostar por el iPad e hizo pivotar el negocio de inmediato, incluidos sus valiosos recursos, todo para centrarse en la creación de una aplicación nativa para el iPad. Si el iPad hubiera fracasado, habría sido un desastre para Box. Pero cuando se lanzó el iPad y millones de personas acudieron en masa a las tiendas para comprar uno, Box fue una de las primeras aplicaciones que podían utilizar para acceder y compartir documentos. Solo en su primer año, Apple vendió 7 millones de iPads; en su segundo año, 32,4 millones de iPads, y al final de su primera década, presumía de haber vendido 350 millones de iPads. Box se benefició económicamente de todo ello. Levie utiliza esta historia para recordar a sus equipos que, aunque la empresa crezca, deben ser lo suficientemente humildes y estar preparados para saber cuándo es el momento de apostarlo todo y poner toda la carne en el asador. Al perderse una nueva ola innovadora es cómo la Nueva Guardia se convierte en la Vieja Guardia y deja de ser relevante.

El argumento que utiliza aquí es el de la búsqueda: a veces hay que asumir un gran riesgo sin conocer el resultado y tener fe en que la recompensa y la riqueza llegarán al final. En ambos casos, Levie tomó la decisión correcta, pero al compartir estas historias con sus empleados, les recuerda que asumió el riesgo de que se estuviese equivocando.

Por otra parte, este tipo de anécdotas pueden sentar las bases para racionalizar la toma de decisiones que pueden no tener sentido a corto plazo. Para Levie, llevaba mucho tiempo sin ocurrir nada tan impactante como la introducción del iPad, hasta que vio por primera vez en acción el

ChatGPT de Open AI. Levie considera que la IA es una revolución con mucho potencial para transformar de nuevo a Box, y la empresa ha estado trabajando en la creación de nuevas funciones de su software para adaptarse a los tiempos que corren. En el caso de Box, eso podría significar que los equipos de marketing podrían mejorar aquello que comparten en redes con unos pocos clics o que los representantes de ventas obtengan respuestas sobre los clientes a partir de ingentes cantidades de datos en tiempo real. Así que ahora está destinando importantes recursos a implantar la IA en su sistema de trabajo, incluso mientras muchas otras empresas siguen teniendo todavía que tomar una decisión al respecto.

Si pensamos en cualquier historia icónica sobre un CEO o un negocio conocido, encontraremos un fuerte vínculo con una o más de las siete tramas básicas. Algunas historias empresariales pueden tener varias tramas, lo que da lugar a películas incluso mejores, inspiradas en la vida real. Piensa en BlackBerry, el antiguo rey de los teléfonos inteligentes con sede en Canadá, que estaba en la cresta de la ola hasta que fue aplastado por Apple. En un mercado en constante cambio, incluso las empresas con más éxito tienen que acabar enfrentándose a la encrucijada de renovarse o morir.

La historia del origen

Quienes estáis buscando inspiración sobre qué historias resultan más convincentes, haceos esta pregunta: ¿Qué os animó a uniros a esa empresa o a crearla?

La historia que con más frecuencia se convierte en parte de la cultura de la empresa es la de cómo surgió, la del momento en que se fundó. En el caso de Box, la historia de cómo surgió no fue especialmente convincente, porque Levie la recuerda como un conjunto lento y serpenteante de experiencias, muchas de las cuales no fueron precisamente agradables; como él dice, se llevó unos cuantos «guarrazos». No hubo un gran momento que diese pie a una gran historia.

Pero su competidor, Drew Houston, CEO de Dropbox, una empresa más grande de almacenamiento e intercambio de archivos en la nube, tiene una historia del origen de su empresa bastante eficaz, que ha entrado a formar parte de la cultura de su compañía. Houston ha compartido esta historia en miles de ocasiones. Cuando me senté a tomar un café con su antigua jefa de marketing, Helen Min, todavía se sabía de memoria cada palabra de la historia incluso años después de dejar la empresa, porque se la había oído contar a Houston en bastantes ocasiones. La historia tiene que ver con el momento en el que, siendo estudiante del Instituto Tecnológico de Massachusetts (MIT), Houston se dio cuenta de que se había dejado su USB en casa. Ese incidente despertó la idea de crear un servicio de almacenamiento de archivos en la nube, que dio lugar a la creación de Dropbox. Como explicó Houston, nadie tendría que perderse una presentación importante nunca más por culpa de haber perdido una memoria USB. En cierto modo, sigue la trama de «vencer al monstruo», si podemos imaginar que el monstruo representa todas las formas en las que la vida puede ponerse en nuestra contra en momentos clave y nos niega el acceso a nuestros archivos más importantes. Es la pesadilla de cualquier persona que tiene que hacer una presentación importante, y no puede hacerla por haberse dejado los archivos en casa o por haberlos perdido. A veces, en un sentido empresarial, el monstruo es ese mal resultado o situación por la que todos hemos tenido que pasar alguna vez y que habríamos hecho cualquier cosa por evitar.

Dropbox, por supuesto, fue el mayor competidor inicial de Box y sigue siéndolo hoy en día. Levie bromeó, con su característico humor autocrítico, diciendo que está «celoso» de que su rival posea una historia como esa, porque él no tiene nada tan emocionante que compartir con los demás.

Al buscar en mi red de contactos más ejemplos con historias de origen inspiradoras, me di cuenta de que casi todas podían encajar en una de las siguientes tres categorías o arcos narrativos. No se trata de tramas como las que expone Booker, sino de variaciones del viaje del héroe o la heroína centradas específicamente en sus orígenes.

Se trata de «El chico que renace de sus cenizas», «El niño prodigio» y «La experiencia personal». Tal y como te explicaré más adelante, la mayoría de las historias de origen de una empresa se pueden enmarcar dentro de una de estas tres categorías.

El chico que renace de sus cenizas

La de «El chico que renace de sus cenizas» es una trama que funciona muy bien para los fundadores que han tenido problemas con una empresa anterior y ahora vuelven a ella con una nueva idea que está destinada a triunfar. Es la misma trama del renacer de la que hemos hablado antes.

Uno de mis ejemplos favoritos de «El chico que renace de sus cenizas», al que he entrevistado a lo largo de mi carrera, es Apoorva Mehta. Cuando nos conocimos, Mehta me contó que había intentado crear veinte empresas antes de decidirse por una aplicación de entrega de comida a domicilio. En lugar de ocultarlo, llevaba su fracaso como una insignia de honor. Su empresa, Instacart, tuvo un gran éxito y sus primeros inversores, como Y Combinator, Andreessen Horowitz y Sequoia Capital, ganaron mucho dinero cuando salió a bolsa en 2023.

Aunque pueda sonar contradictorio, compartir las historias de nuestros fracasos puede ser muy eficaz. Esas historias demuestran que el fundador está realmente comprometido, porque se ha enfrentado a un reto, ha sido derrotado y, en lugar de abandonar, ha vuelto para intentarlo de nuevo. Los estudios también han demostrado que dar a conocer los fracasos hace que los líderes parezcan más accesibles y consigan más apoyo, porque mitiga emociones negativas como la envidia. De hecho, ocultar los fracasos puede ser incluso arriesgado. Compartir historias de momentos que no salieron bien también nos remite a la idea del más débil de la que hemos hablado antes y que, como hemos comentado, es un recurso narrativo poderoso pero infrautilizado.

Cuando los investigadores de la Universidad de Clemson estudiaron las transcripciones de las presentaciones realizadas por emprendedores en la Universidad de Stanford entre 2001 y 2013, descubrieron que el fracaso se había convertido en parte de la «norma social del emprendimiento» y que los fundadores tecnológicos mencionaban el tema de forma desproporcionada en comparación con otros tipos de líderes empresariales. La palabra «fracasar» se mencionó más de 600 veces, apareciendo en todas las presentaciones excepto en el 3 %.[17] De hecho, hablaron con más frecuencia de sus fracasos que de sus éxitos. Los CEO también se las han apañado para encontrar formas de utilizar nuevos términos para destacar los aspectos positivos del fracaso, para mostrarlo como un simple problema temporal y que puede solventarse rápido, hablan de cómo «fracasar rápido» o «fracasar rápido para poder seguir adelante» y «aprovecharte de tus fracasos». Términos como «pivotar» también son esenciales para demostrar cómo los empresarios aprendieron de fracasos anteriores, y siguieron adelante a pesar de las adversidades lo antes posible.

Pero ¿qué clase de fundadores entrarían dentro de esta categoría de «El chico que renace de sus cenizas»? Cualquiera que haya fracasado en el pasado, al que le haya costado sacar adelante sus ideas o su empresa, pero que siempre haya tenido vocación y haya luchado por conseguirlo. Aquel cuya historia tenga un momento en el que haya tenido que tomar una decisión crítica o se haya dado cuenta de algo que podría cambiarlo todo. Tu audiencia debe tener la sensación de que la próxima idea de la que les hables va a ser justo la que va a tener éxito.

El niño prodigio

Otra historia especialmente poderosa es la de un fundador que empezó a crear su empresa cuando todavía era demasiado joven y un tanto ingenuo. A mí me gusta llamarla el argumento de «El niño prodigio». El mundo empresarial, especialmente fuera del ámbito tecnológico, adora esta historia, por lo que no es de extrañar que aparezca una y otra vez en diversos sectores. En el mundo de la moda, a menudo oímos hablar de diseñadores icónicos, como Ralph Lauren y Alexander McQueen, que no tenían dinero para comprar ropa cara para estar a la altura de los chicos populares de la escuela, así que crearon sus propios trajes a medida. En el mundo del espectáculo, hemos oído historias de personas con mucho ingenio y talento que consiguieron salir del anonimato, como Ava Gardner (se hizo famosa después de que su fotografía se expusiera en el estudio fotográfico de su hermano) y Lana Turner (a quien descubrieron cuando iba al instituto). ¡Por no hablar de Harry Potter! J. K. Rowling les presentó la idea a un montón de editoriales antes de alcanzar el éxito. La historia de la memoria USB de Drew Houston es otro ejemplo clásico de historia de niño prodigio, porque era un joven y brillante estudiante universitario del MIT cuando puso en marcha su idea.

Este tipo de historias resultan tan creíbles y atractivas porque nos encanta la idea de que alguien que lo ha arriesgado todo para labrarse su empresa estuviese destinado al éxito desde el principio de alguna manera. También hay algo de verdad en ello. Hay estudios que demuestran que los adolescentes especialmente dotados en ciertas áreas suelen dedicarse a ellas de adultos. Algunos de nosotros estamos predestinados a crear y dirigir empresas, y eso puede manifestarse a una edad temprana. Los resultados de un reciente estudio de Vanderbilt revelan que las preferencias y los valores de los adolescentes superdotados, presentes ya a los trece años, predecían con exactitud los tipos de carreras a los que se acabarían dedicando en un futuro y dónde destacarían irremediablemente.[18]

Dentro del sector tecnológico todos hemos oído historias de brillantes líderes empresariales que desde muy jóvenes se adentraron en el mundo de la programación y en otra clase de aventuras informáticas. Entre ellos están Mark Zuckerberg, creador de Facebook; Tim Westergren, fundador de Pandora, y Stacy Brown-Philpot, fundadora de TaskRabbit. A Brown-Philpot se le ocurrió la idea de crear TaskRabbit después de convertirse en la «directora financiera de su ruta de reparto de periódicos» en Detroit cuando solo tenía diez años.

¿Deberías compartir tu historia de «niño prodigio»? Para descubrirlo, quizás deberías hacerte esta pregunta: Si echas la vista atrás y recuerdas tus primeros años, ¿te sentiste en algún momento atraído por el dilema que ahora estás intentando resolver como empresario? ¿Te sentiste atraído por un campo específico desde muy joven? ¿O tenías tanto

talento para una asignatura concreta en el colegio que eso te hizo destacar desde el principio como líder?

Para dar en el clavo, deberías describir cómo fueron tus primeros
años y cómo lo que hiciste en ellos te llevó a convertirte en el fundador
de tu empresa, porque los demás caminos simplemente no eran plausibles. Eso les dará a los inversores la impresión de que estabas destinado
a hacer esto desde el principio, a resolver un problema y llenar un vacío
del mercado. Pero también tengo que hacerte una advertencia: si se
exageran, estas historias pueden resultar un poco pedantes, sobre todo
si el narrador tiene mucho ego.

Aunque puede resultar muy valioso mencionar que desde muy joven has sentido pasión por algo, procura no dar la impresión de que eres
una especie de «elegido» prodigio.

Como en todas las cosas, la humildad y la autocrítica son fundamentales. Por cierto, ¡compartir una historia de fracaso también puede
ser una estrategia eficaz para equilibrar tu imagen!

Sin embargo, existe una excepción: que alguien cuente esa historia por ti.
Todos nos hemos sentido atraídos por la historia de Mark Zuckerberg gracias a cómo la interpretó el actor Jesse Eisenberg en la película *La red social*,
incluso aunque su personaje no fuese especialmente amable o simpático. Nadie podía negar la brillantez del joven Zuckerberg, que solía sentarse encor-
vado en su escritorio, en su dormitorio de la universidad, codificando y
programando hasta altas horas de la madrugada. No cabe duda de que la
empresa de Zuckerberg cobró mucha más importancia a raíz de la película,
aunque él no estuviera de acuerdo en hacerla al principio. Decenas de fans,
sin embargo, han escrito diversos artículos diciendo que la representación
de Zuckerberg no podría alejarse más de la realidad. En cualquier caso, no
cabe duda de que la película creó una especie de leyenda en torno al fundador de Facebook que impulsó a la empresa a cotas aún más altas.

La experiencia personal

La tercera y última trama habla sobre un fundador que ha tenido una estrecha experiencia personal con el problema que está tratando de resolver.

Lo vemos mucho en sectores orientados a algo muy concreto, como la tecnología educativa, la tecnología climática o la tecnología sanitaria. Yo, por ejemplo, invierto y paso mucho tiempo reuniéndome con empresas del sector de la tecnología sanitaria, por lo que he oído las historias de muchos fundadores que han perdido a un ser querido por culpa de una enfermedad o que acabaron cuidando a tiempo completo a algún familiar cuando este necesitó ayuda. Algunos fundadores han sido ellos mismos los pacientes incluso, a veces con enfermedades graves y crónicas. Fueron estas experiencias las que los llevaron a querer establecer un sistema sanitario mejor para los demás. Un ejemplo de ello es Glen Tullman, CEO de Livongo, una empresa que vendió por más de 18.000 millones de dólares a Teladoc. La idea original detrás de la empresa se le ocurrió después de que a su hijo le diagnosticasen diabetes.

El haber tenido que experimentar tan de cerca algo así demuestra que el fundador está conectado con el éxito o el fracaso de su empresa a un nivel personal, y también indica que siempre va a ver el problema como lo que es, sin dejar que nadie lo minimice.

El conectar emocional y personalmente con el problema que intentan solventar es lo que le otorga credibilidad al fundador, porque el público confía en que tiene la pasión necesaria para llevar la empresa al éxito. Se ha investigado mucho sobre por qué fracasan la mayoría de las empresas de nueva creación. Una de las principales razones, según descubrió Tom Eisenmann, profesor de la Facultad de Empresariales de Harvard, es la falta de pasión.[19] Los emprendedores deben desear resolver el problema que abordan; de lo contrario, se rendirán ante los retos inevitables con los que se toparán en el futuro. Por eso, usar la historia del fundador para enfatizar la conexión personal que tiene este con el objetivo de la empresa le deja saber al inversor que el empresario tiene la pasión necesaria para triunfar. Eso es lo que hace que este argumento en particular sea tan eficaz.

Cuando ese deseo se une a una preparación exhaustiva (eligiendo al equipo adecuado, adquiriendo la experiencia necesaria para resolver el problema e investigando profundamente el mercado), la combinación puede llegar a ser imparable.

La reticencia a ser auténtico

El guionista Robert McKee dedicó su carrera a escribir historias capaces de cautivar al público. Cuando ya se vio demasiado mayor para seguir trabajando de ello, se convirtió en profesor universitario y enseña a sus alumnos el arte de una buena narración. Entre sus alumnos hay más de 65 ganadores del Oscar, 200 del Emmy e innumerables figuras del cine y la televisión. También ha compartido con líderes empresariales sus ideas sobre cómo aprovecharse de una buena historia, algo que aprendió en Hollywood. También grabó algunas de sus clases y las publicó dentro del compendio *Story in Business*, que ha contado con la asistencia de los CEO de toda clase de sectores y ámbitos como alumnos y también como ponentes adjuntos.[20]

Tal y como ha comentado McKee en más de una ocasión, la mayoría de los líderes empresariales, incluso en sectores muy competitivos, no cuentan bien sus propias historias. «Sus estrategias se basan tan solo en los datos y números que han sacado, pero no cuentan con una historia que los respalde», escribe McKee. A pesar de todas las pruebas que hemos recabado sobre por qué funciona tan bien el hecho de contar una historia, la mayoría de los CEO siguen pensando que no es algo importante.

McKee cree que los CEO prefieren los datos a las historias porque los datos se analizan con rapidez y pueden extraer significado de ellos en lo que él llama «un abrir y cerrar de ojos». Los directivos pueden utilizar los datos para explicar algo a sus equipos sin tener que dedicar mucho tiempo a la comunicación, y normalmente están tan ocupados que ese les parece el método más eficaz.

Yo añadiría que muchos directivos son reacios a compartir sus historias porque no quieren mostrar su lado más personal. A veces esto se debe a una modestia o timidez innatas. A veces se debe a un deseo bien fundado de no ser el centro de atención. Por ejemplo, una directora general puede preferir pasar desapercibida para evitar la inevitable controversia y el escrutinio al que se ven sometidas todas las mujeres líderes de alto nivel en el mundo de los negocios (un tema sobre el que hablaremos en más detalle en el capítulo 9). O puede que simplemente quieran mantener su vida personal separada de su vida laboral.

Es una pena, porque la mayoría de las empresas tienen historias que compartir que se basan en algunos de los argumentos y tópicos comunes que hemos tratado en este capítulo. Contar historias es especialmente valioso para las empresas que acaban de lanzarse, que no tienen muchos datos en los que respaldarse. Pero también es fundamental para las empresas más grandes, porque las historias pueden dar forma y significado a las cifras y a los gráficos.

Incluso las empresas que cotizan en bolsa, como Box y Dropbox, deben venderle a Wall Street una visión sobre un futuro lleno de grandeza que hoy puede no resultar obvio. En este sentido, los datos por sí solos suelen quedarse cortos.

Por eso, todos los líderes empresariales, ya sean fundadores o ejecutivos de empresas consolidadas, deberían tomarse en serio la responsabilidad de contar sus historias. Incluso aquellos que se muestran reacios a parecer «demasiado abiertos», deberían saber que hay argumentos de peso que demuestran que deberían contar su historia ellos mismos. Si la aceptas y la cuentas tú mismo, podrás controlar la narrativa y centrarte en otras cosas. Decide qué aspectos de tu historia estás dispuesto a entretejer con la historia de tu empresa. Utiliza las siete tramas y los tres tipos de historias de origen de los que hemos hablado para elaborar una historia que cale en tu público objetivo. Si lo haces bien, al público le parecerás cercano, lo que les ayudará a establecer una conexión con tu marca y tus productos. Esto te ayudará, a ti y a tu empresa, a tener mucho más éxito.

Las siete tramas servirán para impulsar a cualquier empresa hacia delante, y son fáciles de recordar. Del mismo modo, el compartir una historia de fracaso también podría resultar valioso, o incluso una anécdota personal o un momento en el que te sentiste predestinado al éxito. Levie, de Box, siempre dedica tiempo a contar historias por una sencilla razón: quiere que su empresa tenga mucho éxito. «No existe ni una sola empresa que haya sido capaz de escalar y tener éxito sin averiguar la esencia de su gran historia», dijo. «Todas las empresas deberían averiguar cuál es».

3

Los cuatro grandes secretos de una buena historia

El mayor privilegio de tu vida es poder convertirte
en quien estás destinado a ser.

—CARL GUSTAV JUNG, psicoanalista

«Nuestra historia giraba en torno a un fracaso», dijo Jonathan Bush,
antiguo CEO de Athenahealth, una empresa de tecnología sanitaria
que salió a bolsa en 2007. Bush es uno de los ejecutivos más francos que
conozco dentro del mundo de los negocios. Puede que su estilo y
forma de ser no sea uno que le funcione a todo el mundo, pero a él sí,
por el simple hecho de que es auténtico. La autenticidad es uno de los
rasgos más importantes que cualquier narrador debería poseer, el primero de los «Big Four» (los Cuatro Grandes), como los llamo yo. En
el capítulo anterior hablamos sobre las tramas que tienen más sentido
dentro de cualquier historia de éxito empresarial. En este capítulo
exploraremos cómo actúan los mejores narradores del sector examinando los rasgos que tienen todos ellos en común.

Volvamos a Athenahealth. La empresa nació a finales de los
años noventa, cofundada por Bush (primo del expresidente de Estados
Unidos George W. Bush) y Todd Park, consultor sanitario reconvertido
en empresario.[21] Ambos habían trabajado juntos en la empresa Booz

Allen Hamilton y más tarde se les ocurrió la idea de crear y dirigir sus propios centros de salud femenina y atención al parto. No tardaron en darse cuenta de que gestionar una clínica médica era mucho más difícil de lo que parecía, dadas las complejidades de la facturación, la escasez de mano de obra y la carga de documentación para los clientes. Bush y Park reorientaron el negocio hacia la venta de software para consultas médicas, ya que consideraban que era lo que más se necesitaba. En aquel momento, las clínicas querían invertir cada vez más en herramientas para modernizar sus sistemas de historiales médicos y dejar atrás el papel, por lo que era el momento ideal para que entrara en escena un nuevo personaje en la ecuación.

Pero Athenahealth tampoco lo tuvo fácil al principio. No fue la única empresa que aprovechó ese momento para crear un software pionero para mejorar el trabajo en hospitales y clínicas. El equipo de Athenahealth se enfrentaba a empresas ya existentes y a una docena de competidores más recientes, algunos con mucha más financiación y equipos comerciales mucho más grandes respaldándolos. Bush y Park sabían que, para tener una oportunidad, tenían que ser creativos a la hora de dirigirse a sus potenciales clientes: las miles de consultas médicas que existían por todo el país. Cuando Bush empezó a hablar con estos médicos, se apoyó en un relato convincente: el fracaso inicial que condujo a una idea clave. Habló del cambio de rumbo que supuso dejar de dirigir una consulta médica y dedicarse al software.

Bush se dio cuenta de que su historia, aunque no fuera positiva, era una forma poderosa de reconocer lo duro que era el trabajo de sus clientes. Así que, en las reuniones de ventas, no hablaba del producto (una tecnología para facilitar todas las operaciones de una clínica), sino que les narraba su historia.

«Les contamos que éramos un grupo de antiguos médicos que dirigíamos una consulta médica independiente… y que en pocos años la habíamos hundido», recuerda.

La historia acabó resultando ser bastante eficaz, porque sorprendió al público al que iba dirigida, porque, normalmente, cuando alguien intenta vender su producto, no lo hace empezando su discurso de ese modo. Cuando sus potenciales clientes le preguntaron por ese momento en el que fracasó, Bush no suavizó la historia ni la ocultó, lo que les sorprendió todavía más. De hecho, se deleitó en ella. «Da igual que te tires un pedo dentro de una iglesia», me dijo años después, con su característico sentido del humor. «Lo que importa es si luego admites haber sido tú quien se lo ha tirado o intentas ocultarlo».

A lo largo de mi carrera, he hablado con docenas de ejecutivos y fundadores que se enorgullecían de su capacidad para contar historias. Y después de todas estas conversaciones, los mejores narradores se apoyan en lo que les parece auténtico. Aunque suene cursi, el camino más rápido para convertirse en un buen narrador es ser uno mismo. Levie, de Box, de quien hablé en el capítulo 2, también se enorgullece de su sentido del humor. Como Bush, para él es auténtico. Levie tiende a inclinarse por el autodesprecio, mientras que Bush sorprende a su público haciéndoles reír con sus comentarios al no morderse nunca la lengua. Y para ello a veces tiene que hacer alguna que otra confesión vulnerable, siempre y cuando sea auténtica.

Si seguimos la trayectoria de Athenahealth, podremos ver que su historia no acabó bien. La carrera de Bush como CEO consiguió que un inversor le echase el ojo a la empresa, comprase la mayor parte de las acciones y lo echase de patitas a la calle. Por tanto, podríamos decir que la decisión que tomó de ser él mismo, en lugar de un ejecutivo de empresa encorsetado, no fue la mejor. Y tendrías en parte razón si lo pensases. Pero yo sostengo que Athenahealth tuvo mucho más éxito que la mayoría de las empresas, llegando incluso a salir a bolsa. Y la gente sigue pensando en ella de vez en cuando, incluso después de varias décadas en el negocio, por lo que todavía vale la pena analizar qué fue lo que Bush hizo bien en aquellos primeros días para hacer que el negocio destacase en un mercado tan abarrotado.

Los que estamos dentro del sector reconocemos que durante mucho tiempo Athenahealth fue la niña mimada de la industria de la tecnología sanitaria, y Bush fue uno de los mejores ejemplos de lo que estaba bien hecho dentro del sector. La mayoría de las empresas sueñan con recibir el tipo de atención que Bush recibió, pero pocas lo consiguen. A la prensa le encantaba invitarlo a hablar en televisión, moderar paneles con él y presentarlo en sus eventos, porque siempre podían contar con él para entretener a la audiencia. Sobre todo porque la mayoría de los demás CEO del sector les aburrían soberanamente. En mi época de reportera, recuerdo que él acudía a las reuniones sin orden del día ni notas escritas, a diferencia de la mayoría de los ejecutivos que conocí. John Hallock, antiguo responsable de comunicación de Athenahealth, me contó que una vez le entregó un extenso dosier con docenas de páginas de información y una lista de temas de conversación para prepararle para una entrevista con un periodista. Le echó un vistazo y bromeó: «¿Cuántos árboles has tenido que talar para hacer esto?». Pero Hallock no le guarda rencor por ello.

Si aún no crees en el poder de la autenticidad, pregúntate lo siguiente: ¿Alguna vez se te ha pasado por la cabeza que te gusta más el Mark Zuckerberg actual, el multimillonario excéntrico sin complejos, que cría vacas con sus hijas en Hawái, que ha montado un ring en su patio trasero de Palo Alto por si Elon Musk vuelve a retarle a un combate de boxeo, y que ha cambiado sus camisetas grises y sudaderas con capucha por cadenas de oro y abrigos de felpa, que el antiguo? En cuanto se deshizo de la máscara que siempre llevaba puesta y del guion que tenía que seguir, y optó por ser él mismo fue cuando empezamos a verle como un ser humano normal y corriente, como cualquiera de nosotros.

«En lugar de intentar complacer a todo el mundo como solía hacer, Zuckerberg ha decidido convertirse en un "ricachón rarito"», me explicó Sarah Frier, editora de la columna de tecnología de *Bloomberg*, que cubrió todos los artículos sobre Facebook durante años. «Y de alguna manera eso, al público, le parece mucho más atractivo y auténtico. La gente que le odió durante años ha empezado a verlo como un ser humano normal y corriente».

Teniendo eso en cuenta, he de señalar que las historias y los casos de los que estoy hablando en este libro, de empresas tales como Facebook o Athenahealth, están pensados para inspirar, no para que nadie los copie. Lo que puede resultar auténtico en el caso de un alto ejecutivo con mucho poder, puede no serlo en tu caso; de hecho, lo más probable es que no lo sea. No todo el mundo se siente cómodo cambiando un plan de marketing perfectamente pensado por una serie de comentarios sarcásticos e improvisados, pero a Bush le funcionó porque a él le salía de forma natural. Y la mayoría de nosotros no somos multimillonarios raritos y adorables como Mark Zuckerberg. Así que tienes que encontrar tu propia voz.

El ser auténticos, sin lugar a duda, es el rasgo que tienen en común los mejores narradores a los que he entrevistado. Le da al público la sensación de estar conectando con un ser humano de verdad, no solo con un montón de eslóganes publicitarios o mensajes pautados que ha desarrollado un Departamento de Marketing o un chat de inteligencia artificial. Por eso es el primero de los cuatro rasgos fundamentales que debe tener un buen narrador. Junto con la autenticidad, también existen otros tres rasgos que comparten los mejores narradores a los que he entrevistado. Y he creado un acrónimo para acordarnos de ellos: «A» de «asombro», «S» de «sinceridad», «A» de «autenticidad» y «P» de *pathos* (un vocablo griego que, dicho de otro modo, viene a significar «tener empatía con el público de la historia»). Estos son lo que yo llamo los «Cuatro Grandes», pero si te sirve de ayuda, recuerda que no hay que dejar nunca para mañana lo que puedas hacer hoy, sobre todo si puedes hacerlo ASAP (siglas en inglésde «As Soon As Possible», es decir, «lo antes posible»).

La sinceridad, o transparencia, puede parecer que está estrechamente relacionada con la autenticidad. Pero no son lo mismo. La gente que es transparente no tiene por qué ser auténtica, y viceversa. Aquellos que cuentan con ambas cualidades pueden maximizar la confianza que infunden en la audiencia, lo que puede resultar beneficioso cuando la empresa está pasando por un buen momento, pero especialmente cuando está pasando por uno malo.

Y ahora, hablemos sobre el giro. El elemento sorpresa, o de asombro, es esencial. Existe un motivo por el que todos nosotros, como público, solemos optar por leer un libro o ver una película que incluya cierto giro o elemento sorpresa. «Los narradores deberían poder contarle a la audiencia algo que esta todavía no sepa», dijo Tim Bown, uno de los mayores expertos en experiencia de usuario del país y presidente de la empresa mundial de diseño IDEO. Una revelación inesperada puede provocar todo tipo de emociones en el público, además de mantenerlo interesado en el tema durante más tiempo. Muchos de nosotros, como lectores, no podemos dejar de leer un libro de misterio y asesinatos hasta que hemos resuelto el misterio (y algunos no podemos evitarlo y acabamos leyendo directamente la última página). En cualquier caso, el factor sorpresa es lo que mantiene atrapada a la audiencia.

Los buenos narradores también deben sentir empatía por su público. No puedo insistir lo suficiente en este punto porque a menudo es un rasgo que, dentro del mundo empresarial, se acaba perdiendo. Tienes que pensar a quién te diriges y qué espera obtener tu público. La mayoría de nosotros nos ponemos a hacer *networking* o contactos pensando tan solo en lo que esperamos conseguir con ello, en lugar de acercarnos a la persona con la que queremos hablar movidos por la curiosidad de saber también qué le podemos aportar a ella.

En las siguientes páginas profundizaremos en cada uno de estos aspectos. Así que empecemos.

El valor de ser auténtico

Heidi Zak fue gimnasta desde los ocho años hasta el instituto, y compitió en distintas categorías. Entre los veinte y los treinta, se forjó una carrera en finanzas y tecnología, se casó y tuvo dos hijos. Mientras compaginaba su vida personal y profesional, Zak se enorgullecía de sus dotes atléticas, e incluso llegó a completar una media maratón embarazada de siete meses. Sobra decir que no aspiraba a convertirse en un ángel de Victoria's Secret en su tiempo libre, esas modelos que se deslizan por la pasarela con alas de gran tamaño, tacones de diez centímetros y un sujetador que realza su escote. Zak, como muchas otras mujeres, se inclinaba por las marcas que encajaban con su personalidad sencilla; prendas con un toque estiloso pero, sobre todo, cómodas.

Cuando se trataba de ropa interior, quería sentir que lo que llevase la sujetaba y le daba algo de libertad. Un sujetador debía reflejar su estilo de vida, y no al revés.

Así que, en 2013, creó su empresa, ThirdLove, para diseñar sujetadores cómodos para mujeres reales, incluidas aquellas con estrías. Desde los primeros días, Zak describió su empresa a amigos y colegas como la «antítesis de Victoria's Secret». Se apoyó en su identidad de madre trabajadora y atleta con aspiraciones de mantenerse en forma incluso con el paso de los años. Ese mensaje acabó calando entre los consumidores, muchos de los cuales se identificaban con la estética sencilla y sin florituras de Zak. Tras su primera década en el mercado, la empresa llegó a estar valorada en 750 millones de dólares, y los medios de comunicación, desde *The New York Times* a la CNN, elogiaron la comodidad de sus sujetadores.

Todo iba tan bien como era de esperar, teniendo en cuenta las dificultades que entraña poner en marcha un nuevo negocio. Y entonces aparecieron las críticas. Ed Razek, antiguo director de marketing de Victoria's Secret, se dirigió directamente a ThirdLove, comentando públicamente que el «primer amor» de las mujeres eran justamente los sujetadores más sexis y con florituras. También señaló que el intento que habían hecho desde Victoria's Secret de realizar un especial con modelos de tallas grandes había fracasado estrepitosamente entre las consumidoras. Las clientas querían fantasía, no realidad, señaló Razek, dando a entender que no comprarían jamás productos de ThirdLove.

Zak estaba enfadadísima, tanto que al principio no supo ni cómo responder. ¿Pero es que acaso merecía la pena decir algo? Y, si lo hacía, ¿eso acarrearía consecuencias negativas para ella? Al final, tras hablarlo con su gente de confianza y sus asesores, decidió devolverle el golpe publicando un anuncio en *The New York Times* que llenaba toda una página del periódico, en el que acusaba a Victoria's Secret de «venderles una fantasía masculina a las mujeres». En el artículo, escribió: «Cuanto más lo leo, más me enfado. ¿Cómo es posible que en 2018 el director de marketing de una empresa pública y, peor aún, de una que dice dirigirse solo a las mujeres, haga declaraciones tan despectivas y sorprendentes?».[22]

Fue un movimiento muy valiente y temerario por su parte. Cuando años más tarde le pregunté a Zak por qué había decidido luchar contra un competidor mucho mayor, me dijo que decidió apoyarse en lo que realmente sentía. Muy pocas empresas se habrían atrevido a hacer algo tan audaz como aquello, así que reconoció que se estaba arriesgando. Zak también sabía que Victoria's Secret podría haber tomado represalias diciéndoles a sus fabricantes que no trabajaran con ThirdLove. Eso podría haber acabado con su empresa de la noche a la mañana, sobre todo si no lograba ampliar el volumen de fabricación para satisfacer la demanda de los clientes.

«Estaba bastante nerviosa antes de lanzar ese comunicado», me dijo Zak. «Tuvimos que debatir internamente sobre si publicarlo o no, porque por aquella época las cartas abiertas a prensa no existían. Me daba miedo parecer demasiado agresiva. Pero, al final, todo lo que escribí fue para defender lo que estaba construyendo, y sentí que era el momento y la ocasión adecuados para decirlo».

Su apuesta al final resultó ser un éxito. Los principales medios de comunicación se unieron a Zak y describieron la marca ThirdLove como «feminista» e «inclusiva».[23] El anuncio también colocó a ThirdLove en los titulares de los principales medios de comunicación durante varias semanas seguidas, aumentando la clientela de la marca e impulsando las ventas. Según Zak, el anuncio fue uno de los catalizadores más importantes para dar a conocer su empresa.

Para Zak, denunciar lo que el antiguo director de marketing de Victoria's Secret había dicho era lo correcto porque él mismo había menoscabado a las clientas de su empresa. Sin embargo, antes de publicarlo, se preguntó a sí misma: «¿Por qué fundé esta empresa?». En ese momento sintió que tenía que defender a la mujer estadounidense media, que no se tragaba la fantasía masculina a la hora de comprar ropa interior. Para los líderes empresariales, es fundamental sopesar los potenciales costes antes de lanzarse a hacer algo arriesgado, pero como veremos a lo largo de este libro, demasiadas empresas son mucho más precavidas de lo necesario. Pasan por alto con demasiada frecuencia el riesgo de que los clientes y otras partes interesadas clave se olviden de que existen.

De hecho, creo que en el futuro las empresas tendrán que asumir más riesgos. ¿Por qué? Porque ahora es más difícil que nunca destacar, sobre todo si siempre vas sobre seguro. Y porque nunca ha habido una buena historia que no implique algún tipo de tensión o conflicto. No siempre tiene por qué implicar a un competidor mayor, como en el caso de ThirdLove, y no tiene por qué suponer un riesgo empresarial inmediato. Los conflictos también pueden ser más sutiles, como una lucha interna sobre una decisión operativa o una lucha contra el *statu quo* porque les resulta inaceptable lo que se está proponiendo. En cualquier caso, tiene que haber alguna clase de contratiempo para que la narración resulte interesante. Nadie quiere animar a un héroe que solo ha salido victorioso a lo largo de su vida.

El apostar por ser auténtico, sobre todo cuando ello implica decir algo impactante o tomar partido frente a un competidor, es un método que sabemos que funciona. Puede que haya riesgos, pero no olvidemos tampoco que sin riesgo no hay recompensa.

El poder de la sinceridad

Muchas de las personas que son auténticas también son sinceras. Otros pueden ser un poco más comedidos con lo que comparten y pensarlo muy bien antes de decir nada. A lo mejor es porque son introvertidos o han tenido malas experiencias siendo sinceros en el pasado. A muchos de nosotros nos dan miedo las consecuencias que puede acarrear el decir algo equivocado, sobre todo ahora, en la época en la que nos encontramos. Y no pasa nada. Los CEO deberían animarse a ser ellos mismos. Sin embargo, en ocasiones surgen problemas cuando personas que en otras circunstancias serían abiertas y transparentes sienten la necesidad de ocultar lo que realmente está pasando porque sus empresas les han dicho que lo hagan, sobre todo cuando no hay una razón de peso para hacerlo. He visto muchas empresas con departamentos jurídicos y de relaciones públicas creados aparentemente con el único objetivo de decir siempre que no. Desaconsejan que el equipo directivo comparta información con el público e incluso limitan la comunicación interna a lo que «es estrictamente necesario compartir». Me he encontrado con innumerables ocasiones en las que esto no ha servido para nada. La gente suele intentar llenar el vacío que les deja la falta de información con sus propias teorías, sean verdad o no. Y lo que es peor, he visto a varios CEO faltar a la verdad porque les preocupa desvelar algo sobre lo que no tienen autorización oficial para hablar.

Un ejemplo muy conocido es el siguiente: Mark Zuckerberg, de Facebook, le habló en una ocasión al periodista tecnológico Casey Newton del prometedor vuelo de prueba de Aquila, un dron con una envergadura mayor que la de un avión en el que estaba trabajando Facebook. Newton escribió un artículo de lo que le había contado Zuckerberg (que el vuelo de prueba había sido un éxito), pero más tarde *Bloomberg* descubrió que el dron se había estrellado. Newton se sintió como un «imbécil» por confiar en la versión de la empresa sin haberla contrastado antes de publicar el artículo.[24] Esto dio lugar a que se escribiesen un montón de artículos en diversos periódicos y revistas que iban sobre la desconfianza que han de poseer todos los periodistas, que nunca se han de fiar tan solo de la palabra de la empresa, una oleada que también fue precursora de gran parte de la mala prensa que vino después.[25] En la vida, como en los negocios, la confianza, una vez rota, no puede repararse fácilmente.

Los que eligen el camino opuesto, el de la sinceridad, siempre van un paso por delante. La ambivalencia corporativa, frente a la sinceridad (o incluso la verdad), ha sido tan frecuente durante tanto tiempo que los líderes que toman el camino opuesto (abrazando la transparencia) están teniendo mucho éxito a la hora de atraer clientes y retener el talento. Cuando la empresa Slack encuestó a sus propios empleados sobre el tema en 2018, descubrió que el 87 % dijo que esperaba que los directivos de su próximo trabajo fueran transparentes y, de hecho, la cultura empresarial de Slack es conocida por serlo. La empresa ha hablado de la transparencia como la próxima ola en la evolución corporativa y ha proporcionado guías a sus clientes sobre cómo usarla para prosperar.

Hace honor a su propio código deontológico compartiendo un «Informe de Transparencia» que incluye las solicitudes que ha recibido de datos de clientes por parte de las fuerzas de seguridad y entidades gubernamentales. Según el informe de Slack, la transparencia es crucial porque genera confianza y refuerza la responsabilidad dentro de las organizaciones.

Un ejemplo fascinante de ello es el caso de una empresa india llamada HCL Technologies, que defiende firmemente la comunicación abierta. Cuando Vineet Nayar asumió el cargo de CEO a mediados de la década de 2000, la empresa era una compañía de servicios informáticos aletargada, rodeada de competidores que crecían más rápido. Pero bajo su dirección, la compañía experimentó un periodo de baja rotación de empleados y un crecimiento sin precedentes. Eso le impulsó a escribir un libro sobre los cambios que introdujo mientras estuvo al mando. A pesar de la oposición de algunos sectores de la empresa, Nayar les expuso con total sinceridad y transparencia los datos financieros de la empresa a todos los empleados, y también creó un portal en el que pudiesen hacerle preguntas al CEO y a otros directivos y estos las respondían con total sinceridad. Nayar también permitió a los directivos presentar sus planes de negocio a toda la empresa en lugar de solo a los líderes.

Durante su mandato, la empresa aumentó su capitalización bursátil y sus ingresos, lo que llevó a Nayar a convertirse en un gran defensor de los enfoques que implican la transparencia con los empleados, a todos los niveles de la empresa, desde el más bajo hasta los directivos. Tal y como explicó más tarde, una vez que la gente se dio cuenta de que los ejecutivos de alto nivel querían ser sinceros con sus equipos y lo eran, empezaron a confiar mucho más en sus decisiones. Nayar también dijo que cambió por completo la jerarquía de la empresa para que los altos directivos rindieran cuentas a los empleados y no al revés. Durante su mandato, cambió de cabo a rabo la cultura de la empresa, lo que abrió muchas más vías para la innovación y el progreso, dando lugar a contratos de software cada vez mayores que impulsaron a la empresa. La transparencia no solo logra que los empleados quieran quedarse en la empresa durante más tiempo, sino que consigue que una plantilla del montón se acabe convirtiendo en una llena de gente con talento. Y eso, a su vez, impulsa el éxito comercial, incluso en los mercados difíciles y competitivos.

Del mismo modo, en centros tecnológicos como Silicon Valley, donde trabajé y viví durante años, existe una tendencia al alza entre las empresas tecnológicas, y es que cada vez hay más CEO que comparten sus propias evaluaciones de rendimiento (a veces muy críticas) con sus equipos. Incluso he visto casos en los que los CEO han compartido estas críticas en internet para que cualquiera pueda verlas, como Dan Siroker, que tuiteó: «Mucha gente me dijo que estaba loco por publicar nuestra presentación de publicidad de la Serie A en Twitter. Pero uno de nuestros valores culturales en RewindAI es la transparencia, así que lo hice. Salió genial. Ahora estoy haciendo algo incluso más descabellado que entonces. Aquí tenéis mis últimas cinco revisiones de rendimiento 360 como CEO».

Los empleados con los que hablé para este libro me dijeron que ese tipo de intercambio de información les resultaba alentador porque indica que el rendimiento de su CEO también se examina regularmente; los líderes deben aprender y mejorar constantemente, incluso si eso significa escuchar comentarios críticos. Todos están sujetos a las mismas normas. En el mejor de los casos, el resultado es una cultura de empresa en la que se evalúa constantemente si se está haciendo un buen trabajo, pero no solo de los empleados de a pie, sino también de los líderes. En lugar de un ejercicio de marcar casillas, estas revisiones periódicas podrían convertirse en un momento para que los equipos den un paso atrás y encuentren oportunidades de mejora, tanto a nivel grupal como individual. Y eso podría ayudar a mejorar la cultura y la productividad de la empresa con el tiempo, así como a garantizar que haya más empleados con talento sentados alrededor de la mesa.

Sin embargo, también tengo algo que advertiros: quienes optéis por la transparencia debéis hacerlo de forma coherente. Un directivo que se ofrezca a responder a las preguntas de los empleados en la próxima reunión que tengan no debe limitarse a responder a las preguntas que le hagan con respuestas superficiales. O un ejecutivo que acepte hablar con la prensa no debe responder solo a las preguntas sobre lo que va bien. Muchos ejecutivos esperan que se les alabe públicamente cuando hacen algo bien, pero se escabullen y se esconden si les hacen preguntas difíciles o cuando algo no sale como esperaban. Esto puede ayudarles a evitar la confrontación, pero también puede erosionar la confianza.

De hecho, la sinceridad también tiene sus límites, sobre todo para quienes luchan por proyectar competencia y confianza. Según un estudio reciente, los abogados y los profesores que se presentaban a entrevistas de trabajo y eran sinceros sobre su personalidad y estilo de trabajo, incluidas sus limitaciones reales, tenían más probabilidades de recibir ofertas. Claro que entre esas debilidades y limitaciones no se incluye la manida respuesta de: «Mi punto débil es que trabajo demasiado y me preocupo demasiado». Pero eso solo ocurría con los candidatos cuyos currículos habían sido calificados en el percentil noventa o superior. Como sus puntos fuertes ya eran evidentes para el comité de contratación, compartir sus puntos débiles hizo que este grupo pareciese accesible y amable sin que el comité tuviese que preocuparse por si estaban preparados o no para hacer el trabajo al que se postulaban.

¿Qué nos dice esto sobre la cultura de empresa? Que ser auténtico y transparente no significa tan solo compartir nuestros defectos y debilidades. Hay que mantener cierto equilibrio. Compartir las dificultades con sensatez, dentro de unos límites, puede ayudar a generar confianza. Funciona mejor si los aspectos negativos se incluyen en una historia sólida con un mensaje positivo como conclusión. Como dice el psicólogo organizativo Adam Grant: «Es de ser muy descuidado ser extremadamente auténtico. Cuando hablamos de nuestras debilidades, debemos tener cuidado de no poner en duda nuestros puntos fuertes».

El elemento sorpresa

Una de mis campañas publicitarias favoritas la hizo la empresa que menos te lo esperas: un banco. En 2014, la filial canadiense de TD

Trust dispuso cajeros automáticos especiales en sus sedes de Montreal, Toronto, Calgary y Vancouver para «dar las gracias» a sus clientes. Lo que hizo fue programar los cajeros para que, cuando cualquiera de sus clientes hiciese una operación en ellos, estos les regalas en un billete de veinte dólares. Algunos clientes, a los que el banco consideró especialmente dignos de reconocimiento, recibieron más de un billete de veinte. La acción se planificó con antelación. Cuando un cliente preseleccionado se presentaba en el cajero, la máquina empezaba a hablarle, incluso le reconocía por su nombre, y captaba la interacción en vídeo.

Esta campaña atrajo la atención de todo el país después de que los vídeos aparecieran en las redes sociales. Algunos recibieron millones de visitas. El elemento sorpresa en esta campaña fue fundamental: nadie espera llegar al cajero y que le regalen dinero. Vamos a los cajeros automáticos a sacar dinero, a menudo con cierta ansiedad por lo que queda después en nuestra cuenta bancaria. Además, la mayoría de la gente no asocia los bancos con la generosidad, por lo que esta campaña sorprendió por muchísimos motivos.

Fue una campaña publicitaria sencilla pero eficaz. Podría pensarse que regalar dinero no es una buena táctica para contar una buena historia, pero las 30.000 personas a las que les regalaron veinte dólares cuando menos lo esperaban quizás no estarían de acuerdo con ello. El dinero en sí no era más que un decorado o apoyo para la historia que quería contar el banco; lo que en realidad pretendían era contar una historia que hablase de la generosidad. Y la campaña cambió por completo la percepción que el público tenía del banco en un momento en el que la confianza por los servicios y las compañías financieras estaba por los suelos. Puede que la idea les acabase saliendo cara, sobre todo si la comparamos con otro tipo de campañas publicitarias, que no suelen implicar el hecho de tener que regalar dinero en metálico a miles de personas. El banco, en este caso, tuvo que desembolsar cientos de miles de dólares, sí, pero generó interés en el público, que se hablase de ellos, tanto en la prensa generalista como en las redes sociales, lo que ayudó a cambiar el discurso de forma eficaz. La campaña tuvo tanto éxito que en 2024 el banco creó un cajero automático especial en su sede de Filadelfia que, en vez de dar dinero en metálico cuando alguien hacía una operación, lo que daba era golosinas para perros como premio.[26] ¡Guau!

No es de extrañar que el elemento sorpresa sirva para mantener al público en vilo. La mayoría de las películas incluyen algún tipo de giro argumental para asegurarse de que la audiencia no se desconecte en la segunda mitad. Si sabes exactamente lo que va a ocurrir a continuación, probablemente estés viendo una terrible película de serie B de bajo presupuesto. En el mundo empresarial, solemos olvidarnos de encontrar formas de usar esta táctica a nuestro favor, incluso cuando hay muchas maneras creativas de hacerlo. Una forma es con recompensas inesperadas, como hizo TD Bank. Otra es con un gesto amable hacia un cliente, como hacer que un alto ejecutivo dedique unos minutos de su día a escribir una nota personal. Tim Cook, de Apple, es un buen ejemplo de ello, ya que escribe respuestas a los clientes que se toman la molestia de enviarle cartas, algo para lo que la mayoría de nosotros supondría que está demasiado ocupado o es demasiado importante. Al fin y al cabo, Apple es la mayor empresa del mundo por capitalización bursátil.

Tim Brown, presidente de IDEO, dedicó toda su carrera a investigar el diseño centrado en el usuario en nombre de las marcas y a encontrar formas de incorporar el factor sorpresa en sus campañas publicitarias. Su método consiste en estudiar cómo se relacionan los clientes con los productos y, a continuación, trasladar lo aprendido a la empresa para diseñar soluciones basadas en lo que los usuarios realmente quieren y quizás no sepan (todavía).

Brown me puso como ejemplo un proyecto reciente en el que un cliente le pidió a IDEO que diseñara mejores cepillos de dientes para niños. En lugar de crear algo técnicamente perfecto en un laboratorio, los diseñadores observaron a cientos de niños cepillarse los dientes. Se dieron cuenta de que a los niños les costaba sostener el cepillo solos, pero que en realidad querían no depender de sus padres o tutores. Este descubrimiento fue toda una sorpresa para la empresa de cepillos de dientes que les encargó el trabajo de investigación. La empresa no se había dado cuenta de lo difícil que era para los niños usar ellos solos sus cepillos de dientes. El resultado fue un nuevo diseño mucho más cómodo y natural para los niños. Este tipo de historia podría incluso formar parte de la campaña publicitaria de marca de la empresa: una historia sobre cómo diseñaron este cepillo pensando en los niños (y no en los adultos).

Brown cree que, en estos casos, las empresas deberían imaginarse dos tipos de momentos «reveladores» o «sorprendentes», tanto para los clientes como para los equipos internos y explotarlos al máximo.

- El primero tiene que ver con «la visión» de los usuarios, que en un primer momento puede parecer obvia, pero luego resulta que no se habla lo suficiente de ella. El caso del mango del cepillo de dientes para niños es un buen ejemplo de este tipo de elemento sorpresa. Es ese momento en el que puedes decir: «No tenía ni idea de que muchas personas necesitasen eso en concreto, pero tiene todo el sentido del mundo que sea así».
- La segunda tiene que ver más con explorar una nueva forma de pensar o una nueva manera de ver el mundo y su funcionamiento, ese momento en el que uno puede decir: «Nunca lo había pensado así».

Para otro cliente, en este caso uno que estaba dentro del sector financiero, desde IDEO tuvieron que encuestar a un montón de personas y les pidieron que dibujasen lo primero que se les venía a la cabeza cuando pensaban en el dinero. Una persona dibujó un montón gigante de objetos, que estaban relacionados con el dinero y las compras, al menos para ella. Al cliente le sorprendió esa respuesta, porque esperaba que la gente encuestada pensase en el dinero que se movía por la zona en la que vivía, o el que cobraban, o las distintas oportunidades de ahorro que tenían. Esto los llevó a la conclusión de que la mayoría de la gente no piensa en el dinero de «forma inteligente», digamos, a menos que se les enseñe que han de pensar de ese modo, algo que no se les enseña a los niños en los colegios o institutos, por ejemplo. Así que ese cliente ideó una campaña en la que invitó a unos cuantos jóvenes a acudir a una cena para hablar sobre planes de jubilación y las ventajas y desventajas de mirar siempre el dinero que gastan, lo que sería su elemento sorpresa. Porque hoy en día no es muy frecuente que nos inviten a cenar o a comer gratis solo para hablar sobre cómo gastar menos dinero y fijarnos siempre en el precio de lo que compramos.

¿Qué hace que una campaña cuente con ese elemento sorpresa o que a la audiencia pueda parecerle agradable? En el ejemplo que daba IDEO eso significaba desafiar las expectativas creando un entorno seguro para que la gente pudiese hablar de sus finanzas libremente, un tema que a muchas personas les incomoda tratar en voz alta.

«Siempre es posible sorprender o descubrirle a alguien algo nuevo, por más rico que sea, sin importar de dónde provenga», dijo Brown.

Empatía por la audiencia

A lo largo de mi carrera periodística, nunca dejó de sorprenderme la cantidad de CEO que acudían a las reuniones dispuestos a presentarme sus respectivas empresas como si yo fuese una clienta potencial. Eso denotaba una falta de empatía con mi función y mis objetivos profesionales. Antes de entrar en una reunión con alguien, es importante pensar en lo que realmente quiere el oyente, que será completamente distinto según quién sea y qué función desempeñe. Veámoslo con el ejemplo de unos cuantos interlocutores con bastante poder: un periodista, un inversor, un cliente y un potencial nuevo empleado.

¿En qué se diferencian todos ellos? La respuesta requiere comprender qué implican sus trabajos y cómo define cada uno el éxito. Aquí es donde entra en juego la empatía. Como narrador, es importante adaptar la historia a las necesidades del público o hacer preguntas para descubrir qué es lo que saben o piensan sobre un tema en concreto antes de entrar en materia. Conocer a la audiencia no socava en absoluto tu autenticidad como narrador. Es perfectamente posible equilibrar ambos mandatos: ser fiel a uno mismo y, al mismo tiempo, tener en cuenta a la otra persona. Esto es así tanto si tu público está sentado a tu lado tomando un café, como si está frente a ti en una sala de juntas o entre el público de un estadio abarrotado.

«La historia tiene que ser distinta según a quién se la cuentes, según quién sea tu público y sus creencias, y tienes que preocuparte por llegar hasta esa persona», afirma Uri Hasson, neurocientífico y psicólogo de la Universidad de Princeton. «Siempre pensamos que solo existe una forma de contar una historia que sea universal, y acabamos perdiendo la parte de empatía».

Como he mencionado antes en este capítulo, estamos en una era en la que todo funciona y se difunde por internet, lo que significa que, aunque tú pretendas contarle una historia a un público muy concreto, esa historia va a acabar llegando a ojos y oídos de mucha más gente. Si le dices una cosa a un periodista en una entrevista, pero pones otra totalmente distinta en tu sitio web, el reportero acabará señalando la discrepancia. Eso puede resultar vergonzoso o incluso algo mucho peor, dependiendo de lo mucho que se contradiga y de lo sustancial que sea la información contradictoria. Tienes que asegurarte de que todo lo que digas o publiques sea coherente con tu historia, y después encontrar un equilibrio y adaptarla a cada público. Sé que puede parecer complicado, pero no lo es. Solo tienes que ser auténtico y transparente, y asegurarte de que lo que cuentes no se contradiga con lo que has dicho antes ni resulte ofensivo para ninguno de tus públicos. ¡Y no te olvides de hacerlo ASAP!

En las conversaciones individuales, es fundamental dedicar tiempo a entender a la persona con la que estás hablando. Teniendo todo esto en cuenta, vamos a analizar los distintos tipos de interlocutores o público con los que podremos encontrarnos y que es necesario tener en cuenta para saber qué versión de la historia les resultaría más convincente. El reto es que cada individuo y cada grupo son diferentes, por lo que no hay ninguna regla o norma escrita en piedra sobre lo que debemos o no hacer. Pero con esto que estoy a punto de decirte pretendo darte una pista de por dónde puedes comenzar.

Lo que quieren los inversores

Vamos a empezar con «la gente que pone el dinero». Puede que, al principio, parezca un tanto aterrador eso de tener que enfrentarse a un inversor, sobre todo si has visto algún episodio de *Shark Tank*. Pero, confía en mí, son de los interlocutores más fáciles de convencer, sobre todo si los comparamos con el resto de los accionistas. Es cierto que la mayoría de los inversores te dirán que no de primeras, porque no pueden invertir en los proyectos de todas las personas que conocen a lo largo de sus vidas. Los mejores te darán una respuesta rápida para que cada uno pueda seguir con su vida y puedas buscar a otra persona que sí que esté dispuesta a invertir en ti. Pero también forma parte del trabajo de un buen inversor el arriesgarse y decir que sí de vez en cuando.

Si tienes que enfrentarte a esta clase de público, tienes que convencerlos de dos cosas para asegurarte de que se suman a tu proyecto:

- Tú o tu equipo sois los más indicados para crear la empresa que quieres crear.
- Tu empresa se dirige a un mercado lo bastante grande, lo que significa que tiene posibilidades de generar un rendimiento lo suficientemente amplio como para que la inversión merezca la pena.

Los inversores, lo admitan o no, buscan un motivo de peso para apostar por ti y tienes que caerles bien. Cuando Laura Huang, investigadora de la Facultad de Empresariales de Harvard, encuestó a docenas de inversores de capital riesgo para saber cómo decidían si invertir en una empresa u otra, se topó una y otra vez con la idea del «instinto». A medida que indagaba, descubrió que la mayoría de los inversores buscaban alguna clase de conexión con el fundador de la empresa en la que invertían, una que solía basarse en si era capaz o no de contar su propia historia, y no en un análisis especialmente sofisticado de las perspectivas financieras de la empresa. También descubrió que esto no era necesariamente malo. Al basarse únicamente en el análisis financiero, es poco probable que los inversores vean algo que a otros se les haya escapado, por lo que el instinto ayuda a que encuentren historias y narradores particularmente especiales e influyentes. (Y las historias poderosas, como he recalcado entre estas páginas una y otra vez, contribuyen de forma crucial al éxito de las empresas, sobre todo en su fase inicial).

Para la mayoría de los fundadores, la presentación ideal de un proyecto o una empresa nueva debería incluir estos elementos:

- Una anécdota sobre un momento en el que tuviste problemas o una serie de intentos de «prueba y error» que condujeron a un momento de inspiración; es decir, la «gran idea» que resuelve el gran problema de la empresa o del equipo.
- Una explicación sobre cómo esta gran idea hará del mundo un lugar mejor.
- Una llamada a la acción que explique qué es lo que pretendes solucionar con esta gran idea.
- Los pasos que el equipo dará (o que ya ha dado, si se trata de una empresa en fase avanzada) para llegar a ese punto, junto con una explicación de cómo combatirán los principales riesgos y desafíos por el camino.

Los inversores reconocen que, en última instancia, saben que la persona que está al otro lado de la mesa les está pidiendo dinero. Pero las mejores propuestas no son las que les hacen sentir que les están vendiendo algo, sino aquellas que los quieren como aliados en esa nueva aventura. Por eso, lo más habitual es que un inversor termine una llamada diciendo: «Dime en qué puedo ayudarte». Si eso ocurre, mi consejo es que lo aceptes. Así les convencerás de que apuesten por ti y no por uno de los otros cinco empresarios que han conocido ese día.

Lo que quieren los clientes

Para cualquier empresa, conseguir una primera venta (y las siguientes) tiene una importancia monumental. Esto es especialmente cierto para las empresas de nueva creación. Los clientes asumen un gran riesgo cuando compran un producto o servicio no probado o relativamente nuevo. Y no, no estoy exagerando. Como dice el viejo refrán, no han despedido a nadie por elegir IBM. Comprarle un producto a una empresa consolidada te garantiza que siempre habrá alguien dispuesto a ayudarte en caso de que te dé error y que el producto dure bastante, aparte de que también sea excelente. En cambio, comprarle algo a una empresa de nueva creación es intrínsecamente arriesgado.

En mis años como inversora, he hablado con muchos compradores. Y uno de los temas que tratamos en casi todas nuestras conversaciones es su necesidad de creer que el riesgo merece la pena. No les basta con una pequeña mejora; para eso, mejor que se queden con el *statu quo* y eviten los costes de cambio y el riesgo. Al igual que los inversores, los clientes quieren oír tu gran visión sobre lo que puede hacer la tecnología o el producto que intentas vender, pero a menudo quieren que se les pregunte primero qué es lo que buscan exactamente, antes de que el vendedor se lance a hablarles de ello. No quieren que alguien les explique algo que ya saben.

Plantear que no es una apuesta muy arriesgada puede resultar vital y bastante poderoso. Es probable que los clientes tengan en la cabeza una lista de factores por los que un producto o servicio no funcionará. A ellos les corresponde ser escépticos y anticiparse. Describir explícitamente los retos y las estrategias para combatirlos o mitigarlos puede ayudar a disipar las preocupaciones. Y esto, a su vez, genera confianza.

Lo que quieren los usuarios

Este es un caso especialmente delicado, ya que las palabras «cliente» y «usuario» pueden significar muchas cosas distintas. Por «usuario» me refiero a la persona que utiliza el producto, mientras que los «clientes» suelen ser quienes compran el producto, y no siempre son la misma persona. En este caso, voy a hablar en todo momento de usuarios, sean o no también los clientes. Ya sea con un usuario, con un cliente o con ambos, la mejor estrategia pasa por una comunicación sencilla, precisa y directa, y explicaré por qué con un caso práctico.

Cuando la empresa de ciberseguridad CrowdStrike saltó a los titulares de periódicos y revistas de todo el mundo durante el verano de 2024 por un apagón, uno de los mayores de la historia, muchos profesionales de la comunicación consideraron que su comunicado no era suficiente. Lulu Cheng Meservey, la antigua jefa de comunicación y asuntos externos de Activision Blizzard, se pronunció públicamente al respecto y describió la respuesta que había dado la empresa en X como «UN DISCURSO CORPORATIVO DE CALIDAD MILITAR».

Según Meservey, el comunicado, que constaba de varios párrafos e incluía frases como «Se ha identificado el problema… y se ha implementado una solución», no asumía ninguna responsabilidad. Estaba redactado en «voz pasiva», una construcción gramatical que desplaza el centro de atención de una frase del sujeto al destinatario. La empresa tampoco pidió disculpas ni dio indicaciones claras a los clientes que necesitaban ayuda. Entre los afectados se encontraban bancos, hospitales y compañías aéreas. Según el análisis de una aseguradora, el coste para las empresas que estaban dentro de las Fortune 500 fue de más de 5000 millones de dólares en pérdidas directas.

El CEO de CrowdStrike, George Kurtz, hizo declaraciones solamente por X, compartiendo el comunicado completo por redes, mientras que los medios de todo el mundo se tuvieron que apresurar para ser los primeros en dar la noticia en los periódicos. Tras varios meses de preguntas y críticas, uno de los altos ejecutivos de la empresa acabó disculpándose en nombre de toda la compañía.

Una vez más, esto deja en evidencia la importancia de mantener siempre un mensaje sencillo y de hacer partícipes a los usuarios. Cuando las cosas vayan bien, has de hacérselo saber a tus clientes de una forma que no dé la sensación de que lo estás haciendo solo por promocionarte. Aaron Levie, de Box, en el capítulo 2, es un ejemplo perfecto de ello, ya que saca tiempo de su día para comunicarse directamente con sus seguidores de X e informarles sobre temas más amplios del espíritu de la época, y no solo sobre la última actualización de funciones de su empresa. Cuando estés pasando por un momento complicado, discúlpate directamente en lugar de utilizar frases que pretendan eximirte de toda responsabilidad, como «Se cometieron errores». En general, los clientes no quieren relacionarse con una marca que habla como un robot, bombardeándoles con un lenguaje corporativo sin sentido. Nunca he visto que nadie opte por comprar un producto de una marca que hable así, y mucho menos que decida comprarles algo solo porque hablen así.

Hablaremos mucho más de este tema en los próximos capítulos, sobre todo cuando profundicemos en las «marcas impulsadas por sus historias».

Lo que quieren los periodistas

No todos los periodistas quieren lo mismo: depende mucho de la especialidad que cubran y del tipo de periódico o revista para el que escriban. Así que, antes de hablar con un periodista, dedica al menos quince minutos a buscar en Google información sobre los artículos que ha escrito recientemente y el público al que se dirige. No confíes en nadie para que lo haga por ti, ni siquiera en ChatGPT.

Si quieres un consejo, Sarah Frier, redactora jefe de la columna de tecnología de *Bloomberg*, resume así lo que ella (como la mayoría de los periodistas) busca: «En general, lo que quiero es aprender algo de ti. Quiero entenderlo de tal forma que pueda explicárselo a otra persona. Eso significa que si se trata de un anuncio o una noticia, no me mientas, no trates de confundirme hablando con jerga empresarial, no te limites a repetirme la nota de prensa o el comunicado donde se exponen los objetivos de la empresa, porque entonces tendré que seguir presionándote a ti o a otros hasta que descubra la verdadera motivación, el verdadero antes y después de la empresa. Porque tengo una responsabilidad para con mis lectores y ellos confían en mí».

Cabe recalcar algunas cosas. La responsabilidad del periodista es hacia el lector, no hacia la persona que le propone la entrevista. Por tanto, si no cuentas nada interesante, no están obligados en absoluto a hablar de ti. Muchas empresas pueden pensar que lo mejor es ir sobre seguro y mostrarse a la defensiva, quizás por su desconfianza en la prensa, pero esa estrategia no va a funcionar. Si un periodista entrevista a un ejecutivo para un reportaje y este no dice nada interesante, lo más probable es que ni siquiera salga en el reportaje final ni lo mencionen.

Y ya que estamos, el contexto importa. A un periodista, o a cualquier otra persona, le costará entender a una empresa que no encaja dentro del mercado preexistente y no puede compararse con otras empresas más grandes o pequeñas. A menudo veo a empresarios y equipos de ventas enumerar las cosas buenas que tienen, sin explicar por qué son mejores que las demás empresas. Dirán que ofrecen «flexibilidad» o una «mejor experiencia», por ejemplo, pero ¿en comparación con qué? No existen muchas nuevas ideas que surjan de la nada. Del mismo modo, como hemos visto en capítulos anteriores, el término «líder» se suele usar con bastante frecuencia para referirse a las mejores empresas del mercado, pero muy pocas pueden respaldar esa categoría que les ha sido dada con datos reales.

Otro consejo útil que deberíais tener en cuenta en este caso: la mayoría de los periodistas, lo admitan o no, también buscan entretener a sus lectores. Para ello, necesitan detalles polémicos. No hay nada malo en ello, a menos, claro está, que esas anécdotas huelan a mentira o sean demasiado exageradas. Hazles un favor y comparte con ellos algunos momentos que hasta entonces habías mantenido en secreto y que hagan que la gente se sienta como si los estuviese viviendo contigo. En el libro de Frier sobre la historia de Instagram, *Sin filtro*, esos jugosos detalles son los que logran que el libro enganche. Se cuenta que la idea de añadir filtros a las fotos se le ocurrió a la entonces novia del CEO de la empresa durante unas vacaciones en México. Solo cuando él la vio usar esos filtros se dio cuenta de lo que Instagram podía y debía ser. «Entonces, tirado en una de las tumbonas, tomando el sol, con una cerveza al lado y el portátil abierto, se dispuso a convertirlo en realidad», escribe Frier en una de sus primeras páginas. Esos momentos cotidianos transportan al lector y lo conectan con ese momento en el tiempo y con la historia que están leyendo.

Por otra parte, los periodistas suelen buscar enfoques que aumenten el interés de los lectores. No me cansaré de repetirlo. No es casualidad que muchos periodistas empiecen sus artículos y reportajes con una anécdota personal. Uno de mis antiguos editores, Matt Rosoff, quien tuvo una larga carrera en el mundo del periodismo tecnológico, llegó a pegar una nota en mi escritorio con la frase «Son personas, no objetos». Como seres humanos, estamos programados para interesarnos por otros seres humanos. Las historias sobre personas siempre suscitarán más interés entre los lectores que las centradas únicamente en algún producto o tecnología. Cada vez que un empresario me dice que quiere que su producto hable por sí mismo, le recuerdo que el mundo no funciona así. No suele ser tan interesante leer sobre los productos. ¿Qué es lo que llama la atención del lector? Los seres humanos y las cosas que los hacen conectar con ellos.

Un último apunte sobre los periodistas antes de continuar. El periodismo no es lo mismo que la publicidad o las relaciones públicas. Los periodistas no son los portavoces pagados de una empresa, por lo que cualquiera que pueda ayudarlos a trasladar el mensaje «oficial» de una empresa estará dándole un enorme valor añadido al artículo que escriban posteriormente. Sí, es un arma de doble filo, ya que supone un incentivo para que el periodista escarbe en lo que cuenta oficialmente la empresa. Pero he visto de primera mano cómo los ejecutivos que son honestos y directos con los periodistas reciben una atención mucho más positiva que sus competidores. Mejor aún, simplemente se les deja en paz, porque no hay ninguna historia jugosa que revelar.

Un amigo mío, Alex Benson, asumió hace poco el cargo de CEO de su empresa, heredando algunos retos en su nuevo papel, como el de mejorar el alcance de la empresa. Así que lo primero que hizo fue escribir un post en LinkedIn titulado «Introducing the Next Chapter» («Presentando el siguiente capítulo») en el que explicaba sus intenciones para el cargo y redoblaba la apuesta por un modelo de negocio que veía que funcionaba, mientras que quitaba prioridad a otros. «Aunque las nuevas búsquedas de mercado son siempre emocionantes (y atractivas), también pueden distraer de lo que realmente importa», escribió. «Como otros antes que nosotros, hemos llegado hasta aquí y ahora tenemos que ver qué hacemos». Benson recibió multitud de comentarios admirando su honestidad, sin ninguna reacción en contra.

Del mismo modo, cuando Naomi Allen, CEO de Brightline, una empresa que trabaja por proteger la salud mental infantil, tomó la difícil decisión de llevar a cabo un montón de despidos cuando cambió por completo su estrategia de negocio, escribió una entrada en su página web siendo completamente sincera. Describió al dedillo las condiciones que la llevaron hasta ese momento y terminó ofreciéndose a ayudar a los afectados por la reestructuración a encontrar un nuevo puesto («Sois, sin duda, algunos de los profesionales con más talento que he conocido en toda mi carrera... Con vuestro permiso, hemos elaborado una lista de personas con muchísimo talento, a todos los niveles, tanto de nuestros equipos clínicos como corporativos que actualmente están buscando un nuevo puesto y nuevas oportunidades»). La mayoría de las empresas le habrían restado importancia a esta información, pero Allen no. Su publicación obtuvo decenas de miles de visitas en las primeras veinticuatro horas y docenas de comentarios positivos.

Una vez más, no hay mejor defensa contra una percepción negativa de una marca o un equipo fundador, tanto interna como externamente, que decir simplemente la verdad.

Lo que los empleados, nuevos y antiguos, quieren

Los empresarios a veces se olvidan de que las personas a las que entrevistan tienen muchas más opciones entre las que elegir. Escoger el puesto adecuado es algo imprescindible para cualquier futuro empleado. Buscar un nuevo empleo lleva mucho tiempo, es un reto, personalmente frustrante y arriesgado, así que la mayoría de la gente quiere un puesto en el que pueda quedarse unos cuantos años. Y puede que también busquen poder crecer como personas dentro del ámbito laboral, así como formar una comunidad o incluso hacer amigos.

Los reclutadores son unos de los mejores narradores del sector, porque su trabajo consiste en convencer a la gente de que abandone sus puestos de trabajo (a menudo estables) por otro mejor. No es de extrañar que la mayoría de los reclutadores comiencen siempre sus entrevistas haciendo preguntas para determinar si la persona con la que están hablando realmente quiere cambiar de empleo o cabe la posibilidad de que lo haga y puedan convencerla. Si la respuesta es que sí, la siguiente serie de preguntas consiste en determinar si el candidato encaja en el puesto o no. Su trabajo consiste en venderles esa nueva oportunidad, a ser posible con una historia que aborde los elementos clave que el candidato está buscando para cambiar de puesto. Dentro de mi sector, el de la tecnología sanitaria, uno de los mejores reclutadores es también uno de los inversores con más éxito: Trevor Price. Price dirigió durante años una empresa de selección de personal (Oxeon) y creó un fondo de capital riesgo (Town Hall Ventures). Atribuye su éxito en ambas empresas a su curiosidad, su sed de información, su red de contactos y sus dotes de narración.

Un último apunte que tiene mucho que ver con la Generación Z. Cada vez más, sobre todo con los candidatos más jóvenes, los reclutadores me comentan que los empleados quieren creer en la empresa a la que se unen. La misión y el propósito lo son todo. Estudios de consultoras como Deloitte han demostrado que la Generación Z valora menos el salario que cualquier otra generación de la historia.[27] Por lo tanto, un reclutador que no mencione el objetivo de la empresa durante la entrevista o que no cuente ninguna historia personal con la que la persona a la que está intentando contratar se pueda sentir identificada, puede que no logre conquistarla tampoco durante la siguiente fase de la entrevista.

En conclusión: cada vez que se te presente la oportunidad de aprovecharte de una buena historia para salir adelante, piensa primero a quién se la vas a contar. ¿Cómo puedes adaptar la historia para que sea más relevante para ellos? Y si no lo tienes del todo claro al llegar a la reunión o a la entrevista, nunca está de más preguntar. Tomarse un momento para hacer preguntas antes de entrar en materia permite a la audiencia sentir que el encuentro no es puramente transaccional. Los inversores, los empleados y los clientes no van a entrar en una conversación con las mismas intenciones. Para llegar a cada uno de ellos, es importante tener en cuenta cuáles pueden ser sus respectivos objetivos. Tal y como describe Ellen Petry Leanse, coach ejecutiva y veterana ejecutiva del sector tecnológico, una pregunta ideal en este caso podría ser: «¿Qué significa para ti la excelencia? ¿Podrías explicármelo?».

Para mejorar cuanto antes tus dotes narrativas, tienes que familiarizarte con los «Cuatro Grandes». Entre ellas están la autenticidad, la sinceridad y la transparencia, la empatía con el público y el factor sorpresa. Una buena historia debe parecer natural por la sencilla razón de que es real. Pero eso no significa que puedas ponerte a divagar sin preocuparte por su estructura (debes tener en cuenta los distintos arquetipos de trama de los que hemos hablado en el capítulo anterior, así como el elemento sorpresa) y pensar siempre a quién le estás relatando esa historia. Acuérdate del caso de Nayar, de HCL Technologies. Quienes sepan utilizar a su favor estos cuatro elementos, tendrán una serie de ventajas de un valor incalculable que les pondrán siempre un paso por delante de sus competidores, e incluso serán capaces de conseguir que una empresa del montón o que esté a punto de caer en bancarrota resurja de sus cenizas y acabe siendo líder de su sector.

PARTE 2

Historias que venden

4

Todos deberían saber cómo narrar una buena historia, no solo los CEO

Las grandes historias les suceden a aquellos que saben cómo contarlas.

—IRA GLASS, locutora de radio

Claire Vo es la directora de producción de LaunchDarkly, una empresa de herramientas para desarrolladores de software especializada en ayudar a los equipos de ingeniería a ser más productivos. Ha tenido una carrera bastante movida, ya que ha trabajado en toda clase de industrias, desde la tecnología médica hasta el software empresarial. Durante la última década, se ha hecho muy conocida por ser una de las mejores narradoras no solo haciendo ponencias, sino también en redes sociales. En X y LinkedIn, las redes a las que dedica la mayor parte de su tiempo, la siguen miles de personas para ver qué es lo que piensa y opina sobre ciertos temas. Launch-Darkly también se beneficia de ello. Como Vo es una persona conocida dentro de ciertos círculos, a su equipo le resulta mucho más fácil atraer y retener nuevos talentos. Desde hace años, su presencia en las redes sociales ha contribuido a mejorar exponencialmente la presencia y reputación de las empresas para las que ha trabajado.

«Tener un líder técnico o de producción conocido puede ser muy beneficioso para las empresas», explica Vo. «Sobre todo en el caso de que los clientes y usuarios se interesen de verdad por la historia del producto que van a comprar o utilizar». Dicho de otro modo, que Vo esté tan presente en redes sociales hace posible que pueda contactar mucho más fácilmente con aquellos que quieren mejorar su productividad usando los productos de su compañía, y eso, a su vez, le sirve para ampliar su red de contactos y mejorar la reputación de su empresa.

La mayor parte de los contenidos que generan los empleados en sus redes sociales no tienen mucha utilidad, ya que repiten patrones de mensajes que ya se han escrito con anterioridad, con muchos hashtags, a veces generados por los equipos de ventas y marketing, que se los envían a los empleados para que los copien y peguen en sus redes sociales. Los mensajes de Vo no se parecen en nada a eso. Nadie le dice lo que tiene que poner ni escriben en su nombre. Vo utiliza las historias como vehículo para compartir lo que ha ido aprendiendo a lo largo de su extensa carrera. La mayoría de sus historias combinan un toque humorístico, algo que haya aprendido y cierto deje vulnerable. Una de las que comparte a menudo es la de cómo se obsesionó con la tecnología y la codificación cuando era joven, pero al final optó por estudiar humanidades. Esos estudios le mostraron el poder que tiene una buena historia, y por eso siempre estará agradecida de haber escogido estudiar esa carrera. Otro de los temas que suele abordar es el de lo mucho que tuvo que luchar cuando emprendió su carrera, por sentirse parte de algo, sobre todo cuando fue ascendiendo a puestos de mayor responsabilidad, y cómo aprendió a mostrarse siempre confiada, sin importar la situación. Hoy en día, ya no pasa tanto tiempo esperando que los demás le den su aprobación profesional y simplemente hace lo que ella cree que está bien.

Estas historias tan personales son las que de verdad consiguen llegar al público y conmoverle. Como sienten que la conocen, Vo cree que es más probable que también confíen en los productos que ella ha creado. Y, como respetan su perspicacia como líder, asumen que la empresa a la que se unió debe de haber sido su mejor opción.

La empresa también se beneficia de su presencia en redes, lo que supone una gran ventaja para su división de ventas y marketing. Desde que empezó a utilizar las redes sociales, Vo ha aparecido en publicaciones que celebran el papel de la mujer en la tecnología. Ha sido entrevistada por su destreza en varios boletines de novedades muy conocidos, con cientos de miles de suscriptores, como *Lenny's Newsletter*, que probablemente lean los clientes de LaunchDarkly. Y ha aparecido en innumerables *podcasts* y blogs de clientes famosos, lo que al final repercute positivamente en las ventas.

El ejemplo de Vo demuestra que no hace falta ser CEO, ni siquiera directivo, para sacarle beneficios a una buena historia. Los que están empezando su carrera también pueden hacerlo. Para hacerte una idea de por dónde empezar, deberías entrar en X e investigar el hashtag #producttwitter. Este hashtag está dirigido a todos los que trabajan en la gestión de producción o aspiran a hacerlo, sobre todo (aunque no exclusivamente) dentro del sector tecnológico. Pero un consejo más: existen hashtags similares para prácticamente todos los puestos (#marketingtwitter, #salestwitter, #engineeringtwitter) y para distintos sectores, como #climatetwitter, #AItwitter y #healthcaretwitter. Y eso solo en X, ya que la lista de redes sociales alternativas no hace más que aumentar. Preséntate y seguro que consigues un montón de seguidores en un abrir y cerrar de ojos.

A Vo se la conoce especialmente por promover una nueva tendencia dentro del ámbito laboral. Aparte del CEO o de los portavoces designados de la empresa, se está formando una nueva generación de jóvenes con sus propias marcas y rasgos característicos de los que pueden beneficiarse a largo plazo, y no solo ellos, sino también las empresas para las que trabajan. Como he descubierto gracias a mi propia investigación, gran parte de estas actividades se están llevando a cabo porque los empleados han tomado la iniciativa por sí solos, sin esperar a que se lo diga ningún superior. De hecho, muchos de ellos lo hacen sin permiso explícito. Muchas de las personas que entrevisté dijeron que los directivos no aprobaban oficialmente esta clase de comportamientos y actividades, pero tampoco les decían que no podían hacerlo.

Aunque existen varias formas de que los empleados compartan sus historias en foros cerrados y privados, en este capítulo voy a dedicar un tiempo a hablar de las redes sociales, porque siguen siendo un tema candente para muchas empresas. Para bien o para mal, vivimos en un mundo digital, y las empresas también dependen cada vez más de las redes sociales y de la presencia en internet, sobre todo aquellas que trabajan completamente en remoto.

Uno de mis ejemplos favoritos menos conocidos de alguien que ha logrado tener éxito gracias a una buena historia es el de Mitel, una empresa de telecomunicaciones con sede en Ontario (Canadá). La empresa mantuvo un perfil relativamente bajo hasta que llegó un nuevo director de marketing, Martyn Etherington, en 2012. Durante sus tres años en el cargo, Etherington animó a sus empleados a estar presentes en las redes sociales y consiguió que aumentara el número de seguidores de la empresa. Cuando empezó, alrededor de la primavera de 2012, solo 30 empleados hablaban activamente de Mitel en Twitter, LinkedIn o Facebook; en noviembre de ese año, ese número se había disparado hasta los 1600. Etherington sabía que muchas empresas actuaban de forma contraria, incluso prohibiendo las redes sociales en el trabajo, pero estaba convencido de que su enfoque más abierto daría a la empresa una mejor oportunidad de competir en un mercado de software empresarial saturado.

Mitel fue una empresa pionera en aquel momento, pero hoy en día es habitual que las empresas les entreguen a sus empleados manuales de cómo deben utilizar las redes sociales. Muchas empresas saben que la gente publicará sobre su vida personal, por lo que es normal ver cómo todos añaden a su perfil que las opiniones son suyas y no de sus empleadores para que, en el caso de que estas susciten alguna polémica, la empresa no se vea salpicada. Sin embargo, esto tiene sus límites, ya que muchas empresas desaconsejan o directamente prohíben publicar sobre temas controvertidos, delicados o tabú, sobre todo si pertenecen al sector de los servicios profesionales o a cualquier otro sector en el que esto pueda suponer una pérdida de clientes o ingresos. Cuando se trata de publicaciones relacionadas con hitos o avances profesionales, las empresas suelen animar a sus empleados a hablar del tema en redes sociales.

Una empresa llamada Synesthesia, con sede en Europa, tiene un canal de Slack en el que los empleados pueden ver, debatir y compartir las publicaciones de los demás. Las sesiones de formación y los manuales sobre el correcto uso de las redes sociales siguen siendo bastante habituales en muchas empresas, pero ahora también existen productos de software dedicados a ayudar a los empleados a saber qué cosas han de compartir y cuáles no sobre las empresas en las que trabajan en redes sociales, como EveryoneSocial y Bambu. PwC utiliza un software de gestión de comunidades para compartir publicaciones previamente aprobadas, las mismas publicaciones que los empleados pueden compartir también en sus redes sociales, como LinkedIn y X, según comentó la antigua directora de comunicación de la compañía, Kathy King. Al ser una organización tan grande, PwC no tiene tiempo de impartir formación individualizada. Pero King afirma que los empleados entienden que deben colaborar con los equipos de comunicación a la hora de publicar información sobre la empresa, siempre siguiendo una serie de directivas e intentando no subir nada que pueda perjudicar a la compañía a largo plazo.

Este tipo de casos nos resultan inspiradores porque demuestran el éxito que puede acarrear el que sean los empleados de la propia empresa los buenos narradores, aquellos que cuenten su historia, sobre todo cuando comparten sus propias anécdotas, en lugar de copiar y pegar lo que un equipo de marketing les haya estipulado que tienen que decir. Pero la mayoría de las empresas no han demostrado ni de lejos tanta destreza, y aún menos les han dado una prioridad significativa a las historias. Me he dado cuenta de que muchas empresas que se encuentran dentro de las Fortune 500 tienen hoy algún tipo de perfil de marca oficial en LinkedIn o X dirigido por un equipo de gestores de redes sociales, pero poco compromiso de los empleados más allá de eso. En parte se debe a la falta de orientación y educación en ese sentido, pero en el caso de las empresas que cotizan en bolsa es incluso, peor aún, a causa de las normas de la Comisión de Bolsa y Valores y a las fluctuaciones de los precios de las acciones.

Las redes sociales siguen teniendo una muy mala reputación dentro del contexto empresarial. Por eso, los empresarios tienen la increíble oportunidad de animar a sus empleados a utilizar las redes sociales de forma que no sean una mera distracción o una pérdida de tiempo para ellos y su trabajo. Es cierto que abrir la puerta a las redes sociales puede que cause que los empleados acaben buscando recetas de cocina o se pongan a ver vídeos de bailecitos en TikTok en sus ratos libres, pero también cabe la posibilidad de que los trabajadores usen sus redes y plataformas para establecer una comunicación y conexión con los potenciales usuarios y clientes que, de otro modo, jamás podrían lograr. En el caso de Vo, también ayudó a su empresa a retener y atraer nuevos talentos, así como a desarrollar una imagen de marca sólida.

Por lo que he visto, los beneficios superan con creces el riesgo de que alguien pierda un poco de tiempo durante sus horas de trabajo o se desvíe de los mensajes previamente aprobados por un equipo de marketing. También existen algunas oportunidades increíbles para que personas como Vo empiecen a publicar asiduamente en sus redes sociales y, con el tiempo, se labren una reputación de expertos en una disciplina o sector concretos.

Entonces, ¿en qué casos deberíamos considerar el poder de una buena narrativa? Vamos a verlo.

¿Qué temas de narración o historias deberían dominar los empleados?

Así es como yo dividiría los distintos tipos de temas para aquellos que no sean CEO o un portavoz designado de la empresa, ya sean empleados junior, gerentes de nivel medio o ejecutivos sénior que forman parte de la organización. La audiencia a la que se dirigen no forma parte de la directiva de la empresa, por lo que puede que sus publicaciones deban seguir una serie de normas antes de publicar nada, sobre todo si es sobre una empresa que cotiza en bolsa.

Puede que estos temas no coincidan al 100 % con los mensajes oficiales de la empresa, aunque podrían hacerlo si el equipo de marketing decide establecer un plan de acción para lo que pueden publicar o no sus empleados. De todos modos, cualquier historia que trate de cualquiera de estos temas tendrá un impacto positivo, tanto para el empleado como para la empresa, pero solo si se hace con cuidado y con un objetivo en mente.

- *El liderazgo intelectual* implica compartir una perspectiva sobre un tema o sector que sea perspicaz e informativa y, en el mejor de los casos, una de la que no se haya hablado antes. Puntos extra si además cuenta con un punto de vista «polémico» o controvertido que siga siendo admisible. (Aunque esto es solo en el caso de que sean los empleados quienes publican dicho comunicado, y no si es el CEO de la empresa, pero cabe destacar que, si tu opinión es demasiado controvertida, puede darse el caso de que te despidan, por lo que en esa situación no merece la pena compartirla, así que piénsalo bien antes de subir nada, siempre teniendo en cuenta las directrices de la empresa). Una buena historia puede desempeñar un papel importante, de hecho, he comprobado que las historias mejor escritas y narradas son aquellas que consiguen ilustrar un punto de vista mucho más amplio y son, a la larga, las más poderosas.
- *Las reflexiones y consejos* sobre algo muy concreto, como los tuits en #producttwitter, siguen siendo muy populares entre la gente del sector. En LinkedIn, que es en esencia una herramienta de contratación y actualizaciones relacionadas con el empleo, los contenidos sobre contratación y cultura del lugar de trabajo pueden funcionar especialmente bien. Las historias (por ejemplo, sobre cómo una persona ha superado una situación complicada en el lugar de trabajo o cómo ha conseguido un ascenso aprendiendo una nueva habilidad) pueden humanizar los consejos y hacerlos mucho más cercanos.
- *Las experiencias no laborales* que han tenido un impacto personal y profesional en una persona, como el embarazo y el posparto o el cuidado de un padre anciano, pueden ayudar a conectar con otro tipo de audiencias.
- *Los logros profesionales*, es decir, grandes hitos que has logrado dentro del ámbito laboral, como la decisión de cambiar de función o convertirse en jefe por primera vez, son historias que consiguen

llegar, sobre todo, a tus compañeros de trabajo y sector. Aunque te recomiendo concluir esta clase de historias, como suele hacer Vo, compartiendo las lecciones que has aprendido durante el proceso.

- *El cómo entraste en el sector* puede parecer mucho un tema de nicho, pero he visto a muchos inversores noveles, médicos residentes en los mejores hospitales y periodistas conseguir seguidores en las redes sociales compartiendo cómo consiguieron su trabajo. Cuando lo complementan publicando enlaces a puestos vacantes en otras organizaciones, facilitan que las personas que están buscando empleo sigan sus pasos. Esas personas también pueden tener éxito compartiendo cómo es realmente trabajar en un puesto específico, porque a menudo es un misterio para los que no lo han hecho antes.

- *Los desgloses de temas complicados* son uno de mis favoritos. Puede ser ideal para quienes trabajan en campos como la inteligencia artificial, la medicina, la robótica o cualquier otro que sea complicado y muy técnico. Considera la posibilidad de encontrar formas de compartir lo que haces tratando de hacerlo lo más accesible para todo el mundo. Mi ejemplo favorito es el de Ryan Petersen, de la empresa Flexport. Aunque no es un empleado sin más (es el CEO de la empresa), es uno de los mejores ejemplos de cómo se tiene que explicar la complicada logística de la cadena de suministro de tal forma que resulte interesante para todo el mundo y, para ello, normalmente se suele depender de narrar una buena historia que lo ilustre; por ejemplo, que te hayas dado cuenta de que faltan barcos en el mercado puede desencadenar todo un debate sobre la logística de suministro a nivel mundial.

Los empleados que narran alguna historia que entre dentro de alguno de estos temas (o más de uno), podrían experimentar algunas dudas o reticencias por parte de la empresa, es decir, del equipo de comunicación. Pero he visto a muchas personas salir airosas después de haber hecho algo así.

Brian Chiglinsky, antiguo redactor de discursos que trabajó con el gobierno federal, describió cómo Andy Slavitt, antiguo director de los

Centros de Medicare y Medicaid (CMS), estaba bastante activo en Twitter, en una cuenta en la que tenía cientos de miles de seguidores. Debido a la cultura del CMS, me dijo Chiglinsky, eso «ponía nerviosa a mucha gente». Slavitt siguió adelante y continuó aumentando su número de seguidores al compartir historias de su trabajo o hacer más accesible la política sanitaria, lo que gustaba especialmente a sus seguidores. La Administración seguía de cerca su cuenta en las redes sociales. Cuando cambiaron las cosas y los republicanos «entraron en el Gobierno y fueron a por la Ley de Asistencia Sanitaria Asequible», recuerda Chiglinsky, Slavitt se convirtió en una gran baza en lugar de un posible lastre.

«Fue increíblemente útil poder contar con un líder que se había labrado una auténtica voz a la que el público general hacía caso mientras otros trabajaban entre bastidores con los abogados», me dijo. «Lo que podría haber causado un poco de estrés antes del 2017 terminó siendo una parte importante de la estrategia para conseguir que millones de personas siguiesen contando con un seguro sanitario en un futuro».

Slavitt demostró ser una voz influyente durante la reforma sanitaria. Pero, para ser justos, también hay ejemplos de lo contrario, en los que los peores temores de un equipo de comunicación se han hecho realidad. Para algunas empresas, tan solo tener que seguir todas y cada una de las conversaciones en redes sociales en las que se menciona a su empresa supone un quebradero de cabeza, ya que implica reasignar recursos que estaban destinados en un primer momento a otra clase de actividades más importantes a tener que mantener al Departamento de Marketing actualizado en todo momento. Imagínate tener que estar siempre al día de todo lo que se habla en las redes de miles e incluso decenas de miles de empleados, sobre todo para asegurarte de que no se filtra nada de información confidencial, ni se publica ninguna clase de discurso ofensivo o se hace algo ilegal. En los sectores donde es vital regular esta clase de cosas, como la sanidad, las finanzas y el derecho, esto es ciertamente preocupante (por supuesto, se han creado servicios y software que se encargan de hacer precisamente esto, pero siempre se les puede pasar algo por alto).

Además, cualquier artículo o publicación que los empleados compartan puede repercutir a largo o a corto plazo en la empresa, incluso si tan solo lo publican en sus redes personales y no en las de la empresa. ¿Te acuerdas del caso de James Damore, un empleado de Google que escribió un memorándum sobre la «caja de resonancia ideológica» de la empresa en respuesta a su programa de diversidad? Entre otras cosas, Damore escribió que las diferencias biológicas pueden explicar las disparidades entre hombres y mujeres, y compartió que, según su experiencia, las mujeres tienden a ser más sociales, artísticas y propensas al neuroticismo. Aunque Damore nunca publicó el memorándum públicamente, un compañero de trabajo lo filtró en la página web de Gizmodo, y la prensa reaccionó con rapidez y contundencia, se pusieron furiosos. Damore fue despedido. Podríamos imaginarnos un escenario en el que algo así le vuelva a ocurrir a otra empresa, salvo que el empleado publique sus descabelladas teorías en LinkedIn o en un boletín de novedades de Substack, por ejemplo.

Del mismo modo, ha habido decenas de casos que han acabado siendo noticia en los que se ha despedido a personas por lo que han publicado en sus redes sociales, incluidos consultores que revelaron por Instagram información confidencial sobre sus nuevos clientes, o profesores que compartieron en sus redes las historias sobre sus juergas después del trabajo. El mejor ejemplo de esto ocurrió en 2016, cuando una empleada de Yelp fue despedida por publicar información sobre su bajo salario. En publicaciones posteriores, la empleada explicó que el despido se debía a que había incumplido las condiciones de conducta de su empresa al hablar públicamente de su remuneración.

Sin embargo, a pesar de todos estos riesgos, sigo estando del lado de los que creen que es mejor que las empresas sean tolerantes (o incluso animen) con los empleados que intentan atraer la atención de un público mayor. Pero cada empresa es diferente. Estas son las dos preguntas que yo me haría antes de tomar una decisión: ¿Qué puede perder y ganar la empresa si sus empleados asumen un papel más público? ¿Y cómo pueden las empresas reducir los riesgos al tiempo que maximizan los beneficios?

Vamos a empezar enumerando algunos de los aspectos positivos que creo que todos los lugares de trabajo deberían tener siempre en cuenta, porque creo que superan con creces a los posibles inconvenientes. Y digo «lugares de trabajo» en lugar de referirme a un departamento o empresa en concreto porque los departamentos de comunicación, Recursos Humanos y jurídico, los CEO y cualquier otro departamento deberían tener siempre en cuenta estas cuestiones:

1. *Generar confianza entre el público.* Vivimos en una época en la que se espera que los ejecutivos se muestren cercanos y accesibles, y esa expectativa se extiende cada vez más al personal subalterno. Es más probable que el público confíe en una empresa cuando ve que en ella trabajan buenas personas, y eso es aún más cierto si interactúa con esas buenas personas y ven que son reales y cercanas. Una empresa que parece solo una marca, sin nombre ni rostro, no inspira precisamente confianza entre su público objetivo. Los expertos en comunicación comentan que, ahora más que nunca, se suele animar a los portavoces no corporativos a salir a la calle. «Los consejos de administración y los CEO dan cada vez más prioridad a estas prácticas, ya que promueven los objetivos y valores de la empresa, y sirven después como clave para la toma de decisiones», afirma Anthony Steel, director de Steel Communications.

2. *Generar confianza internamente, entre los empleados.* Las empresas que animan a sus empleados a tener una voz propia y los apoyan en sus acciones logran forjar una confianza firme, los empleados confían en la empresa y la empresa confía en sus empleados. Para estos últimos es importante que sus jefes directos confíen (o aparenten confiar) en ellos a la hora de tomar decisiones, en vez de que estén siempre pendientes de cada paso que dan, intentando controlar cada una de sus acciones. Cuando los directivos dicen: «Confiamos en que vas a poder desarrollar tu propia marca, pero sin pasarte de la raya» contribuyen en gran medida a animar y retener a los empleados con más talento y grandes

aspiraciones en su equipo, y ese es justo el tipo de personas que las empresas deberían esforzarse por conservar todo lo posible. Los investigadores de la Universidad de Baylor, en un análisis sobre el tema que hicieron 2023, describieron la microgestión como una de las principales causas de «erosión de la confianza y creación de una atmósfera de ansiedad» entre las plantillas actuales.

3. *Contratación.* Cuando una persona muy conocida en una empresa se pone en contacto con un posible nuevo empleado y le dice que hay una vacante en su equipo, eso causa una muy buena impresión. Escuchar a alguien a quien admiras decirte que te quiere en su equipo es mucho más eficaz que el hecho de que un reclutador cualquiera se ponga en contacto contigo para informarte sobre un puesto vacante en una empresa de la que quizás nunca has oído hablar. Si ese futuro empleado lleva ya un tiempo siguiendo a esta persona, puede que incluso se sienta gratamente sorprendido. Eso es lo que ocurre cuando las personas directamente implicadas con la empresa se convierten en los narradores de la historia y, al final, en una persona influyente dentro de su propio campo. Es complicado subestimar lo poderoso que esto es a la hora de contratar a un nuevo talento. Le da valor al empleado y también sirve para que se sienta más importante, y mejora las posibilidades de la empresa de atraer a los mejores talentos, así que todos salen ganando.

4. *Recaudación de fondos.* Los inversores buscarán en las redes sociales de las personas más destacadas del sector «señales» sobre qué empresas son las que reúnen a los mayores talentos. En teoría, las personas con talento tienen muchas opciones y podrían trabajar en cualquier parte, así que ¿por qué han escogido esa empresa? Si un empleado tiene muchos seguidores en las redes sociales, es una posible señal de que la empresa para la que trabaja se ve beneficiada por ello. Esa persona es más pública, por lo que probablemente tenga visibilidad en muchas empresas de su sector.

5. *Crear expectación.* Mi amiga Jody Tropeano dirige los contenidos y la programación de una de las mayores conferencias sanitarias del país, HLTH. Cuando busca nuevos ponentes, revisa la larga lista de solicitudes que tiene sobre la mesa. Para seleccionar a los mejores ponentes, se fija en sus perfiles en redes sociales. ¿Han compartido algo sagaz o provocativo últimamente? ¿Están aprovechándose de lo que se está hablando actualmente? Una forma de que las empresas tengan más visibilidad es animar a sus equipos (y no solo al CEO) a compartir sus opiniones públicamente. Del mismo modo, tengo mi propio *podcast* y boletín de novedades, *Second Opinion*, y lo primero que hago al considerar a un nuevo invitado es determinar si ha dicho algo interesante o perspicaz últimamente en las redes sociales. Es un buen indicador de que será un invitado que podría suscitar una buena conversación o polémica, lo que a su vez promoverá que otro medio de comunicación también quiera hablar de él.

Que sean sus superiores los que los animen a potenciar esta clase de uso de sus redes sociales para promover una conversación es lo que consigue crear una cultura de empresa que promueve el talento a todos los niveles y hace que sus empleados se sientan respaldados, lo que, a su vez, disminuye la probabilidad de que acaben yéndose a la competencia. «Dar a la gente la oportunidad de ascender y brillar los animará a quedarse», afirma Sarah Jones, una ejecutiva del sector sanitario que ha participado en varias conferencias a lo largo de su extensa carrera.

Todo esto parece evidente, pero seguro que hay otros riesgos que no hemos tenido en cuenta todavía. Vamos a repasarlos, y también te compartiré algunas ideas sobre posibles estrategias para reducirlos.

- *Filtrar secretos de la empresa o perjudicar al negocio:* Un empleado podría compartir algo en línea que perjudique o revele secretos de la empresa. No se me ocurren muchos ejemplos conocidos de empleados que hayan revelado secretos de la empresa para la que trabajan en las redes sociales, pero es algo que, sin duda alguna, ha ocurrido y sigue ocurriendo. Elon Musk es un buen ejemplo de lo que no se debe hacer. Tras publicar en Twitter información relevante sobre la cotización de Tesla, la SEC le impuso una multa de decenas de millones de dólares. Dicho esto, también es uno de los reyes de las redes sociales, así que tal vez en su caso consideró que el riesgo merecía la pena, e incluso decenas de millones de dólares no son nada para él.

- *¿Cómo reducir el riesgo?:* Siempre existe la posibilidad de que un empleado se pase de la raya y revele algo que no debería en sus redes sociales, pero puedes reducir el riesgo simplemente dejando claro dónde están los límites. También hay que tener en cuenta el sentido común. Las empresas pueden dejar claro dónde está el límite con una simple reunión de Slack o Teams. Pero los empleados también deben ser conscientes de lo que pueden y no compartir. Las empresas, así mismo, también pueden orientar a sus empleados para que eviten entrar en temas demasiado políticos, aunque eso puede ser un poco más complicado, dado que los empleados (en Estados Unidos, Reino Unido, Francia, España y muchos otros países) tienen derecho a hablar de política (o de lo que quieran) en su tiempo libre, siempre que sea fuera del trabajo. Muchas empresas van un paso más allá y publican un código de conducta en sus sitios web internos, que incluye políticas antidiscriminatorias y en los que debe quedar por escrito cualquier directriz que deban seguir sus empleados en cuanto a lo que pueden o no publicar en sus redes sociales. Los trabajadores pueden y deben aceptar distintos puntos de vista, pero también deben poner límites cuando un tipo de discurso resulta perjudicial u ofensivo para una persona o un grupo.

Estos temas son especialmente complicados, pero yo diría que la mayoría de estas cuestiones están relacionadas sobre todo con casos marginales. La mayoría de la gente puede seguir unas directrices muy sencillas o no las necesita en absoluto. Y prohibir totalmente las redes sociales no es muy realista, dado el mundo en el que vivimos. El Pew

Research Center descubrió que la mayoría de la gente utiliza las redes sociales en el trabajo, sobre todo cuando están tomándose un descanso o para hablar con sus amigos. Pero el uso de las redes sociales no es solo recreativo; estar en contacto con otras personas del sector o conectar con expertos también contribuye a la productividad de los empleados. Por eso, en lugar de prohibir directamente su uso, la mayoría de las empresas harían bien en plantearse cómo establecer unas directrices claras y, a continuación, ofrecer periódicamente formación a sus empleados, para que no haya riesgo de confusión.

- *Fuga de cerebros:* Si las personas con talento de una empresa están más expuestas a otras oportunidades porque han conseguido crear una marca personal y tienen un fiel grupo de seguidores en las redes sociales, es posible que los competidores se las acaben llevando al ofrecerles algo mejor.
- *¿Cómo reducir el riesgo?:* No hay mucho que se pueda hacer para evitar que los empleados con mayor talento que quieran marcharse lo hagan. En mi opinión, de hecho, hay que fomentar su salida. Un ejemplo que me toca muy de cerca es el de Dhruv Vasishtha, líder de producto en el ámbito de la tecnología sanitaria, que se hizo tan conocido en X por sus perspectivas sobre el sector que acabó consiguiendo el codiciado puesto de cazatalentos en una de las principales firmas de capital riesgo, Bessemer Venture Partners. Vasishtha, gracias a Bessemer, ahora podrá invertir en empresas con las que quiera trabajar. Me dijo que la oportunidad nunca se le habría presentado de no haber sido por su presencia en las redes sociales, porque estas le ayudaron a ampliar su red de contactos y a compartir su punto de vista con una audiencia aún mayor, algo que no habría sido posible sin ellas.

Las empresas que confían en sus empleados también son más capaces de retener a aquellos con el mayor talento durante más tiempo. Un estudio sobre la neurociencia de la confianza descubrió que aquellos empleados que sentían que sus empresas confiaban en ellos afirmaban disfrutar de su trabajo un 60 % más y sufrir un 40 % menos de agotamiento laboral. Y esto también contribuye a reducir la rotación de personal.

¿Pero todo esto está permitido?

Gracias a que oficialmente no se puede sancionar lo que un empleado haga o deje de hacer con sus redes sociales, muchos responsables de comunicación le sacan partido a este vacío legal. Sarah Jones, una ejecutiva del sector sanitario que desde hace tiempo mantiene un perfil activo en sus redes sociales, dice que las empresas más pequeñas en las que ha trabajado han tendido a ser permisivas y a no preocuparse por su presencia pública. La sensación que le transmitieron fue más bien como si le estuviesen diciendo: «Claro, haz lo que quieras, buena suerte».

Sin embargo, las grandes empresas pueden adoptar un enfoque mucho más conservador, exigiendo explícitamente que los empleados tengan que pedir a sus superiores la aprobación de lo que pretenden compartir en sus redes sociales, por ejemplo, su historia o recorrido profesional. Cuando Jones entró en una empresa pública, a través de una adquisición, lo descubrió de primera mano. De repente, tuvo que empezar a preguntarle al Departamento de Marketing y al de Comunicación para que le diesen el visto bueno al material que quería presentar en una conferencia. Para colmo, conseguir esa aprobación podía llevar semanas, pero necesitaba un sí o un no inmediatos. Eso significaba que tenía que retrasar sus apariciones públicas y otros esfuerzos de creación de marca mientras trabajara allí.

Jones dice que otros empleados en su misma situación no deberían verlo como un problema. De hecho, recomienda que todo el mundo busque otros métodos en los que demostrar sus habilidades comunicativas, dentro de los distintos grupos de trabajo. Por ejemplo, mediante una presentación interna. A algunos empleados, una política más restrictiva les da también la oportunidad de pulsar el botón de pausa, reflexionar sobre el verdadero valor de tener una presencia pública y considerar cuáles son las historias que quieren compartir en el proceso.

Puede que esta no sea una estrategia demasiado atractiva, advierte Jones, pero no todas las batallas pueden librarse y ganarse dentro de las empresas. A veces, la cultura de una empresa es inamovible, al menos sin años y años de esfuerzo de por medio, y puede que encajes mejor en otro lugar cuyas políticas promuevan una fuerte presencia pública de sus empleados.

¿Cómo dar ese primer paso?

A pesar de sus innumerables ventajas, la mayoría de las personas que no ocupan puestos directivos ni forman parte de los equipos ejecutivos de una empresa no suelen dedicar mucho tiempo a crear su propia marca. Así que vamos a dar un paso atrás y tratar de entender por qué los empleados que no pertenecen a los altos niveles ejecutivos no están aprovechándose de las plataformas que les ofrecen las redes sociales para contar sus propias historias. De todas las conversaciones que he mantenido con gente de mi red para poder escribir sobre este tema con conocimiento de causa (gente que sigue perteneciendo a ese grupo de público pasivo y que no quiere ponerse bajo los focos), parece ser que esta reticencia se debe a varios factores determinantes:

1. Les falta experiencia y comodidad con los medios. Les da miedo lo que opinen sus jefes y compañeros al respecto.
2. Les preocupa que sus ideas y puntos de vista no sean lo suficientemente interesantes como para merecer que les presten atención.
3. Carecen de ejemplos positivos en el trabajo de personas que hayan tenido éxito gracias a las redes sociales.
4. Les han dicho que no lo hagan.

Para abordar los tres primeros puntos, normalmente hay que hacerlo poco a poco e ir con cuidado. Eso puede significar fijar objetivos realistas para experimentar narrando historias en distintos formatos: dar charlas, compartir publicaciones de bajo riesgo en las redes sociales o dirigirse a un grupo de compañeros y luego pedir opiniones. En cuanto al cuarto punto, el siguiente paso podría consistir en mirar un poco más allá, por ejemplo, encontrar a personas con funciones similares en distintas empresas que mantengan actualizados sus perfiles de redes sociales y seguirlas para ver cómo lo hacen. Con el tiempo, relacionarse con esas personas respondiendo a sus contenidos puede ser una buena manera de crear una red profesional. Empezar requerirá un poco de ensayo y error y pensar largo y tendido en qué decir y por qué. A partir de ahí, habrá que dedicar tiempo a reflexionar sobre qué podemos hablar que al público general y potencial pueda resultarle útil.

Veamos el ejemplo de la ejecutiva de marketing Jenna Hannon. A lo largo de su carrera, Hannon trabajó en varias empresas bastante exitosas, incluso llegó a hacer unas prácticas empresariales en Uber. Pero se aseguró siempre de mantener un perfil relativamente bajo por diversos motivos, sobre todo porque no tenía ninguna razón concreta por la que quisiese labrarse su propia marca personal. Sin embargo, cambió de opinión cuando decidió crear su propia empresa.

Su *empresa, que se acababa de crear hacía poco,* se dedicaba al software financiero, así que se propuso ponerse al teléfono con el mayor número posible de directores financieros para investigar a los posibles futuros usuarios. Antes de empezar, a Hannon le preocupaba que los directores financieros que vieran su perfil en LinkedIn rechazaran hablar con ella, aunque solo fuese media hora. No la conocían de nada y tampoco tenía experiencia en finanzas. Su corazonada resultó ser correcta. La mayoría de sus solicitudes de contacto acabaron rechazadas, muchas veces ni siquiera se molestaron en rechazarla, sino que directamente hicieron como si no hubiesen visto nada, y otras simplemente le respondieron con un firme aunque educado «En este momento no».

Entonces, ¿cómo podía Hannon conseguir que estos directores financieros quisiesen hablar con ella? Durante un paseo por su barrio, pensó: «He trabajado en Uber, una de las empresas de más rápido crecimiento de todos los tiempos, y ayudé a lanzar una de sus líneas de negocio más interesantes». Hannon fue una de las primeras empleadas de Uber Eats, la empresa de reparto de comida a domicilio que ahora utilizan millones de personas. Vio la oportunidad de mejorar su perfil de una forma novedosa y mostrarse como un perfil mucho más interesante para esos directores financieros. Así que llegó a casa y se pasó horas escribiendo una publicación sobre el proceso de creación de Uber Eats y todos los contratiempos a los que se enfrentó su equipo por el camino. Recordó cómo al principio pocos empleados de Uber querían trabajar en el equipo de Eats, cómo empezó con pocas expectativas y lo potente que llegó a ser su motor de marketing de crecimiento. Su artículo empezaba con un título engañosamente sencillo:

De 0 a 1000 millones de dólares.
Mi historia en Uber Eats.

Incluyó una foto en la parte superior en la que se la veía con su antigua placa de Uber, e hizo que la publicación fuese bastante simple y fácil de leer. Como vendedora, sabía que mucha gente leería su publicación a través de sus teléfonos móviles, probablemente mientras hacían malabarismos con otras muchas tareas, así que quería que fuera lo más accesible posible.

En cuanto pulsó «Publicar», se fue a tomar un café con su novio. A los pocos segundos, Hannon notó cómo su teléfono se ponía a vibrar sin parar en el interior de su bolsillo. Se volvió hacia su novio y le dijo: «Creo que acabo de publicar un bombazo». Mientras se tomaba tranquilamente su capuchino, su LinkedIn seguía recibiendo visitas y visualizaciones, con cientos de comentarios y «me gusta».

Dejó que el interés fuese cocinándose a fuego lento durante unos días, y después repitió su campaña original para captar el interés de distintos directores financieros. Al cabo de unos días, el número de respuestas afirmativas que recibió se multiplicó exponencialmente y la mayoría de los ejecutivos con los que se puso en contacto le respondieron que sí y accedieron a hablar con ella.

Lo que más me gustó de la estrategia de Hannon fue que se tomó un momento para reflexionar sobre lo que la hacía única. También tuvo en cuenta el público potencial al que quería llegar: los directores financieros. Si quería aprender de ellos, ¿qué podía darles a cambio? Hannon se imaginó que, quizás, un director financiero sintiera curiosidad por conocer los entresijos de Uber Eats, y resultó estar en lo cierto.

Ese es el poder de una buena historia. Puede hacer que a alguien le pique la curiosidad por lo que tienes que decir y, por tanto, te acabe dando un sí cuando en un primer momento te había dicho que no. Para aquellos que estéis considerando seguir una estrategia similar, empezad preguntándoos lo mismo que se preguntó Hannon durante su paseo: «¿Qué conocimientos o experiencias tengo yo que los demás no tienen?».

Consejo: elige bien el formato en el que compartes tu historia

Un último consejo: una buena historia depende esencialmente del formato en el que elijas compartirla, ya que este te tiene que salir de forma natural. Los líderes de los que te he hablado a lo largo de este capítulo utilizaron toda clase de medios para compartir sus historias. Hannon optó por LinkedIn. Vo tiene un perfil destacado en X, en parte porque también se ha convertido en toda una experta de su sector tras años escribiendo toda clase de historias cortas. Jones, en cambio, se desenvuelve con mucha más naturalidad sobre un escenario, por lo que se centra sobre todo en dar conferencias para compartir sus conocimientos.

Me he dado cuenta de que ser auténtico de verdad es lo que suele hacer destacar a una persona por encima de otra y es algo que se pierde si no te sientes cómodo con el formato o medio en el que estás compartiendo tu historia. Una historia auténtica o, en realidad, cualquier forma de comunicación existente, es mucho más eficaz cuando el medio en el que se da y el mensaje que se quiere transmitir encajan con la persona que lo está narrando. No hace falta ser un experto en la materia para contar una buena historia. Si sacas algo de este capítulo, que sea esto: los mejores narradores son mucho más eficaces e influyentes *porque narran sus historias a su manera*.

5

Crear una estrategia a partir de una historia

¿Por qué es tan importante la cultura de empresa? He aquí una forma bastante sencilla de comprenderlo. Cuanto más fuerte sea la cultura de una empresa, menos procesos corporativos necesitará para tener éxito. Cuando una empresa tiene una cultura fuerte, se puede confiar en que los empleados y directivos siempre actuarán por el bien de la empresa.

—Brian Chesky, CEO de Airbnb

En junio de 2005, Steve Jobs comenzó su discurso honorífico de graduación en la Universidad de Stanford con esta emblemática frase: «Hoy quiero contaros las tres historias de mi vida. Y ya. Solo tres historias». A continuación habló sobre algunos de los temas más importantes que había ido aprendiendo a lo largo de su vida, recordándoles a los estudiantes que se graduaban que debían seguir su propio camino en lugar del que se esperaba de ellos. «Hacedlo —les aconsejó—. Y al final todo tendrá sentido». Como a esas alturas ya todo el mundo sabía que se estaba acercando al día en el que respirase su último aliento, este consejo les pareció especialmente conmovedor. Si no has visto el vídeo de este discurso; hazlo, ya me darás las gracias más tarde.[28]

Te lo resumo por si no quieres ponerte a verlo ahora: la primera historia que contó Jobs hablaba sobre el momento en el que tomó la decisión de dejar la universidad, en parte para librar a sus padres de la carga financiera que suponía tener que estar pagando los elevados gastos universitarios. Como siempre le había encantado aprender, se quedó por el campus durante otros dieciocho meses, asistiendo como oyente a las clases que más le inspiraban. Lo hizo sin motivación alguna, tan solo por seguir generando interés por esos temas, sabiendo que eso no le serviría para nada a la hora de buscar trabajo. Su universidad, el Reed College, en Portland, Oregón, tenía un curso de caligrafía que le llamaba mucho la atención, por lo que Jobs se acabó apuntando. El curso le fascinó, y se acabó obsesionando de por vida con la caligrafía, tanto que esta se convirtió en una de sus principales fuentes de inspiración a la hora de diseñar los gráficos del ordenador portátil de Apple que lanzó en los años ochenta. Los fans de Apple alabaron el diseño de Macintosh y el sistema operativo por ser el primer ordenador que contaba con una tipografía bonita y atrayente, lo que lo convirtió en un éxito rotundo desde el primer momento.

Para Jobs, una serie de eventos totalmente aleatorios acabaron cobrando un significado extraordinario y con unos resultados increíbles. ¿Qué quiero que saques de todo esto que te acabo de contar? Toma decisiones sin un objetivo en mente, solo porque quieres aprender algo o porque quieres ser feliz, porque quizás esa misma decisión acabe siéndote muy útil en los años venideros.

La segunda historia hablaba sobre el momento en el que el consejo directivo de la empresa que había creado él mismo, Apple, lo despidió. Aquella experiencia podría haberlo desmotivado o dejado destrozado. Pero, en vez de echarse a llorar y lamerse las heridas, Jobs renació de sus cenizas y decidió crear una nueva empresa llamada NeXT. Años después, describió aquella época como una de las más creativas de su vida. Probablemente no tengas ni idea de lo que ocurrió a continuación con NeXT. Apple acabó comprando la nueva empresa de Jobs, lo que hizo que él volviese a acabar en el puesto de CEO de la empresa que había creado desde un principio. Si no lo hubiesen despedido, Jobs jamás habría tenido por qué empezar de cero otra vez. Y si nunca hubiese empezado de cero de nuevo, quizás jamás habría acabado a la cabeza de Apple en el momento justo. Terminó su discurso pidiéndole a la audiencia: «No os conforméis, nunca». Puede que Jobs no tuviese otra opción, teniendo en cuenta que dejar Apple no fue elección suya. Pero aprendió de aquello y años después le enseñó lo que había aprendido a su audiencia, que la vida es demasiado corta para conformarse. Al volver a Apple, Jobs no dio nada por sentado, abandonó rápidamente aquellos proyectos que no estaban funcionando, se alió con equipos de un departamento en concreto para acabar con el aislamiento de la empresa respecto al resto del mundo y se centró en las fortalezas de la compañía.

En su última historia, que además también fue la más influyente de todas, habló del momento en el que le diagnosticaron cáncer y cómo fue aceptando que cada vez le quedaba menos tiempo en este mundo. Todo eso significaba que ya no necesitaba preocuparse por las pequeñas cosas y los detalles, o dedicarle demasiado tiempo a aquello que en realidad no le importaba. Les aconsejó a los alumnos que no perdiesen el tiempo persiguiendo los sueños de otra persona.

A muchos nos resulta familiar esta narrativa. Son historias que se han vuelto leyenda, sobre todo tras la muerte de Jobs. Y, para darle a Jobs todo el mérito que se merece, estas historias no son más que el principio de lo que crees saber sobre él. Probablemente habrás oído hablar de él en cientos de biografías, películas biográficas o artículos periodísticos. Su nombre, a estas alturas, es sinónimo de una atención obsesiva por cada detalle del diseño de producto, unos estándares estratosféricos y una incansable concentración por hacer siempre aquello que demandasen sus clientes. Se han escrito decenas de historias sobre él, que cuentan que siempre parecía enfadado con sus compañeros, sobre todo cuando no cumplían sus expectativas, o cómo el ser tan fiel a su trabajo y dedicarse en cuerpo y alma a su empresa terminó pasándole factura a su vida personal. Todos sabemos que Jobs priorizaba siempre su trabajo, llegando a pasarse horas y horas con un solo proyecto, lo que acabó perjudicando su vida personal y sus relaciones, sobre todo con su hija Lisa.

Si ya has oído todas estas historias sobre Steve Jobs, una persona a la que nunca conociste, que sepas que lo has hecho porque así lo quiso él. Jobs era un narrador extraordinario, y se aprovechó del poder que tiene una buena historia para comunicarle al mundo sus ideas. En vez de contarle a la gente aquello en lo que creía, se lo demostraba a través de sus historias y vivencias. Desde luego, fue una táctica efectiva. Los usuarios comprendían en el momento de comprar un dispositivo de Apple que estaban adquiriendo algo que era sinónimo de calidad y atención al detalle. Del mismo modo, los empleados de Apple comprendían todos y cada uno de los puntos que implicaba trabajar en una empresa así incluso antes de ponerse la placa con su nombre. Y, si no estabas de acuerdo con eso, siempre existirán otros puestos de trabajo a los que podrás optar.

Mi amiga Robin Goldstein trabajó durante más de veinte años en Apple, ascendiendo lentamente en las filas hasta que al final acabó trabajando en el departamento legal y regulatorio del equipo de salud empresarial. Es la clase de persona que esperarías que tuviese muchísimo éxito en una empresa como Apple: como una narradora sublime y, de hecho, escritora publicada que ha hablado abiertamente sobre el tema, a Goldstein le gusta hablar y escribir sobre ello, sobre los problemas a los que tienen que enfrentarse los emprendedores, para mostrar otro punto de vista. Se ha centrado en mirar siempre por el usuario, siguiendo un conjunto de metodologías relacionadas con el planteamiento de problemas a partir de las necesidades del usuario (lo contrario a crear una tecnología simplemente porque te parece genial y luego averiguar para qué puede servir). Algunas de sus preguntas más frecuentes a amigos y colegas de su entorno, incluidos los que se meten de lleno en los entresijos técnicos o científicos de su negocio, suelen ser: «Pero ¿por qué lo hacemos?» y «¿Para quién lo hacemos?».

Mientras estuvo trabajando en Apple, lo hizo principalmente a las órdenes de Steve Jobs, aunque también se quedó durante los primeros años de la era de Tim Cook. No pasó mucho tiempo con Jobs, pero le impresionó lo mucho que sus historias lograban impulsar a diario la cultura empresarial de Apple. De alguna manera, todos los trabajadores, independentemente del nivel de la organización al que perteneciesen, entendían lo que encajaba dentro de la marca Apple y lo que no. El Departamento de Recursos Humanos de Apple parecía entender que entregar a los empleados una lista de valores en el momento de la orientación no iba a motivarles; era necesario darles historias en las que pudiesen creer, para que pudieran adaptarse rápidamente en la cultura de la empresa.

Goldstein me habló de un momento del que nunca se olvidará. Una tarde, unos cuantos años antes de que se marchase de la empresa en 2017, varios de sus compañeros y ella se juntaron para discutir sobre la aplicación de salud del Apple Watch y cómo iba a monitorizar la salud de todos los usuarios. La cosa es que se pusieron a hablar sobre cómo iban a poder equilibrar esa monitorización constante con los dilemas legales y regulatorios a los que iban a tener que enfrentarse. Tal y como Goldstein lo recuerda, los empleados que llevaban más tiempo trabajando en Apple se pusieron a hablar sobre cómo esa nueva aplicación (que todavía no había salido) tendría que contar con la aprobación de los médicos antes de lanzarla. Algo que nunca se había hecho hasta ese momento y que tampoco sería fácil de conseguir.

Cuando el grupo empezó a abordar los retos a los que tenían que enfrentarse para lanzar el proyecto, uno de los abogados (un nuevo empleado de la empresa) se burló de los obstáculos a los que iban a tener que enfrentarse para lograrlo. Entonces soltó un comentario fatídico: «Los usuarios van a tener que aprender a vivir con ello». Todos ahogaron un grito. Eso no encajaba en absoluto con la cultura de Apple. Y jamás encajaría con Apple.

Ese abogado no duró mucho en la empresa.

¿Por qué Goldstein y sus compañeros entendieron a la perfección desde el primer minuto lo que se esperaba de ellos en ese momento, incluso años después del fallecimiento de Jobs? Porque aquel equipo había oído innumerables historias sobre cómo debía primar la buena experiencia del usuario, por encima de todo. Sabían que merecía la pena dedicar algo de tiempo extra a conseguir aquello que estaban buscando y que a la larga se adaptase al cliente, aunque nunca se hubiera hecho antes. Todos habían oído cómo el propio Jobs pasaba los fines de semana en tiendas de electrodomésticos, estudiando las líneas blancas y limpias de los Cuisinarts, en busca de inspiración para hacer que la experiencia del usuario de Apple fuera un poco mejor. En palabras de Goldstein, esos valores garantizaban que «todos los empleados reconociéramos que estábamos remando en el mismo barco y en la misma dirección». Nunca habría un momento en que la experiencia del usuario no fuese lo primordial, y si eso ocurriera, Apple habría fracasado.

Este fenómeno es lo que me gusta llamar «crear una estrategia a partir de una historia».

Hablé con otro antiguo empleado de Apple, Randy Nelsen, que pasó de NeXT a la Apple University, la rama educativa para empleados que Jobs creó en 2008. El objetivo era informar a los empleados sobre la historia, la tecnología y la cultura de Apple, así como enseñarles este concepto de «crear una estrategia a partir de una historia» o, como lo llamaba Nelsen, «crear una estrategia a partir de una cultura de empresa». Los dos significan esencialmente lo mismo, ya que una buena historia sirve como vehículo para compartir los valores culturales de una empresa. La Apple University va dirigida a directivos, y la mayoría de los alumnos son directores ejecutivos o vicepresidentes e incluso cargos superiores de la empresa.

«Una de las principales preguntas que se les hacía a todos los alumnos para probar sus valores y si estaban de acuerdo con la cultura de la empresa era: "¿Qué haces cuando nosotros (los superiores) no estamos?"», recuerda Nelsen. «La idea era que cada empleado supiera qué debía hacer en todo momento, porque la atención al detalle lo era todo».

¿Qué utilidad tenía el hecho de contar una buena historia para crear «una estrategia a partir de dicha historia»? Bueno, para Jobs era algo crucial porque quería crear una empresa en la que todos, sin importar a qué nivel de la organización perteneciesen, entendieran e interiorizaran sus objetivos. Nadie tenía que seguir ciegamente la cultura que él promovía; lo que quería era que lo hiciesen porque a ellos también les pareciese lo correcto.

Estas técnicas fueron primordiales cuando Apple estaba construyendo y ampliando su negocio. Yo diría que este tipo de técnicas son aún más importantes hoy en día. Desde que Apple se convirtió en una marca que todo el mundo conoce, vendiendo sus dispositivos a millones de personas, las empresas, sin importar el servicio o producto que vendan, se han vuelto más diversas y globales que nunca. Ahora deben conseguir que todos los empleados remen en la misma dirección, incluso con barreras lingüísticas y diferencias culturales de por medio, con equipos que tienen que interactuar tanto por Zoom como cara a cara constantemente. No es una tarea nada fácil.

Apple es también una de esas empresas, con empleados repartidos por todo el mundo. En el momento en el que estoy escribiendo esto, en su página web aparecen los perfiles de una docena de empleados de diferentes oficinas y puntos de venta, todos ellos con diferentes funciones, niveles y orígenes. Puedes navegar por cada uno de estos perfiles y hacer clic en cada una de las fotos para conocer mejor sus historias y trayectorias. ¿Pero qué es lo que tienen todos en común? Los valores corporativos sobre los que se fundamenta Apple. Un ejemplo es un ingeniero de hardware que eligió Apple por su compromiso con la experiencia del usuario (un valor). Otro es un gestor de programas que se enfrentó a obstáculos muy grandes para crear productos más sostenibles, pero perseveró a pesar de todo (otro valor).

El enfoque de Apple funciona porque da vida a estos valores vinculándolos con personas reales con historias reales. No sé cuántos sitios web de empresas he revisado que se limitan a enumerar sus valores en un comunicado de prensa o en una sección de su página web en lugar de conectarlos con personas reales de dentro de la organización. A veces nos olvidamos de que la mayoría de las empresas (a menos que sean empresas fantasma) son conjuntos de personas reales que persiguen objetivos comunes, no conjuntos de valores abstractos. Estos valores también pueden incorporarse sutilmente a las estrategias de comunicación interna, por ejemplo, en la forma en que la empresa anima a los empleados a abordar los proyectos o incluso en cómo nombra sus salas de conferencias.

Otro de mis ejemplos favoritos es el de Amazon, que valora mucho más los documentos escritos que las presentaciones. Por eso anima a sus empleados a que, en lugar de hacer una presentación en PowerPoint, presenten sus ideas para nuevos productos en forma de comunicado de prensa, incluyendo, por ejemplo, una cita de un cliente imaginario o de un líder empresarial sobre cómo este nuevo producto podría hacer crecer a la empresa en su conjunto. Pueden tener toda clase de valores, algunos más exagerados y otros más sutiles, pero es importante que la gente que ha de representarlos lo haga siempre, no solo dentro de la empresa, y no se olviden de ellos.

Con «marcar la casilla» no vale

El mundo actual, cada vez más polarizado, obliga a muchos líderes empresariales a reflexionar mucho más sobre cómo comunicar lo que defienden. ¿Apoyan a un candidato político? ¿De qué lado están en un tema en concreto? ¿Deberían decir algo sobre una guerra en otro país? Esta es una de las tareas más difíciles que un CEO, jefe de comunicación o jefe de personal tendrá que afrontar durante su mandato y, por ello, es fundamental que dedique tiempo a pensar en cómo abordarla.

Dar un paso atrás y comunicarse con los empleados (lo que se conoce como «comunicación interna») no suele ser algo especialmente «vital» para las empresas. Pero luego esas mismas empresas se sorprenden cuando los empleados arremeten contra ellas porque no están satisfechos con lo que predican. Poner en marcha con éxito un programa de comunicación interna no significa simplemente compartir comunicados de prensa y menciones positivas sobre una empresa en internet y pedir a los empleados que le den a «me gusta» en esas publicaciones o las compartan en Slack. Significa empezar por lo básico y plantearse preguntas difíciles, como:

- ¿Qué defendemos y contra qué nos posicionaríamos?
- ¿Cuál es nuestra misión y a quién servimos?

- A medida que la empresa crezca, ¿cómo mantenemos nuestros valores?
- ¿Cómo entendería un nuevo empleado nuestros valores, especialmente en un momento de alta rotación?
- ¿Cómo entenderían nuestros valores aquellas personas que trabajen dentro de nuestra empresa aunque en distintas zonas geográficas y entornos híbridos?

Uno de los enfoques que han adoptado las empresas es empezar con un conjunto de valores corporativos. En algunos casos, se trata simplemente de marcar varias casillas y ya. En otros, implica un trabajo mucho más profundo y detallado en el que hay que considerar lo que la empresa realmente representa y, a continuación, encontrar la manera de garantizar que esos valores se manifiesten en cada una de sus acciones. Estas declaraciones suelen compartirse tanto interna como externamente.

Aunque pueda parecer una tendencia reciente, lo de establecer desde el principio una serie de valores corporativos existe desde hace mucho tiempo. Algunos de los primeros ejemplos se remontan a los años cuarenta. Uno de los primeros ejemplos fue el de Robert Wood Johnson, que escribió una lista de valores y se la presentó al consejo de administración de Johnson & Johnson (J&J) en 1943. Esta lista, conocida actualmente como «el credo de J&J», describe cómo la empresa tiene una responsabilidad «para con los pacientes, los médicos y las enfermeras, con las madres y los padres y con todos los demás que utilizan nuestros productos y servicios».[29] Otras ideas clave que se incluyen en el credo implican que J&J fomente un entorno de trabajo integrador y mantenga su compromiso de apoyar las buenas obras. Hoy en día, la mayoría de las empresas han seguido el ejemplo de J&J y tienen sus valores expuestos en alguna parte, normalmente en alguna sección de su sitio web o en las bolsas de trabajo.

Por otra parte, si una empresa te resulta atractiva, ya seas un posible cliente o empleado, te recomiendo que le eches un vistazo a sus valores antes de tomar una decisión. La mayoría son bastante genéricos, pero en algunos casos te sorprenderá con lo que te encuentres. Y eso te dará una idea clara de lo que realmente le importa a la empresa.

El ejercicio de elaborar una lista de valores corporativos de una empresa puede ser bastante útil, sobre todo si se hace de forma meditada e intencionada. La mayoría de las empresas lo hacen y revisan la lista a intervalos regulares para asegurarse de que los valores siguen siendo igual de relevantes que cuando los pusieron por escrito. Para la mayoría de los CEO, hablar de valores corporativos se ha convertido incluso en un tema de conversación al que recurren asiduamente. He visto que muchas empresas aprovechan cualquier oportunidad para hablar de sus valores, tanto si el entrevistador pregunta por ellos como si no. Los CEO también han escrito docenas de libros de negocios y gestión sobre el tema, aunque he de admitir que no todos merecen la pena.

Así que está bastante claro que a los CEO les gusta «hablar por hablar» cuando se trata de sus valores. Lo que hay que mirar es si después «predican con el ejemplo».

Investigadores de la Escuela de Administración y Dirección de Empresas Sloan del Instituto Tecnológico de Massachusetts (MIT) llevan años estudiando esta cuestión. A partir de esas investigaciones, los investigadores crearon un análisis basado en datos llamado «Culture 500», que incluye una herramienta interactiva, destinada a reflejar «cómo miden las empresas su cultura empresarial a los ojos de los empleados». Esta investigación se actualiza anualmente, a medida que más empresas declaran sus valores empresariales y los comparten con el mundo.[30]

Los equipos de investigadores del MIT Sloan han descubierto que hay ciertos valores que tienden a aparecer más que otros. Términos como «innovación», «cliente», «respeto» e «integridad» son especialmente populares entre las empresas hoy en día. Otros términos menos comunes son «agallas» y «autenticidad». Como hemos dicho antes, la mayoría de los narradores estarán de acuerdo en que la «autenticidad» es el rasgo más importante para determinar el éxito o el fracaso de una empresa, así que me sorprendió ver lo poco que se menciona.

A continuación, los investigadores de la universidad cruzaron los términos más utilizados con más de un millón de opiniones de Glassdoor para comprobar si los empleados estaban de acuerdo en que la cultura de la empresa se ajustaba a lo que exponían en sus objetivos y valores. Los resultados fueron bastante decepcionantes. Se demostró que lo que declaraban las empresas y las experiencias de sus empleados no estaban en absoluto equiparadas, de hecho, pocas veces sus acciones encajaban con sus valores empresariales. Repito: correlación absolutamente nula. El informe, por lo tanto, concluyó que redactar esta clase valores es una pérdida de tiempo, a menos que sean valores mucho más específicos, viables y se basen en el contexto de cada empresa.

Apple destaca por encima de las demás porque vincula sus valores a las experiencias cotidianas de empleados reales, valiéndose de sus historias para demostrar que están cumpliendo con ellos. Otra empresa que también lo hace bien, según los investigadores, es el gigante biotecnológico Biogen. En lugar de referirse a sí misma como «pionera», describe lo que significa ser pionera en la práctica, porque el término puede significar cosas diferentes para cada persona. Para Biogen, ser pionero significa que los empleados no deben abstenerse de hacer preguntas difíciles y deben poner a prueba las suposiciones de los demás. También se refiere a ser pionero en nuevos tratamientos, por ejemplo, en áreas de enfermedades como la esclerosis múltiple y el alzhéimer. Para reiterar su compromiso, la empresa utiliza el término en cada mensaje que lanza, incluidos los comunicados de prensa para anunciar nuevos avances médicos, así como en su sitio web para describir su misión y su cultura empresarial.

Otra empresa que destaca por encima de las demás en este aspecto es Netflix, que describe el «coraje» como uno de sus valores fundamentales (aunque no sea uno especialmente común). En su sitio web, la empresa explica con detalle qué significa exactamente el coraje para ellos dentro de la empresa. Ser valiente, según Netflix, incluye estar abierto al fracaso y asumir riesgos cuando se está seguro de que algo podría salir bien, incluso si un superior no está de acuerdo con tus ideas. En Netflix, una práctica que se fomenta consiste en incluir un punto en el orden del día de una reunión para pedir la opinión directa del grupo. La gente puede ser comedida y no decir lo que realmente piensa, pero eso solo sirve para ralentizar el trabajo importante o crear despilfarro porque los equipos dedican tiempo a un trabajo en el que no creen. Según Netflix, los comentarios críticos deben ser comprensibles y accesibles, y deben permitir a la persona del otro lado aceptarlos o ignorarlos. La clave para estas empresas es incluir definiciones con ejemplos de lo que quieren predicar con estos valores, explicando lo que significan en la práctica.

Las empresas que demuestran con más éxito sus valores también encuentran formas de elogiar a sus empleados por demostrar su valía. Os daré un ejemplo que me toca de cerca. Mi marido trabajó durante varios años para una empresa emergente de herramientas para desarrolladores llamada Elementl. Le puse en un aprieto mientras escribía este libro al preguntarle si recordaba los valores de su empresa y si podía compartirlos conmigo. Enumeró unos cuantos sin dudarlo, entre ellos «ejecutar con feroz urgencia» y «apuntar alto». Admito que en ese momento me sentí bastante sorprendida y me picó la curiosidad de qué quería decir con eso. Me dijo que era capaz de recordarlos no porque fuera el empleado del año, sino porque su empresa celebraba periódicamente una reunión con todos los empleados en la que tocan toda clase de temas. El CEO, Pete Hunt, cuenta una anécdota sobre algo que haya ido bien esa semana y lo relaciona con los valores de la empresa. ¿Qué hizo un empleado o un equipo esa semana que encajase con «apuntar alto»? ¿Consiguieron un cliente clave que nadie esperaba o contrataron a un ingeniero muy solicitado?

Proporcionar el contexto de la historia que se pretende contar también puede ayudar a ejemplificar por qué entra dentro de los valores de la empresa. Jeff Gothelf, conferenciante y diseñador organizativo, escribió un artículo para el *Harvard Business Review* de lo más esclarecedor después de estudiar el caso de cómo ayudó a un cliente de una gran empresa a adoptar un marco fijo de metas basado en objetivos y resultados clave («OKR» por sus siglas en inglés: «Objectives and Key Results»). Los OKR están muy de moda últimamente. Si nunca te han hablado de ellos en tu trabajo, que sepas que eres la excepción que confirma la regla. Dicho de otro modo, se trata de establecer objetivos claros y medir directamente los resultados. ¿Cómo se consigue que un equipo acepte los OKR? En el caso de Gothelf, se trataba de una gran empresa con 10.000 empleados. Animó a los directivos a hacer algo llamado «contextualizar la decisión». Eso significaba adoptar cierto ritmo y responder a preguntas como «¿Por qué ahora es el momento adecuado para modernizar el trabajo? ¿Y cómo mejorará eso las cosas para los empleados?». Los directivos también deben plantearse y abordar otras preguntas importantes: «¿Qué fracasos o pasos en falso anteriores impulsaron esta decisión? ¿Y qué podemos sacar de esto y cómo nos podemos beneficiar frente a la antigua metodología?».

Este tipo de historias son cruciales, o «los empleados pueden acabar pensando que se ha tomado esa «gran decisión» por cambiar la metodología de trabajo de forma aleatoria y unilateral», explica Gothelf. Y, sin embargo, muchas empresas se olvidan de darles este contexto, optando en su lugar por limitarse a dar vagas directrices y esperar que todo el mundo se adapte a lo que les están ordenando.

¿En contra de qué estás?

Hoy en día, la mayoría de los CEO pueden dejar por escrito lo que *defienden* en forma de valores corporativos, aunque no siempre consigan cumplirlos. El valorar y tener en cuenta aquello a lo que se opondrían en el caso de tener que enfrentarse a ello, es algo bastante importante no solo para los líderes y cargos superiores de una empresa, sino también para los demás empleados. Si la empresa dice que valora la transparencia, ¿cómo sería lo contrario? ¿Y qué aspecto tendría en la vida real? Compartir estas historias con los empleados y posibles futuros empleados puede ser una poderosa motivación para que se echen un vistazo a ellos mismos y cambien su comportamiento. Esta clase de investigaciones y estudios de caso son también una forma de examinar si los equipos están realmente a la altura de los valores de la empresa.

Considerar lo que se tiene en contra puede parecer a priori algo negativo, pero los narradores más eficaces del mundo utilizan este recurso a diario.

Goldstein, antigua empleada de Apple, trabaja como asesora de empresas emergentes que abordan los problemas más ambiciosos y complejos a los que tiene que enfrentarse nuestra sociedad. Una de las empresas con las que trabaja diseña coches que no necesitan conductor. Esa empresa estaba examinando sus propios valores corporativos, así que le sugirió al equipo directivo que leyera un informe de cien páginas que trataba sobre algo que le había sucedido a uno de sus competidores, una filial de General Motors llamada Cruise. Un bufete de abogados externo elaboró el informe a raíz de un incidente de un atropello con fuga en el que un peatón fue atropellado por un robotaxi de Cruise y arrastrado seis metros. El caso saltó a los titulares a finales de 2023 y a lo largo de 2024, y las cosas no tardaron en torcerse para Cruise.

El informe trataba de encontrar los errores que habían provocado el accidente y evaluaba la gestión del incidente por parte de la empresa. Se descubrió que la propia reacción de la empresa no hizo más que empeorar las cosas, ya que desencadenó toda una serie de reacciones que la dejaron expuesta y vulnerable. Después de que sus propios empleados perdieran la confianza en sus superiores por la forma en la que gestionaron la situación, el cofundador y CEO, Kyle Vogt, aceptó dimitir. Como respuesta a la gestión del accidente, un empleado de Cruise incluso envió un mensaje de texto a otro diciendo: «Nuestros líderes nos han fallado».

Pero ¿qué fue exactamente lo que Cruise hizo mal? La prensa, en aquel momento, señaló una serie de errores técnicos, como la incapacidad del vehículo para detectar con precisión la ubicación del peatón. Pero también hubo problemas importantes con la forma en que la empresa gestionó el incidente desde el punto de vista comunicativo. Eso acabó en lo que los autores del informe denominaron la «herida autoinfligida» de Cruise. El informe indicaba que el equipo ejecutivo de Cruise estaba demasiado centrado en cambiar la narrativa de los medios de comunicación para que se pusiera de su parte y, en concreto, en acabar con la conversación de si el accidente fue culpa de la empresa o no. En cambio, según Goldstein, la dirección debería haber reconocido lo ocurrido y haberse comprometido públicamente a trabajar con los investigadores para garantizar que no volviera a ocurrir. Goldstein reconoció que es bastante probable que se produzcan toda clase de accidentes con esta clase de tecnología una vez se introduzca oficialmente en el mercado, aunque las empresas que la hayan desarrollado se hayan encargado de llevar a cabo miles de simulaciones previamente para tratar de prevenirlos. Seguirá habiendo casos extremos de accidentes y problemas que pondrán piedras en el camino a los coches sin conductor, y las empresas tendrán que aprender a enfrentarse a ellos, incluso aunque algunos de ellos, tristemente, acaben en tragedia.

Después de haber leído el informe, los clientes de Goldstein idearon una nueva lista de valores que podrían ayudarles a no cometer los mismos errores que Cruise. Se dieron cuenta de que la confianza era algo vital cuando se trata de nuevas tecnologías, tales como los coches sin conductor, porque los consumidores todavía no tienen ni idea de qué pueden esperar de ellos. La transparencia, por lo tanto, tiene que ser uno de los principales valores que aparezcan en la lista, porque la falta de información puede significar que la gente acabe llenando ese vacío con información inventada o datos que se hayan imaginado ellos. Y también es vital la colaboración, porque hacen falta muchos accionistas para que esta tecnología se vuelva la norma y no la excepción con el paso de los años. Así que, a ese cliente, el informe sobre la otra compañía le proporcionó el impulso que necesitaba para trazar sus tres valores corporativos principales: confianza, transparencia y colaboración.

Al contrario de lo que se pueda pensar, los CEO no tienen por qué ser siempre positivos, optimistas o fingir que nunca van a pasar cosas malas o que no existe ninguna competencia para su producto. El hecho de poder hablar de las cosas que han salido mal o de lo que no está funcionando es un buen punto de partida para mejorar. En resumen: si ya sabes contra qué o contra quién te enfrentas, ¿puedes crear una historia para superarlo? Y, partiendo de esa misma premisa, ¿puedes determinar cuáles serían tus valores principales?

Tomar partido

Para los CEO, no basta con dedicar un tiempo a reflexionar sobre los valores de su empresa de vez en cuando. Muchos empleados esperan que sus líderes empresariales expongan abiertamente lo que opinan sobre algunos de los mayores problemas de nuestro tiempo, incluidas las tendencias socioeconómicas. Según un estudio de la empresa de comunicación Edelman, el 54 % de los empleados cree que los CEO deben abordar cuestiones políticas y sociales, incluidas aquellas que se consideran controvertidas. Este es uno de los aspectos que más temen la mayoría de los CEO.

Esto se debe a que puede poner a los líderes de la empresa en una posición delicada, razón por la cual unos pocos (incluido el CEO de Coinbase, Brian Armstrong) han optado por ir en la dirección opuesta, y han declarado públicamente que no abordarán estas cuestiones de actualidad en ninguna circunstancia. Cuando Armstrong lo hizo, asumió un riesgo, ya que la mayoría de los CEO prefieren ir caso por caso en esos asuntos, siendo lo más discretos y ambiguos posible, para no meterse en problemas. Como ha dicho en infinidad de ocasiones, temía las posibles reacciones negativas de la industria tecnológica y los medios de comunicación. Y, para ser justos, sí que hubo bastante reacción. Los más críticos con Armstrong en los medios de comunicación describieron la medida como una señal de que Coinbase estaba puramente interesada en hacer dinero y no tenía ninguna misión social.

Pero Armstrong recalcó varios años después que tomó la decisión porque había hecho su propia investigación interna y había hablado con sus empleados antes de decir nada públicamente. Según Armstrong, muchos empleados le dijeron que apreciaban no tener que oír hablar de temas que pudiesen resultar controvertidos o dividir a la plantilla en el trabajo. Armstrong subrayó en varias entrevistas de *podcast* que le hicieron que no solo los hombres blancos pensaban así. Su postura permitía a sus empleados centrarse en hacer su trabajo y distinguir más claramente entre su vida personal y la laboral. Teniendo en cuenta lo que le dijeron, estaba convencido de que había hecho lo correcto, tanto para él como para su empresa.

¿Cómo se relaciona todo esto con la capacidad de narrar una buena historia?

Aunque son momentos complicados a los que cuesta mucho esfuerzo mental enfrentarse, también son las oportunidades ideales para que los CEO y los directivos compartan sus propias historias con sus equipos y les recuerden por qué se incorporaron a la empresa. Samir Zabaneh, CEO de TouchBistro, una empresa de software con sede en Toronto, me dijo que se toma el tiempo necesario para hablar con sus empleados cuando surge algo en las noticias, incluidos acontecimientos políticos y tragedias, para hacerles saber que la empresa hará lo que pueda para apoyar a las comunidades afectadas, normalmente haciendo algo de voluntariado o incluso donaciones. Dice que comprende el impacto emocional que estos temas pueden tener en quienes trabajan para él, porque a él también le afectan personalmente, y que sus empleados no pueden simplemente ir a trabajar y dejar de sentir en cuanto cruzan la puerta de la oficina. También es un momento clave para explorar la misión de Touch-Bistro: crear programas informáticos que ayuden a los propietarios de restaurantes a gestionar sus negocios, incluidos los de aquellas partes del mundo que hayan podido verse afectadas por guerras, catástrofes relacionadas con el clima y otra clase de acontecimientos.

Una empresa con la que hablé sobre este tema fue Equip Health, una empresa emergente de rápido crecimiento en el ámbito de la tecnología sanitaria con sede en San Diego. Equip está creando una clínica virtual para ayudar a los pacientes a recibir tratamiento contra los trastornos alimentarios. Su CEO, Kristina Saffran, creó la empresa tras pasar por un trastorno alimentario durante su adolescencia y recuperarse con éxito.

Saffran reconoce que muchos de sus empleados se unieron a la empresa porque querían tener un impacto positivo en el mundo. Por eso, a lo largo de los años, ha sentido la presión de hablar sobre temas de actualidad que le preocupan a ella y a sus empleados. La salud de la mujer y los derechos reproductivos ocupan un lugar destacado en la lista de los temas principales para muchos de sus empleados.

Tras mucho esfuerzo, consiguió llegar hasta donde está hoy. La prioridad de Equip es ayudar a los pacientes con trastornos alimentarios. Esa es la misión de la empresa, y punto. Si no lo hace, no tiene razón de ser. También sabe que los trastornos alimentarios afectan a pacientes de todo el espectro socioeconómico. Sus familias también son vitales para su proceso de recuperación, lo que complica aún más las cosas. Imagina que un paciente es un gran defensor de los derechos reproductivos, pero sus padres son fervientemente antiabortistas. ¿Impactaría esto en la capacidad de ese paciente para buscar atención sanitaria en Equip?

«Como hija de padres conservadores, siempre pienso en el hecho de que mi familia probablemente no me habría llevado a un centro de tratamiento que fuera abiertamente político», me dijo. «El que eso mismo ocurriese con otras familias era inaceptable».

La solución de Saffran fue la de contar una historia, y una muy personal, de hecho. Por eso, cuando surge algo sobre ese tema en las noticias, suele compartir con su equipo su propia experiencia luchando contra un trastorno alimentario y sobre cómo conoció a familias en centros residenciales de tratamiento con opiniones políticas y religiosas muy dispares. Por eso les pidió a sus empleados que pusieran siempre a los pacientes por delante, porque muchos de ellos tenían pocas alternativas a las que recurrir.

Esa historia y ese mensaje han resultado ser de lo más eficaces dentro de Equip, incluso en momentos de gran presión. Muy pocos empleados se han marchado por la decisión de Saffran de guardar silencio sobre ciertos temas. También sabe que los equipos cambian y que la gente va y viene. Por eso, cada vez que surge algo en la prensa, se toma el tiempo necesario para pensar su respuesta. Si llega a una conclusión al respecto, siempre la comparte con su equipo. Puede que no estén de acuerdo con su decisión, pero Saffran dice que ha oído por ahí que los empleados respetan su forma de pensar porque la entienden. No hay una solución única, y estos temas son bastante complejos, pero aprecio especialmente el ejemplo de Saffran porque explicó por qué había decidido hacer eso valiéndose de su propia historia personal. Y eso es justo lo que logra calar en la gente.

Aprovechar la historia de los fundadores

Cuando una empresa establece su estrategia de comunicación internacional, una de las historias más importantes que los líderes pueden compartir con los empleados es la historia original de los fundadores. Empresas con ánimo de lucro como Nike, Workday, Salesforce y Apple, así como organizaciones sin ánimo de lucro como Charity: Water, Habitat for Humanity y Everytown, han compartido las historias de sus fundadores para promover sus culturas empresariales.

La historia de Scott Harrison sobre por qué fundó Charity: Water es muy especial, y a menudo la comparte con sus empleados. Harrison, antiguo promotor de fiestas, describe cómo viajó a Uruguay en 2004 y acabó en un club nocturno en medio de un tiroteo. Ese momento profundamente traumático le inspiró a hacer algo distinto con su vida. Poco después, empezó a colaborar como voluntario con una organización benéfica cristiana, que le envió a Liberia. Durante su estancia en África, Harrison se dio cuenta de que podía utilizar todo el dinero que había ganado en el pasado en Nueva York para ayudar a recaudar fondos destinados a suministrar agua potable a la población de los países en desarrollo. Según el Banco Mundial, unos dos mil millones de personas en todo el mundo no tienen acceso a servicios de agua potable gestionados de forma segura. La organización sin ánimo de lucro ha recaudado ya cientos de millones de dólares para construir pozos, sistemas de filtración, letrinas, sistemas de captación de agua de lluvia y otros sistemas de saneamiento en países en vías de desarrollo, y los vídeos que publican cada año en sus redes sociales les demuestran a los contribuyentes cómo su generosidad está repercutiendo de forma positiva en la vida de las personas.

Saber que Harrison cambió su vida de una forma tan drástica, ha inspirado a personas tanto dentro como fuera de su organización. Su historia nos recuerda que cualquiera puede hacer algo por los demás, independientemente de su procedencia y de sus experiencias vitales.

Dentro del mundo de las empresas con ánimo de lucro, la historia de los fundadores de Salesforce es bastante conocida, y la puedes leer en su página web relatando los orígenes humildes de la empresa. En 1999 cuatro amigos que vivían en un apartamento de un solo dormitorio crearon un prototipo para automatizar la fuerza de ventas de las empresas de su red. Estos emprendedores decidieron que su mantra sería «Se acabó la palabrería», y centraron sus esfuerzos únicamente en «lo que creen que es importante y necesario» e intentaron hacerlo todo «rápido, sencillo y bien a la primera». El equipo originario se hizo conocido por llevar camisas hawaianas (una tradición que Marc Benioff, CEO de la empresa durante muchos años y uno de sus fundadores, sigue manteniendo), y nombraron al perro de uno de los directivos como jefe del Departamento del Amor.

Puede que tanto Salesforce como Charity: Water sean grandes empresas hoy en día, pero resulta útil recordarles a sus empleados que en un momento dado no fueron más que ideas escritas a toda prisa en una servilleta. Son historias inspiradoras, y todos queremos conocer a los hombres y mujeres que pusieron en marcha estas empresas mucho antes de que se convirtiesen en los grandes éxitos que son hoy. Este tipo de historias pueden ayudar a la gente a empatizar con quienes, con el paso de los años y las buenas decisiones, se han vuelto tan conocidos, y también a verse reflejados en ellos por considerarlos como lo que realmente son: personas normales y corrientes. Puede que Marc Benioff hoy sea multimillonario, pero saber que le encantan las camisas hawaianas le da un aspecto un poco más cercano. Y, como he querido demostrarte a lo largo de este capítulo, estas historias también pueden lograr ejemplificar de un modo mucho más humano y accesible los valores de sus empresas.

Si no tienes formación en marketing, deberías reflexionar largo y tendido sobre la historia original de tu empresa y averiguar cómo puedes compartirla con tu equipo y con el resto del mundo. Con el tiempo, debería existir una versión de esta historia en el sitio web o la intranet de tu empresa para que sirva de recordatorio de con qué propósito se creó. A medida que las empresas crecen, este objetivo puede volverse difuso y la gente puede perderlo de vista. Historias como esta pueden desempeñar un papel fundamental a la hora de recordarles a los empleados lo que importa de verdad.

Benioff utiliza ahora la historia de la fundación de Salesforce para recordarles a sus empleados por qué hacen lo que hacen. El consejo número uno que ofrece a otros CEO que quieren que sus empresas sigan creciendo es el siguiente: «Cuando un CEO llega a la cima de su carrera y, sin embargo, piensa que no forma parte de conjunto, mi trabajo consiste en recordarle de donde viene. Así es. Eso es lo que hago. He tenido que enfrentarme a un montón de situaciones complicadas a medida que hemos ido creciendo como empresa, pasando de ser solo una idea, a contar con casi 100.000 empleados. He tenido que pasar por toda clase de situaciones y problemas, quizás no por todos por los que podría haber pasado, pero sí por una buena cantidad. Algo de lo que me he dado cuenta cuando he hab.ado con otros CEO es que, si se encuentran en el punto en el que les cuesta conectar con su empresa y sus empleados, es porque han sido ellos los que han perdido de vista el objetivo inicial».[31]

Haz caso a Benioff: nunca te distancies tanto de tu empresa que te vuelvas inaccesible y te olvides de quién eres. Las empresas solo prosperarán cuando el CEO y los demás líderes clave estén conectados con sus equipos; de lo contrario, perderán de vista lo que realmente importa. Y no hay mejor forma de mantenerse conectado con los demás que compartir una buena historia.

6

Marcas impulsadas por sus historias

Las historias constituyen el arma más poderosa del arsenal de un buen líder.

—Dr. Howard Gardner, profesor de conocimiento y educación de la Universidad de Harvard

Bobbie, la marca de leche en polvo para bebés ecológica, empezó con la misión de ayudar a las familias de todo el mundo a alimentar a millones de bebés. Pero la idea original la tuvo una madre que nació en Irlanda y ahora vive en Estados Unidos, Laura Modi, tras una larga lucha por amamantar a su primera hija. Por aquel entonces, Modi trabajaba en Airbnb como directora de hotelería y experiencia del usuario. Mientras estaba embarazada de su primer bebé, ella se definiría como una persona optimista. Pero cuando nació su primera hija, se sintió una auténtica fracasada. La lactancia le resultó inesperadamente difícil, como a muchas otras madres primerizas. Después de intentarlo durante días, estaba desesperada por encontrar la manera de alimentar a su hija.

Modi, que ahora tiene cuatro hijos, jamás se olvidará del momento en el que tuvo que salir corriendo a la farmacia más cercana, con su bebé en brazos y rebuscar por todos los pasillos un bote de leche en polvo para su hija. Recuerda como si hubiese ocurrido ayer lo horrorizada que se sintió al leer el reverso de las latas y encontrarse con ingredientes como aceite de palma, jarabe de maíz, antibióticos y toda clase de sustancias de relleno. Ingredientes que ni ella misma ingería, así que mucho menos estaría dispuesta a dárselos a una recién nacida. A Modi se le ocurrió en ese momento que aquella era una oportunidad de oro, pues podía desarrollar una leche en polvo para bebés con ingredientes del día a día, normales y ecológicos que las madres como ella pudiesen darles a sus bebés con total tranquilidad. Si la leche en polvo no era la primera opción de los padres, quería que al menos fuera la segunda.

En aquel momento, Modi no buscaba una excusa para dejar su trabajo y lanzarse a crear una empresa de productos para bebés. No tenía ninguna experiencia creando bienes de consumo envasados. Pero había trabajado en Airbnb durante más de cinco años, lo que le enseñó desarrollar una marca que destacase por encima de la competencia. «Airbnb se enfrentaba a un sector en el que hacía siglos que no había cambiado nada», me dijo.

De igual forma, en el mundillo de las leches en polvo para bebés, había varias compañías que tenían el monopolio del sector. Era un mundo gigantesco, que generaba más de 70.000 millones de dólares anuales, pero uno al que era especialmente complicado entrar y en el que era mucho más difícil aún destacar. La mayoría de los fabricantes no tenían ningún motivo de peso para querer trabajar con una empresa tan pequeña, sobre todo en comparación con las demás empresas del mercado, y una que además no iba a pedir grandes cantidades de un mismo producto. A pesar de todos estos retos, Modi se dio cuenta de que había llegado el momento de que alguien crease una marca de leche en polvo para bebés para madres como ella. Creía que una marca que lanzase un mensaje impactante desde el principio tenía muchas más posibilidades de éxito, sobre todo si usaba un método de publicidad que hace una década no habría sido posible.

El mensaje que Bobbie lanzaba era algo así: «No estás sola. Lo estás haciendo lo mejor que puedes. Y nosotros estamos aquí para ayudarte».

Existe una distinción crucial entre lo que Modi plantea y lo que proponen el resto de sus competidores. Bobbie no es una empresa de leche en polvo para bebés que pertenezca a otra marca más grande. Es una empresa destinada a las madres que se creó con el único propósito de vender leche en polvo para bebés. Este enfoque le ha otorgado a Bobbie una ventaja muy clara: tiene una historia de marca.

«Sabíamos que tendríamos que competir contra los estándares que marca la publicidad para hacer que esto funcionase», dijo Modi. «Tratar de vendérselo a los médicos no iba a funcionar, y tampoco teníamos millones para invertir en publicidad. Teníamos tan solo un montón de objetivos ambiciosos para competir en un mercado que es un duopolio, y donde todo estaba en nuestra contra».

Siete años después de que Modi pusiera en marcha Bobbie, en 2023, la empresa anunció en Washington sus planes de aumentar el acceso a la leche en polvo para bebés invirtiendo 100 millones de dólares a raíz de la escasez nacional. Ese mismo año, la empresa recaudó 70 millones de dólares de inversores y adquirió una empresa de nutrición pediátrica con veintiséis años de antigüedad (Nature's One) para triplicar el tamaño de sus operaciones. Los representantes de la empresa les comentaron a los periodistas de TechCrunch que habían alcanzado los 100 millones de dólares de ingresos y que estaba experimentando un crecimiento seis veces superior al del resto del mercado de leches en polvo para bebés. Para una industria dominada por empresas como Abbott y Nestlé, esto fue más que sorprendente. Y pocas empresas han logrado irrumpir en el mercado del mismo modo desde entonces, salvo la británica Kendamil.

Incluso fuera del mercado de la leche en polvo para bebés, Bobbie se ha convertido en uno de los mejores ejemplos de cómo se debe crear una marca desde cero y cómo publicitarla. En un comunicado de prensa en el que se anunciaba el acuerdo al que habían llegado con Nature's One aparecían los dos CEO dándose un fuerte abrazo, con el pie de foto subrayando que Modi es «primero madre y después CEO». Del mismo modo, Jay Highman, CEO de Nature's One, se describió a sí mismo como «padre de dos hijos». Pero lo que me sorprende más todavía es que Modi reconoció las limitaciones de depender de un solo fabricante de leche en polvo para bebés, aunque celebró el paso que estaban dando en la dirección correcta al cerrar ese acuerdo: «No voy a afirmar que Bobbie sea la solución para todos nuestros problemas». La mayoría de los comunicados de prensa están tan manidos, siempre con la misma fórmula y estructura, que el público al que van dirigidos los ignora. Pero el de Bobbie llamó la atención de publicaciones como TechCrunch porque iba a contracorriente. Jacquelyn Miller, una veterana profesional de la comunicación que sigue la historia de Bobbie desde hace años, afirma: «La creatividad es una habilidad muy poderosa».

Estándares de marketing

El éxito de Bobbie demuestra por qué el hecho de tener una historia poderosa que te respalde es tan importante para desarrollar la marca de una empresa. En los departamentos de marketing de las empresas de hoy en día, existe cierta tensión entre los partidarios de las dos distintas metodologías: el marketing impulsado por la marca y el marketing basado en el rendimiento de la empresa. Estoy tratando de simplificar un poco la distinción, pero por el bien de los que no tienen formación en marketing, vamos a desglosarla para tratar de entenderlo mejor.

El marketing de marca es la forma clásica de marketing que todos conocemos, aquella que llevamos viendo desde hace más de un siglo. Y es aquella que destaca los valores, los puntos fuertes y la identidad de una marca. Lo que pretende es lograr que el consumidor se identifique de algún modo con la marca, lo que, del mismo modo, hace que confíe en ella ciegamente. Un ejemplo de ello puede ser que una marca organice un evento que inspire un debate fructífero o que cree un anuncio que hable de las aspiraciones que puede tener el público al que va dirigido, sin que este sienta que le están tratando de vender algo. Nike es el maestro del marketing de marca y precursor de empresas más recientes como Bobbie. La empresa fue pionera en el uso de deportistas influyentes y en el desarrollo de anuncios que podían conectar el deporte con una experiencia mucho más emocional. Nike dejó claro desde el principio que su marca busca defender algo. Entre sus embajadores se encuentra Colin Kaepernick, que sacrificó su carrera futbolística para protestar contra el racismo y la brutalidad policial en 2016. Nike, a raíz de un anuncio protagonizado por Kaepernick, recibió reacciones negativas e incitó a la controversia y al debate, pero la compañía también fue elogiada por ello. Un análisis que investigó las acciones de la empresa durante aquel momento estimó que la campaña publicitaria de Kaepernick les granjeó más de 43 millones de dólares en exposición mediática.

El marketing de resultados es una metodología mucho más reciente. Apareció durante las últimas dos décadas, con el auge de internet y las redes sociales, y se basa en anuncios publicitarios en los que los compradores pagan a sus afiliados (en este caso, plataformas donde se puede exponer esa publicidad) en función de los resultados que dicho anuncio les dé. Se centra mucho más en encontrar a potenciales clientes, crear conversiones y fomentar las ventas. Entre los canales más comunes donde se pueden encontrar esta serie de anuncios se incluyen las redes sociales y el marketing de *influencers*, los anuncios de *display*, el marketing de contenidos, el marketing en buscadores y el contenido patrocinado. Hay diferentes maneras de medir el éxito de estas campañas a través de una variedad de herramientas de seguimiento, entre las que se incluyen cosas como el coste por venta (se paga al afiliado cuando hay una venta) o el coste por clic (se les paga cuando los potenciales clientes hacen clic en los enlaces afiliados). El marketing basado en resultados se centra en resultados específicos y tangibles, y esa es una de las principales razones por las que es tan popular hoy en día. Con la llegada de internet, los departamentos de marketing han desplazado un porcentaje cada vez mayor de su inversión en publicidad hacia el marketing basado en resultados, en el que pueden demostrar un claro retorno de la inversión, en lugar del marketing orientado a la marca. El marketing de marca y el de resultados pueden compartir similitudes, pero, como veremos más adelante, ambos miden el éxito de forma muy diferente.

Parte del auge del marketing de resultados se debe a los CEO, que ven el marketing como una extensión de las ventas. Como explicó Nick Zeckets, CEO de la empresa de software de marketing Air Traffic

Control, «a los CEO de hoy en día solo les importan los datos, como «¡Oh! El tráfico del sitio web ha aumentado este mes» y presionan a sus directores de marketing para que se los proporcionen». Pero, según Zeckets, para la mayoría de las empresas ese tipo de datos carece de sentido, porque no está claro si se van a convertir en ventas o no. En cambio, invertir en la marca, compartiendo contenidos sustanciales que informen, entretengan y eduquen, aporta valor a las empresas. Eso ofrece cierta cercanía por parte de la marca hacia sus consumidores. Sin embargo, este tipo de publicidad puede tardar meses en traducirse en indicadores clave de rendimiento (KPI) tangibles, y muchas empresas no quieren esperar tanto tiempo o carecen de la paciencia necesaria para tener éxito a más largo plazo.

Neil Lindsay, un alto ejecutivo de Amazon con experiencia en marketing, afirma que medir los KPI es necesario, no solo para las empresas, sino también para los equipos. Pero, para tener una buena oportunidad de vender un producto gracias a un anuncio, hay que confiar ciegamente en la historia que lo respalda y ser «persistente y paciente», sin dejar de relatarla en ningún momento, porque ninguna historia será capaz de calar en el público objetivo a la primera.

En la práctica, a muchos profesionales del marketing les resultará una tarea bastante complicada, sobre todo si el CEO no está de acuerdo. «Esta es la razón por la que los equipos de marketing luchan por hacer algo que haga que todo se vuelva en su favor», explica Zeckets. «Se rigen al cien por cien por las métricas de las ventas, pero no podrán hacer un trabajo excelente con plazos tan cortos, y en gran parte se debe a la falta de confianza en el valor de la marca».

Sin embargo, no todo es blanco o negro. Las dos metodologías se solapan en cierta medida: ambas, por ejemplo, pueden implicar la publicación de contenidos. Pero es más probable que los equipos de marketing de resultados se centren en contenidos breves que puedan consumirse sobre la marcha y atraer visitas al sitio web. El contenido de marketing de marca puede ser más extenso y de mayor calidad, lo que lleva a los consumidores a formarse una opinión más positiva de la marca. Ambos tipos de marketing pueden recurrir a famosos o *influencers* para la publicidad. Pero los profesionales del marketing de resultados estarían más dispuestos a pagar a los *influencers* por una publicación patrocinada que empuje a su audiencia a comprar un producto que las empresas centradas en el marketing de marca, que podrían buscar *influencers* que adoren sus productos y animarlos a hablar sobre ellos en sus redes a su manera. Del mismo modo, los profesionales del marketing de resultados podrían estar buscando *influencers* con el mayor número de seguidores, mientras que los profesionales del marketing de marca podrían estar buscando aquellos que se identifiquen mucho más con su imagen de marca y lo que promueven.

El consejo que me dieron todos los profesionales del marketing con los que hablé para este libro es que todas las marcas y empresas deberían usar ambas metodologías por diversas razones. Pero los ejecutivos de marketing más progresistas y con mayor respaldo, incluido el del CEO, valoran cada vez más el marketing basado en la marca porque sus efectos se notan mucho más con el tiempo e impulsan la rentabilidad de la empresa. Tras varias décadas centrándose en el marketing de resultados, muchas empresas se están dando cuenta de que siguen necesitando crear marcas potentes para mantener sus negocios a flote. Mientras que el marketing de resultados trata de captar la atención de alguien una vez que sabe lo que busca, el marketing de marca trata de generar demanda. Esto puede ser especialmente importante para las empresas que crean productos que responden a una necesidad que la gente no tiene por qué tener en un primer momento, o que quizás tienen pero no lo saben, como los preparados orgánicos en polvo con recetas de estilo europeo.

Los responsables de marketing con los que he hablado también han descubierto que el marketing de marca le da buena imagen a la empresa. Si la gente tiene una percepción positiva de una marca (por ejemplo, del enfoque en innovación que promueven), es posible que asuma que también tiene otros atributos positivos (como un buen servicio al cliente).

Las grandes empresas pueden permitirse tener equipos dedicados tanto al marketing de resultados como al de marca y, de hecho, suelen contar con ellos. Pero las empresas emergentes, sobre todo las que se encuentran en una fase inicial, no pueden permitirse ese lujo. Estas empresas necesitan hacer más con menos y gastar su capital de forma estratégica. Incluso si pueden gastar mucho en marketing, hacerlo puede no conseguir que su negocio les resulte atractivo a los posibles inversores. Esto se debe a que gastar mucho en publicidad sugiere que a esa nueva empresa le va a costar mucho trabajo conseguir nuevos clientes, y si la empresa no puede retener a los clientes durante mucho tiempo, esto es un problema aún mayor (esto está relacionado con un cálculo conocido en el lenguaje de los inversores como «el valor a largo plazo del coste de adquisición del cliente» o el ratio LTV:CAC). En los últimos años, también se ha encarecido el coste de las campañas de marketing de resultados, sobre todo en redes sociales como Facebook.

Hace una década, la mayoría de los presupuestos se asignaban principalmente al marketing de resultados, con una pequeña parte destinada al marketing de la marca. Ahora parece que la tendencia está cambiando. Como dice el refrán, la necesidad es la madre de todas las invenciones. Debido al aumento de los costes asociados a la publicidad en las redes sociales, muchas empresas, grandes y pequeñas, han estado invirtiendo en la historia de su marca: qué la hace única y qué valores le aporta a su público. Algunas han logrado que sus esfuerzos diesen sus frutos. Airbnb, la antigua empresa de Modi, registró el cuarto trimestre más rentable de su historia tras abandonar el marketing de resultados y centrarse en su marca. En lugar de tratar de comprar clientes, su CEO, Brian Chesky, dijo que la empresa quería educarlos en lo que representa su empresa.

Airbnb, a su favor, siempre le ha dado prioridad a su marca, dejando claro que su principal objetivo es hacer que sus clientes se sientan parte de algo, y no solo darles un lugar asequible donde alojarse. Pero ha seguido centrada en dejar claro cuál era su marca, al contrario que empresas que han recibido toda clase de elogios por sus esfuerzos por convencer a sus clientes, como Tesla, Apple y Trader Joe's. En 2023, realizó una de sus mayores iniciativas de marca, la cual consistió en una serie de cortometrajes animados, uno de los cuales incluía a un grupo de amigos en unas relajantes vacaciones sin niños. El grupo se encuentra con la piscina de un hotel llena de niños gritones y se va a buscar consuelo a un Airbnb. Esta historia resulta muy cercana, incluso para los que tenemos niños pequeños (yo incluida).

Puede que Airbnb esté creciendo lentamente, pero cuando se creó no parecía estar abocada al éxito, y mucho menos cuando se prohibió viajar durante la pandemia. El director de marketing de la empresa, Hiroki Asai, describió ese periodo como un momento para contemplar cómo podría ser el futuro de Airbnb si la marca y su historia lo afectasen todo.

También he visto resultados similares en empresas mucho más pequeñas. Kira McCroden, antigua responsable de comunicación de Modern Fertility, ayudó a crear una marca que vendía pruebas hormonales para que las mujeres de entre 20 y 30 años pudieran comprender mucho mejor cómo funcionaba su fertilidad. Según me contó, Modern Fertility invirtió mucho en marketing de marca en sus inicios, centrándose sobre todo en informar a las mujeres sobre un enfoque más proactivo de la creación de una familia. Lo que ganaron gracias a esa publicidad lo invirtieron en su éxito futuro, ya que la empresa descubrió que a los periodistas les interesaba muchísimo contar la historia que se escondía detrás de su marca y que le estaban contando a sus clientas. Afton Vechery, que fundó Modern Fertility a los veinte años, se sentía personalmente vinculada a esa misión. Vechery les habló en infinidad de ocasiones a los medios de comunicación de la transformación cultural que hizo posible que ella y sus amigas hablaran de su fertilidad como no habían podido hacerlo en décadas. Más tarde, la empresa fue adquirida por Ro, una compañía que vende una gama más amplia de pruebas de salud, por 225 millones de dólares.

«La regla de oro para las pequeñas empresas emergentes es que su interés radica en el campo al que van destinadas; cuanto más amplio sea, más necesidad habrá», afirma McCroden. «Así es como se consolida una marca».

La importancia de la historia del fundador dentro del marketing de marca

La mayoría de las marcas que conocemos y adoramos tienen un rostro visible. Y ese rostro suele ser el del fundador o el del CEO. Figuras como Steve Jobs, de Apple; John Donahoe, de Nike; Judy Faulkner, de Epic Systems, y Jeff Bezos, de Amazon, representan a la antigua generación de marcas lideradas por sus fundadores. Hoy en día, hay una nueva generación de rostros de marca, como los hermanos Collison de Stripe, Whitney Wolfe Herd de Bumble, Laura Modi de Bobbie y Emily Weiss de Glossier. Todos ellos son CEO cuyas propias marcas personales se han integrado y alineado estrechamente con las empresas para las que trabajan.

La pregunta que debemos hacernos, por lo tanto, es la siguiente: Que se asocien sus imágenes a las empresas para las que trabajan, ¿las ayuda o perjudica? ¿Cabe la posibilidad de que las empresas se estén arriesgando al hacer algo así? Hemos hablado de algunos de los mejores ejemplos de fundadores que se han valido de sus propias historias personales como campaña publicitaria o que han dado la cara desde el principio por sus empresas, siendo ellos quienes contasen su propia historia, como en el caso Alexis Ohanian de Reddit. Pero las empresas también se arriesgan al fracaso cuando los fundadores dirigen la marca y los negocios por completo. Elizabeth Holmes, de Theranos, y Sam Bankman-Fried, de FTX, son excelentes ejemplos de ello, como veremos en el capítulo 8. Poner a los fundadores como imagen de la marca también hace casi imposible que, en el caso de que tengan que ser sustituidos por el bien de la empresa, lo sean. ¿Alguno sabe quién se hizo cargo de WeWork como CEO tras la dimisión de Adam Neumann? Seguro que la mayoría no tenemos ni idea.

Claro que no es fácil desarrollar una marca sin la voz de un líder fuerte. Con el tiempo, a medida que la empresa crezca (con suerte), varios ejecutivos del equipo directivo tendrán sus propias historias que contar y habrá que animarlos a que las compartan. Pero, al principio, suele haber poco más que el fundador y su visión. Es un riesgo que las empresas deberían estar dispuestas a asumir y que, en muchas ocasiones, no tienen más remedio que aceptar.

Casualmente, estas personas, para bien o para mal, suelen resultar bastante interesantes, sobre todo para las personas externas a la empresa. En cierto modo, todos queremos saber por qué alguien decidió dejar su trabajo para crear algo nuevo y arriesgarlo todo en el proceso. ¿Por qué? Yo tengo la teoría de que es porque muchos de nosotros albergamos en secreto (o abiertamente) el sueño de poder hacer lo mismo, pero nunca llegamos a llevarlo a cabo. Estas personas también están asumiendo muchos riesgos al hacer algo así, y por eso nos gusta tanto escuchar sus historias, sobre todo cuando somos jóvenes.

Nunca olvidaré la primera vez que hablé con una conocida empresaria cuando todavía era una adolescente. Martha Lane Fox, fundadora de Lastminute.com, se pasó un día por mi instituto porque era una antigua alumna. Nunca había conocido a nadie tan carismático, y memoricé cada una de sus palabras. Incluso ahora todavía recuerdo cómo hablaba sobre el negocio que se había montado tan solo una década antes, y nos contó cómo se esforzó por asistir a todos los eventos para hacer contactos y conferencias para poder recaudar dinero. Es prácticamente imposible saberlo con certeza, pero sospecho que su visita fue una de las razones por las que me acabé mudando de Londres a Silicon Valley, el centro de la innovación, sin conocer a nadie en California. Cuando nos encontramos con gente así, tan tenaz y poco dispuesta a aceptar un no por respuesta, la mayoría de nosotros no podemos evitar preguntarnos qué es lo que les mueve y si nosotros también tenemos lo que hace falta para tener tanto éxito como ellos. Un fundador que cree en lo que hace, que le entusiasma, es lo más importante que cualquier nueva empresa debería tener. Y esa ilusión no es algo que se pueda traspasar fácil, eficaz y completamente a otra persona, como he señalado en capítulos anteriores, por mucho que un fundador lo desee.

Pero ahora, volviendo a Bobbie, la empresa de leche en polvo para bebés fundada por una madre, no cabe duda de que Laura Modi es una cara importante de su negocio. Y como madre con una carrera profesional, es la candidata idónea para hablar de la experiencia del embarazo y el posparto. Pero no se trata solo de ella. En mi opinión, la campaña de marketing de marca ideal aprovecha al fundador y su historia, al tiempo que consigue hacer que la marca parezca mucho más importante.

La diferencia entre ambas es sutil. Tal y como explicó el especialista en comunicación Drew Kerr, existe una diferencia entre la historia y el objetivo de una marca. Los fundadores son las personas más adecuadas para contar la historia de la marca que han creado (las prisas de Modi por ir a la farmacia a comprar leche en polvo para su bebé), mientras que las marcas (y eso incluye al equipo en general) deben representar ese objetivo más amplio.

En el caso de Bobbie, el objetivo estaba claro: alimentar a los bebés y, al mismo tiempo, acabar con los estigmas asociados a la alimentación con leche artificial (por este motivo, la empresa utiliza el hashtag #bottleboldly en todas sus redes sociales). La empresa ha recurrido a famosos como Tan France, padre por gestación subrogada, y la modelo de tallas grandes y madre de gemelos, Ashley Graham, para defender la idea de que no existe una única forma correcta de alimentar a un bebé. Estas personas tan conocidas pueden dar voz al objetivo principal de la marca y, al mismo tiempo, hacer que parezca más cercana y accesible. Durante una sesión fotográfica para *Vogue*, Graham posó con sus gemelos de ocho meses, alimentando a uno con el pecho y a otro con el biberón de forma simultánea.

Las empresas pueden ir alternando entre contar su historia y exponer sus objetivos principales, siempre que se encuentren en una posición privilegiada. Una o dos voces pueden convertirse en toda una multitud, incitando a la conversación con más gente del sector (y de otros sectores) y, finalmente, también con los clientes. Los famosos y las personas influyentes también pueden representar la voz del cliente, sobre todo si tienen una historia auténtica que contar. A medida que el movimiento va creciendo, el fundador debe permanecer accesible y visible. Así es como las marcas evitan convertirse en corporaciones sin nombre ni rostro. La gente quiere ver que los líderes siguen siendo personas afines y buenas, que siguen interesándose por sus clientes y que seguirán haciendo lo correcto. Las redes sociales, que permiten a los clientes estar presentes en los instantes más cotidianos de famosos y ejecutivos, son una de las vías más poderosas para lograrlo.

Esto me lleva a la última genialidad del marketing de Bobbie como marca: el apartado de «Nuestra historia» dentro de su página web.

Muchas empresas utilizan este espacio de su página web para hablar sobre las credenciales de su equipo ejecutivo. Bobbie no. En su lugar, la marca presenta un vídeo que empieza con una toma de Modi acurrucando a su adorable bebé dormida, y describe la forma en la que la bebé se aferra al pecho de su madre como una imagen «adorable». En la siguiente toma, que supongo que se rodaría unos días después, la vemos en un momento extremadamente vulnerable. Hace una mueca de dolor mientras su recién nacida grita agarrada a su pecho. «Para conocernos, tienes que saber de dónde venimos», reza el pie de foto. El resto del vídeo muestra una serie de madres y bebés, incluidas varias empleadas de Bobbie que también son madres (entre ellas, la cofundadora de Bobbie, Sarah Hardy), así como varias clientas. El vídeo culmina con una voz en off que explica cómo estos primeros meses encierran momentos de inmensa alegría, pero también de una increíble dificultad. Las imágenes son cruelmente dolorosas, y las madres del vídeo empiezan a llorar porque se les ha dado la oportunidad de hablar de lo difícil que es el primer año de vida de un niño. Por experiencia personal, puedo decir que no hay nada menos real que las glamurosas fotos que las *influencers* comparten con sus recién nacidos. La mayoría de nosotras estamos cansadas, de mal humor, cubiertas de escupitajos y resolviéndolo todo sobre la marcha, pero sentimos que en cierto modo la sociedad nos presiona para que digamos que nunca hemos sido más felices. Puede que sea cierto, pero también es cierto que nunca nos hemos sentido más abrumadas que en ese momento.

En una época en la que todo tiene filtros, resulta increíblemente atractivo que las marcas nos ayuden a ver esos momentos reales, descarnados y humanos. Vivimos en un mundo en el que la verdadera vulnerabilidad y la autenticidad son cada vez más escasas y, como resultado, se han convertido en la moneda de cambio más valiosa que existe. Modi lo entendió cuando tomó la decisión de presentarse como CEO y como madre que ha tenido que pelearse con el hecho de poder dar de mamar a su bebé a altas horas de la madrugada y que tiene unas profundas ojeras bajo sus ojos por haberse pasado varias noches sin dormir.

Como vemos en el vídeo de Bobbie, para que una campaña publicitaria tenga ese toque narrativo, como si te estuviesen relatando una historia, debe incluir dos rasgos fundamentales: la historia de una persona (a poder ser del fundador de la marca) y un objetivo más amplio que puede incluir a los clientes y al equipo en general.

Pero podemos ir un paso más allá: ¿cómo convertirlo en un movimiento? Situar la marca en un contexto más amplio le da un significado que va mucho más allá de los propios objetivos de marketing de la empresa. Modi, por ejemplo, ha decidido denunciar la falta de permisos de maternidad remunerados en Estados Unidos. Lo hace a pesar de que es la misma razón por la que la leche en polvo para bebés es tan necesaria para miles de madres y familias (aunque hay muchas otras razones para ello). Una de cada cuatro mujeres en Estados Unidos vuelve al trabajo a las dos semanas de dar a luz. Estas madres no tienen los recursos ni pueden permitirse el lujo de dar el pecho durante un año o más. Asimismo, en Estados Unidos muy pocas empresas ofrecen espacios cómodos y seguros donde puedan sacarse leche durante sus horas de trabajo, y mucho menos animan a las madres a tomarse el tiempo libre necesario. (Y el acceso a esas bajas por maternidad suele ir de la mano con los ingresos: los estudios han demostrado que, cuanto más dinero gana, más probabilidades hay de que una madre pueda darle el pecho a su bebé). Si estas políticas cambiasen, en teoría menos familias necesitarían leche en polvo para sus bebés, aunque siempre hará falta. Pero este es un riesgo que Modi está dispuesta a asumir. Esta es otra de las razones por las que Bobbie no es solo una empresa de leche de leche en polvo para bebés: es una marca que apoya a los bebés durante su primer año de vida y mucho más allá, y que casualmente vende leche en polvo para alimentarlos.

Puede que las mujeres y las familias de Estados Unidos no se sientan apoyadas ni empoderadas. Pero Bobbie le da la vuelta a esta situación convirtiéndolas en heroínas. Lo ideal es que un buen marketing vaya siempre ligado a los clientes, destacando el problema que la empresa ha resuelto para ellos; un problema que no son los únicos que tienen. Eso es lo que Bobbie consigue en su vídeo de «Nuestra historia», dejando a los espectadores con la esperanza de ser escuchados y de hacerles saber que no están solos.

Al hablar de temas más importantes que el producto, las marcas tienen el potencial de inspirar a los clientes y abogar por un cambio real. Se trata de una tendencia que los expertos del sector denominan marketing «impulsado por un propósito», y yo lo considero una parte cada vez más esencial del marketing de marca. Este tipo de marketing solía estar vinculado a los esfuerzos sociales o filantrópicos de una empresa, totalmente separados de sus números de ventas. Ahora, sin embargo, el marketing orientado a objetivos es cada vez más una parte esencial de los resultados financieros de las empresas.

En gran parte, esto se debe a la idea de que la gente quiere trabajar para empresas con un propósito o un objetivo. También quieren sentir que están haciendo algo bien al comprar un producto antes que otro, comprando a empresas que representan algo más que unos cuantos números de ventas sobre un papel. Según el *Harvard Business Review*, más de ocho de cada diez ejecutivos creen que el hecho de que una marca tenga un objetivo muy marcado impulsa la satisfacción de los empleados y aumenta la fidelidad de los clientes. El antiguo CEO de Best Buy, Hubert Joly, dijo que establecer el propósito que quería conseguir con su empresa «impulsó el precio de las acciones de la compañía alrededor de diez veces desde 2012». Best Buy, después de mucha deliberación, logró su objetivo: «Enriquecer la vida de nuestros clientes a través de la tecnología». Joly dijo que ese no era un propósito vacío; de hecho, permitió a Best Buy justificar la entrada en nuevos mercados que estaban teniendo un impacto positivo, como un nuevo negocio de atención sanitaria centrado en ayudar a las personas mayores que querían envejecer en las casas donde habían pasado todas sus vidas. De este modo, la empresa mejoró sus resultados y facilitó la vida de sus clientes de varias formas distintas.

Los consumidores siempre van a recompensar a las marcas que cuentan con un objetivo marcado. Un estudio mundial de la empresa de comunicación Zeno, realizado en 2020, reveló que los clientes son entre cuatro y seis veces más propensos a comprar, defender y confiar en las empresas que tienen alguna clase de objetivo o misión positivo. Según el estudio, el público espera que las marcas que apoya tengan una opinión marcada sobre los temas que les preocupan. Las campañas que se basan en esto están teniendo un éxito increíble. Cuando la agencia de diseño y comunicación Ogilvy & Mather empezó a trabajar con Kotex, la empresa de tampones y compresas, se dio cuenta de que muchos de sus clientes carecían de conocimientos básicos sobre salud sexual. El equipo de Ogilvy creó una campaña que acabó siendo muy galardonada y que llamaron «Generation Know», en la que enseñaban a las mujeres particularidades sobre sus vaginas. Esta campaña fue tan eficaz que provocó un aumento del 18 % en las ventas de Kotex.[32]

Las marcas con un objetivo deben asegurarse de que lo que declaran es creíble, y no meramente publicitario. Las que no lo hagan así acabarán siendo juzgadas. Un ejemplo bastante conocido de ello es lo que ocurrió con The Wing, un espacio de *coworking* para mujeres con una marca orientada al empoderamiento femenino. Pero tras años de rápido crecimiento y mucho mimo, la CEO de la empresa, Audrey Gelman, se vio obligada a dimitir al verse envuelta en un escándalo con acusaciones de racismo y de tener una cultura tóxica en el lugar de trabajo. Los empleados señalaron que Gelman solo practicaba lo que predicaba (crear una «utopía» para las mujeres) con una cohorte de mujeres concretas, concretamente mujeres blancas. *The New York Times* habló con veintiséis antiguos empleados que describieron cómo su entusiasmo inicial se había convertido en ansiedad y disgusto en cuestión de meses, todo ello agravado por el miedo a perder sus puestos de trabajo.

Cuando los CEO vinculan sus empresas a un objetivo, deben esforzarse mucho más por predicar con el ejemplo. Actuar de una manera en público y de otra en privado es imposible. La recompensa de ser la cara visible de tu empresa siempre será mucho mayor que si no lo eres, pero el listón también está mucho más alto.

La venta emocional

Después de ver por primera vez el vídeo de «Nuestra historia» de Bobbie, me sentí aliviada y agradecida. Por fin alguien había dado voz a lo que yo llevaba sintiendo desde hacía años, como madre, luchando por amamantar a mis dos bebés, siempre recurriendo a extraerme leche, todos los días, por no sentirme culpable. Por eso lo siguiente que quise hacer fue comprar un bote de leche en polvo de Bobbie.

Este impulso, firmemente arraigado en una emoción, ha sido objeto de estudio durante muchos años. Psicólogos, académicos y CEO han llegado a la misma conclusión: las empresas que se aprovechan de los sentimientos de la gente harán que sus beneficios aumenten, así como también aumentará la fidelidad y su capacidad de retención de clientes. Pero ¿en qué medida? ¿Existe alguna forma de comprobarlo?

Pues bien, resulta que los expertos en inteligencia del consumidor Scott Magids, Alan Zorfas y Daniel Leemon se unieron en 2015 para investigar esta cuestión e indagar un poco más en el tema. Para el artículo que escribieron para el *Harvard Business Review*, se plantearon las siguientes preguntas: ¿Cuáles son esos potenciadores emocionales que conducen a una venta y por qué? ¿Podemos clasificarlos de forma eficaz? ¿Cómo funcionan estos comportamientos? Los autores recomendaron a las empresas que se tomaran el tiempo necesario para averiguarlo y ofrecieron una metodología para hacerlo.

En primer lugar, les sugirieron que hicieran un inventario con todos los datos de sus clientes, para buscar descripciones cualitativas de lo que les motiva y, a continuación, que realizasen las investigaciones necesarias para entender por qué. Les sugirieron que descubrieran cuáles eran los motivadores específicos de sus mejores clientes y, a continuación, se comprometieran a forjar una conexión emocional con ellos a través de varios métodos, no solo mediante la publicidad. Los autores les recomendaron que se enfrentasen a este ejercicio como si fuese «una ciencia y una estrategia» a la vez. La mayoría de las marcas todavía tienen pendiente esta tarea, pero implementar esta clase de metodologías es un primer paso en la buena dirección.

Sin embargo, al sacar a la luz todas estas emociones y motivaciones, las empresas deben tener cuidado con lo de tomarse al pie de la letra los comentarios de los clientes. El escritor Simon Sinek sostiene en *Empieza con el porqué* que las marcas deben pensar no solo en el qué, sino también en el porqué. Su libro ha motivado que varias empresas evitaran lanzar su «mejor trampa para ratones» (es decir, evitar decir que son los mejores o que son más rápidos o más baratos que la competencia) y se preguntaran por qué los clientes compran sus productos antes que a cualquier otro.

Es un primer paso en la dirección adecuada, pero los seres humanos pueden ser muy complejos, y comprender sus sentimientos y motivaciones no es tan sencillo como parece. En un artículo para *Psychology Today*, la escritora y científica Abigail Fagan argumenta que mucha gente dirá que le gustan las marcas populares, como Nike o Apple, porque llevar unas zapatillas Air Jordan o usar un iPad les hace sentirse increíbles. Pero no nos lo podemos tomar al pie de la letra. Puede que debajo de ese «sentirse increíbles» se escondan una serie de emociones mucho más profundas. ¿Por qué nos gusta sentirnos así? ¿Podría ser porque crea un sentimiento de comunidad? Los humanos somos una especie social y comunitaria, así que esa podría ser una motivación muy poderosa para muchos de nosotros. Es algo que buscamos activamente hagamos lo que hagamos, a lo largo de nuestras vidas. Y puede que sea una de las principales razones por las que volvemos a comprarles una y otra vez a las mismas marcas, lo que, a su vez, les permite resistir al paso del tiempo.

Airbnb es una empresa que ha entendido esto muy bien. Al combinar un producto que la gente desea con la visión de cómo aprovecharse de las emociones de los clientes, Airbnb ha sacudido incluso los mercados más competitivos y arraigados, como el de los viajes de lujo. Por algo su eslogan es «Pertenece a cualquier lugar». La visión de forjar una conexión con el producto o servicio que te ofrecen es algo que está presente en todos sus anuncios y en la forma en que diseña las experiencias que ofrece. La empresa fomenta los encuentros entre sus clientes; piensa en el sentimiento de pertenencia y comunidad teniendo siempre en cuenta cómo pueden salir ellos beneficiados, y ese mensaje de pertenencia y comunidad queda reflejado incluso en su historia y objetivos filantrópicos, como el Fondo Comunitario que creó, en el que invirtieron más de 100 millones de dólares, que concede subvenciones a organizaciones que apoyan a las comunidades en todo el mundo. En palabras de su CEO, Brian Chesky, en una publicación de Medium: «La gente pensaba que Airbnb se dedicaba a alquilar casas. Pero, en realidad, a nosotros nos gusta más crear un hogar».

Forjar una conexión emocional con el cliente es una forma eficaz de generar confianza. Pero, para muchas marcas, eso requiere una gran inversión de tiempo y recursos. La empresa de comunicación global Edelman descubrió que la confianza es cada vez más importante para los consumidores, aunque es algo que actualmente se encuentre en declive. Los políticos están perdiendo la confianza de la gente, los medios de comunicación y otras instituciones también, y las marcas y empresas no son una excepción. Y, sin embargo, si se hiciera bien y las empresas pudieran granjearse la confianza de sus clientes, podrían lograr cosas increíbles. Según una encuesta, cuando los consumidores confían en una marca, es un 59 % más probable que compren sus productos, aunque sean más caros que los de la competencia.

Si las marcas consiguieran mantener la confianza de sus clientes, podrían transformar su comportamiento por completo. Antes parecía inconcebible que alguien confiara en una página web ciegamente para que le pusiera en contacto con completos desconocidos con el fin de alojarse en su casa. Ahora es algo normal que nadie cuestiona.

La confianza es muy poderosa. En el caso de Bobbie, la transparencia y la autenticidad (precursoras de la confianza) ayudaron a su empresa a superar su peor momento: una crisis que, francamente, habría acabado con la mayoría de las empresas. Ocurrió en 2019, pocas semanas después del lanzamiento, cuando el producto de Bobbie fue retirado del mercado por la Administración de Alimentos y Medicamentos de Estados Unidos (FDA).

No te haces una idea de lo horrible que es eso; es todo un palo. Porque, como padre o madre, ¿confiarías en una marca que no ha pasado los estándares de la FDA? Puede que la situación fuese terrible para Bobbie, pero no era tan horrible como parecía. El problema surgió a raíz de un artículo que se refería a la leche en polvo de Bobbie como «leche en polvo para bebés lactantes», en lugar de «suplemento de leche en polvo para bebés» o «leche en polvo para niños pequeños», antes de que se hubiera aprobado el uso de esa etiqueta. Tras reconocer el error, Bobbie pausó su estrategia de marketing y se sinceró con sus clientes sobre lo sucedido. Estrechó las relaciones con sus fabricantes, incorporó a su equipo a un experto en regulación y consiguió más financiación gracias a un nuevo inversor. Modi habló con la prensa para explicar por qué el producto era seguro para el consumo. Al cabo de un año, el producto de Bobbie volvió a estar en las estanterías después de que la FDA reconociese que esa vez sí que cumplía los requisitos. Al cabo de unos meses, se afianzó como una de las empresas de leche en polvo para bebés lactantes de más rápido crecimiento en el mercado desde los años ochenta.

Modi sabe que la confianza solo puede ganarse y recuperarse si somos sinceros, por eso sigue compartiendo regularmente actualizaciones sobre su producto con los usuarios de Bobbie. Ya se han escrito estudios y artículos de prensa sobre el proceso de recuperación por el que tuvo que pasar la empresa, para ponerlo como ejemplo de lo que sí que hay que hacer en esos casos, porque muchas otras empresas, de haberse visto en la misma situación, no habrían sobrevivido. Y gracias a la resistencia del equipo, la leche en polvo de Bobbie volvió al mercado a tiempo con un enorme impulso por el instante en el que lo hizo: en ese momento había escasez de leche en polvo para bebés en todo el país. Mientras otras empresas se quedaban sin existencias y las estanterías de las farmacias se vaciaban, Bobbie logró asociarse con una empresa para aumentar su capacidad de producción y así satisfacer la creciente demanda lo antes posible.

Al comprender a la perfección cómo se siente un cliente al hacer una compra, las marcas pueden salir airosas de los problemas y adelantarse a los acontecimientos. Pero no olvides que tienes que compartir toda la historia, no solo los resultados que obtuviste. La gente conecta mucho mejor con las marcas que han pasado por momentos difíciles, y las mejores historias siempre tienen un principio, un nudo y un desenlace.

El efecto IKEA

¿Por qué funciona «el efecto IKEA»? Según los estudios de Gallup, los factores emocionales determinan el 70 % de las decisiones de los consumidores, ya sean racionales o de otro tipo. Varios economistas del comportamiento, como Daniel Kahneman y Dan Ariely, han dedicado toda su carrera a estudiar el comportamiento de compra de los consumidores. Resulta que tendemos a tomar decisiones rápidas e intuitivas cuando se trata de qué elegimos comprar, y gran parte de ello está impulsado por lo que dictan nuestras emociones, más que por lo que dictan nuestros cerebros racionales, que se basan en los datos más que en otra cosa.

Ariely, profesor de la Universidad de Duke, llama a este fenómeno «el efecto IKEA». Puede que nos resulte molesto y nos lleve mucho tiempo montar los muebles nosotros mismos. Puede haber muebles más baratos que no requieran inversión en mano de obra. Y, sin embargo, seguimos comprando muebles de IKEA. ¿Por qué? Sentimos cierto orgullo y apego emocional por los productos que hemos montado nosotros mismos, aunque no sea necesario. «Los seres humanos responden más positivamente a las cosas que ellos mismos han creado o en las que han influido», escribe Ariely. «Una inversión de trabajo es también una importante inversión de capital emocional».

El capital emocional también importa. Te animo a que dediques unos minutos a ver el vídeo de Bobbie de la sección de «Nuestra historia». Después de verlo, hazte esta pregunta: ¿En algún momento habló la CEO del precio de su leche en polvo en comparación con la competencia? ¿De los ingredientes? ¿La experiencia de compra? ¿La comodidad del envío a domicilio?

La respuesta es no, no, no y no.

Cuando se les da la oportunidad de ser los protagonistas, los CEO como Laura Modi o Aaron Levie de Box (del que hemos hablado en el capítulo 2) no la desperdician. Esto puede sonar contradictorio y contrario a lo que la mayoría hemos aprendido que tenemos que hacer en estos casos. Cuando trabajaba en la CNBC, vi a algunos CEO que acudían a un programa de televisión y evitaban responder a las preguntas del presentador, para dedicar toda la entrevista a promocionar la última mejora de su producto. A esos CEO no se les volvía a invitar.

«Una de las cosas que tienen en común muchos de los mejores CEO con los que he trabajado es que muy pocas veces hablan de sus productos», afirma Ashley Mayer, antigua responsable de comunicación de empresas como Box y Glossier. «La gente presta atención a lo que tienen que decir porque son interesantes y elocuentes, y justo por eso también quieren saber algo más sobre las empresas que dirigen».

Cuando Lindsay Kaplan se encargaba de las comunicaciones de Casper, podía pasarse mucho tiempo hablándote de cada capa de espuma del colchón, aunque no lo hacía a propósito. Sabía que eso no serviría para venderte ningún colchón. «Muchas empresas confunden las especificaciones del producto con el amor del consumidor», explica. «Ser creativo, raro e inesperado es la parte emocional que realmente impulsa una marca... Puedes conseguir que alguien sienta que realmente quiere ese producto que vendes, aunque no sepa explicar por qué». Casper experimentó con esa clase de venta emocional de muchas maneras, como con su «Snooze Bar», una experiencia *pop-up* para que la gente se dejara caer y se echase una siesta en sus colchones o se tomase un café mientras disfrutaba de una charla sobre cómo descansar más por las noches y dormir mejor.

Con esto no quiero decir que nunca se deba hablar del producto.

A veces es posible que te pregunten directamente por él, y en esos casos es importante hablar de la experiencia del usuario de la forma más sencilla y clara posible. Pero no des por sentado que la gente querrá comprar lo que vendes solo porque tenga una nueva mejora interesante.

¿La fórmula mágica para que las marcas impulsadas por sus historias puedan llegar lejos? Aprovecharse de las emociones de la gente antes de incitarles a hacer una compra.

«Las decisiones emocionales son la mejor forma de impulsar los ingresos, las ventas y el crecimiento», afirma Kaplan. «Se puede crecer como empresa dependiendo solo de los números hasta cierto punto; a veces el componente emocional es necesario».

7

No eres el protagonista de las historias de todo el mundo

Tú solo conformas una pequeña parte del universo,
del mismo modo que una ola solo es una pequeña parte
de un océano.

—ALAN WATTS, escritor y conferenciante

La empresaria Sara Mauskopf es muy conocida en X, aunque no tanto fuera del mundo virtual. Decenas de miles de personas siguen su cuenta, donde se hace llamar @sm. Fuera de las redes sociales, es una persona introvertida que prefiere quedarse en casa con su marido y sus tres hijos, y solo asiste a las *happy hours* del sector cuando lo considera esencial para su empresa.

Puede parecer contradictorio, pero Mauskopf gravita hacia las redes sociales porque no le gusta ser el centro de atención en su vida personal. En la vida real, el hecho de ir a un cóctel con cientos o incluso miles de invitados no le serviría para nada, ya que gracias a las redes sociales, en concreto X, puede llegar a más de 50.000 personas a la vez y varias veces a lo largo del día, sin la ansiedad social que provocan las multitudes. X le da alcance, mejora su confianza y le ayuda a atraer la atención del público hacia su empresa. Mauskopf es la CEO de Winnie, un sitio web para que los padres encuentren guarderías y otros centros de cuidado infantil en internet. En X entrelaza comentarios sobre su empresa con anécdotas sobre cómo es la vida con sus tres hijos. ¿Un tuit clásico de Mauskopf? «Acabo de pasar la mañana acompañando a una excursión de preescolar y dejadme deciros que los profesores de preescolar deberían cobrar más que los CEO». *Muy cierto.*

Permitidme contradecir un mito del que he oído hablar en repetidas ocasiones a compañeros y colegas a lo largo de mi carrera. ¿El mito? Para tener seguidores en redes sociales, hay que ser un egocéntrico, autopromocionarse o ser extrovertido. En realidad, suele ser todo lo contrario. Las personas introvertidas e ingeniosas, como Mauskopf, son a las que más suele seguir la gente en internet. Y, sin embargo, no te creerías la de veces que un ejecutivo me ha dicho que no tiene ningún perfil en cualquiera de las redes sociales porque «no le interesa llamar la atención». Esto significa, por lógica, que no quieren ser como esos tipos ególatras y manipuladores que sí que tienen perfil en redes. Esto me suena un poco al típico comentario amargado y viejuno.

En realidad, se puede ser introvertido y discreto y, aun así, tener éxito como narrador en las redes sociales. Muchas de las personas que entrevisté para este libro y, de hecho, los que más seguidores tenían en redes, también han sido de las personas más humildes que he conocido. A la gente como Mauskopf me gusta llamarlos «*influencers* silenciosos». Son personas que no intentan llamar la atención, pero que consiguen cientos de seguidores en sus perfiles de redes sociales gracias a que son capaces de escuchar y absorber muchísima información. Cuando comparten los datos que han ido recabando, lo hacen para educar, informar o entretener a los demás, no para aumentar su ego. Otro ejemplo de *influencer* silencioso sería Jenny Fielding, una inversora tecnológica con muchos seguidores en sus perfiles de redes sociales, que se describe a sí misma como una «introvertida extrema». Señala que los empresarios con los que se reúne a menudo consideran que contar historias (y las redes sociales por añadidura) no es más que «palabrería», pero ella piensa que este conjunto de herramientas resulta increíblemente valioso para los líderes. «Cualquiera puede aprender a contar una buena historia, y lo creo de verdad», afirma. «Yo soy la prueba de ello».

De hecho, tener un ego exagerado puede acabar siendo algo negativo si te quieres convertir en un buen narrador. Los narradores saben que no son el centro del universo, por lo que tienen que esforzarse más para mantener la atención y cautivar a la gente. (A menos que seas Taylor Swift o Kim Kardashian, en cuyo caso a todo el mundo le importa... probablemente demasiado lo que hagas o dejes de hacer).

Existe un fenómeno en nuestra sociedad, denominado por los psicólogos «efecto foco», por el que la gente cree que los demás se fijan en ellos mucho más de lo que realmente lo hacen y que todo el mundo está pendiente de cada una de sus palabras. Eso es otro mito, ¡porque nadie tiene tiempo para estar fijándose tanto en lo que hacen los demás! Piensa con cuánta gente te cruzas por la calle cada día, cuántas actualizaciones ves en LinkedIn, X, Instagram y Facebook, y cuántos correos electrónicos recibes. Es imposible prestarles atención a todos. E incluso cuando les prestamos atención, solemos hacerlo solo durante un par de segundos como mucho, antes de pasar a pensar en cualquier otra cosa.

Es más (y puede que esto suene un poco mal), la mayoría de las cosas que hacemos (incluido lo que publicamos en nuestras redes sociales) no le interesan a casi nadie.

Os pondré un ejemplo. Hace poco estaba navegando por LinkedIn y vi un post de un conocido en el que hablaba de que iba a dar una charla dentro de poco sobre el futuro de la automatización, e incluía un *selfie* que se había hecho en la sala de conferencias donde iba a darla. Mi respuesta fue la siguiente: «Vale, ¿guay?». No mencionó de qué hablaría ni con quién. Tampoco dio ninguna indicación de quién podría ser el público objetivo ideal para este discurso ni de si iban a aprender algo con esa charla. Supuso que el mero hecho de que fuese a dar una charla significaba que todos debíamos hacer cola para presenciarlo, sin que necesitásemos que nos diese alguna clase de contexto. O quizás simplemente buscaba algo de atención y algunos «me gusta» porque pensaba que salía bien en ese *selfie*. El resultado fue que a nadie le importó casi nada lo de su charla, y su publicación recibió muy poca interacción.

Del mismo modo, no paro de pedirles a mis amigos del sector que dejen de compartir enlaces a comunicados de prensa en los que dicen estar «emocionadísimos» por algún anuncio en el que aparecen. Tendemos a suponer que a todo el mundo le interesa enterarse de cada una de nuestras victorias. Pero la verdad es que a nadie que no sea un amigo íntimo o un familiar le importa realmente. Lo verdaderamente importante es conseguir que a todo el mundo le resulte interesante lo que tenemos que decir, y para eso convendría que respondiésemos a preguntas como: «¿Qué significa esto para el sector?» o «¿Hay alguna historia interesante que pueda compartir sobre cómo surgió todo esto?» o «¿Qué dice el artículo que sea relevante para el trabajo que yo u otros hacemos?». En resumen: piensa en tu audiencia, sobre todo si quieres llegar a un grupo más amplio y no solo a tus familiares y amigos. ¿Qué les puede interesar de lo que tienes que decir? En este capítulo analizaremos todo eso y te ofreceré algunos ejemplos prácticos. Una sugerencia que suelo hacerle a todo el que me pregunta es que se plantee lo siguiente: «¿Cómo le explicarías este anuncio y por qué es tan importante para ti a un completo desconocido en la calle?». Si puedes hacerlo, probablemente será porque vayas por buen camino.

¿Por qué el contenido de carácter empresarial nos resulta aburrido?

El escritor y conocido en las redes sociales Gary Vaynerchuk lleva años escribiendo sobre por qué el contenido de carácter empresarial no cala en la gente. Se podría argumentar que es por el ruido, ya que hoy en día hay mucho. Porque últimamente se publica muchísimo contenido de este tipo en plataformas como Medium, así como demasiadas publicaciones patrocinadas en los distintos medios de comunicación, que dependen de esta clase de contenidos para obtener algunos ingresos. Sin embargo, Vaynerchuk no cree que ese sea el problema, porque el público sigue recibiendo *buen* contenido a cambio (su ejemplo de algo que es bueno es *Juego de Tronos*, y yo estoy de acuerdo en gran medida, salvo por la última temporada). Aunque, incluso en medio del ruido, la gente presta atención cuando el contenido les resulta realmente fascinante.

Puede que te parezca que la comparación con *Juego de Tronos* sea un poco injusta, después de todo, el objetivo de una serie de televisión de gran presupuesto es entretener (¿alguien quiere más dragones generados por ordenador?). Los contenidos de carácter empresarial buscan un objetivo completamente distinto, y conseguir que la gente les preste atención es secundario. El verdadero objetivo es convencerles de que compren algo. Sin embargo, Vaynerchuk cree que el gran problema es que la mayoría del contenido de carácter empresarial no es muy bueno. Si nadie lo lee, no lograrán vender nada, y Vaynerchuk no es el único que lo piensa. Incluso las personas que se ganan la vida creando contenidos de marketing están de acuerdo con él. Cuando la empresa de marketing WMH encuestó a los responsables de la toma de decisiones sobre productos que las empresas venden a otras empresas (frente a los consumidores), cerca de la mitad afirmó que la publicidad de este tipo de empresas «B2B» (siglas en inglés de *«Business-To-Business»*, es decir, aquellas que venden productos o servicios a otras empresas) les parecía «aburrida», y casi el 80 % dijo que no les animaba a comprar nada. En una encuesta realizada en Reino Unido, el 82 % de los profesionales del marketing y la publicidad se hicieron eco de esta información, afirmando que el marketing de las empresas B2B les parece «aburrido y repetitivo».

Piénsalo por un momento: cada año se gastan miles de millones de dólares en contenidos de carácter empresarial que acaban pareciéndoles aburridos a todo el mundo, incluidas las personas que los producen.

Para entenderlo mejor, me reuní con docenas de profesionales del marketing y les pregunté directamente por qué pensaban que era así. Me dieron un montón de respuestas de lo más interesantes, pero te voy a resumir cuáles fueron las más recurrentes. Uno de los principales problemas, sobre todo en las empresas B2B, es que los CEO suelen exigirles a los equipos de marketing las mismas métricas y plazos que a los de ventas. En lugar de intentar conseguir resultados a largo plazo, que tienen enormes beneficios, como la consolidación de la marca de una empresa, el tener que pensar siempre a corto plazo los obliga a tratar de conseguir más números, por ejemplo, dentro de las métricas de tráfico mensual de la página web de la empresa. Estas métricas a corto plazo les dan algo que presentarle al CEO, por ejemplo: «Mira, nuestro tráfico web ha aumentado». Desgraciadamente, estas estadísticas pueden no servir para absolutamente nada, porque da igual si el tráfico web sube o baja si nadie está interesado en comprar el producto. Y eso conduce a que se creen un montón de malos contenidos y publicaciones, que salen baratas y se suben a internet como churros.

En cambio, según Nick Zeckets, fundador de Air Traffic Control, una empresa que se dedica a crear software de marketing para empresas, las empresas B2B deberían centrar su tiempo y sus recursos en crear contenidos que sean realmente valiosos y originales, además de ayudar a sus equipos directivos a forjarse una buena imagen dentro del sector. Según Zeckets, estos esfuerzos pueden tardar meses en obtener resultados, porque es muy difícil conseguir seguidores en redes sociales, escribir publicaciones que la gente lea porque les interesen de verdad y crear una marca que infunda respeto. Por eso, este tipo de trabajo suele quedar relegado a un segundo plano, incluso hoy en día.

Todos los expertos en marketing con los que hablé de este tema estuvieron de acuerdo en que todas las empresas estaban demasiado obsesionadas con los números y las ganancias a corto plazo, sí, pero también estuvieron de acuerdo en otros factores. Entre ellos, el conocido «efecto foco», del que ya hemos hablado, y el deseo de los equipos ejecutivos de preservar la «opcionalidad», es decir, la posibilidad de cambiar de rumbo en el futuro en lo que respecta al producto, el modelo de negocio o cualquier otro aspecto de la empresa. El resultado es una mentalidad constantemente a la defensiva que se preocupa demasiado por el riesgo frente a las ventajas. Empecemos analizando cómo se aplica a las empresas el efecto foco.

Cuando se monta una empresa, los equipos directivos a menudo se centran en los problemas más pequeños sin molestarse en alzar la vista para ver qué es lo que los rodea. Por eso, uno de los peligros del trabajo es que a los CEO se les meta entre ceja y ceja que todo el mundo les presta atención a esos mismos detalles sin importancia, al igual que ellos, incluso fijándose en cada cosa que hacen o dicen. Eso solo consigue que los equipos de marketing tengan más complicada la tarea de compartir su historia, lo que requiere que miren un poco más allá y sean plenamente conscientes de los riesgos que corren. Muchas empresas no tienen a nadie encargado de proporcionar esa visión más amplia. De hecho, en las grandes empresas, el trabajo de muchos de sus empleados consiste directamente en decir que no a cualquier decisión que pueda conllevar algo de riesgo, incluso aunque, a la larga, puedan sacarle beneficios. Los abogados y los profesionales de la comunicación, que buscan constantemente formas de evitar reacciones negativas, son los encargados de andarse siempre con pies de plomo. A veces, los directivos también adoptan una postura cauta que acaba reduciendo la eficacia de su historia.

Esta aversión al riesgo va más allá de no querer contar una simple historia, de hecho, está bastante extendida entre las empresas, no solo en el ámbito publicitario. En realidad, a la mayoría de las empresas les suele costar bastante evaluar el riesgo real en cualquier clase de función. Cuando el profesor Ralph O. Swalm, de la Universidad de Siracusa, presentó los resultados de un estudio que hizo sobre el riesgo, en el que entrevistó a cien ejecutivos, descubrió que los responsables de la toma de decisiones desechaban las ideas nuevas y creativas para hacer crecer una nueva línea de negocio, en favor del recorte de costes y las inversiones que consideraban «seguras». En un artículo publicado en el *Harvard Business Review*, venía a decir que estos resultados «no representan a las empresas a las que les gusta asumir riesgos, de las que tanto se habla en el folclore empresarial. Representan tan solo a los responsables de la toma de decisiones que están poco dispuestos a asumir lo que, para la empresa, podrían parecer riesgos atractivos». Las empresas afirman ser pioneras, creativas e innovadoras, pero rara vez se comportan así en la práctica.

Los economistas también han realizado muchos estudios sobre el miedo a la pérdida en relación con la inversión financiera y el gasto en investigación y desarrollo. La narración de historias es un campo mucho menos estudiado, pero tengo la sensación de que la respuesta no debe de ser muy diferente. El nivel de riesgo que la mayoría de las empresas están dispuestas a asumir al contar una historia es extremadamente bajo, incluso cuando está claro que cabe una gran posibilidad de que sorprendan a sus clientes con ella e incluso les inciten a comprar su producto. Dentro del mundo de la comunicación, este miedo se debe sobre todo a la idea de que la gente siempre está prestándole atención a cada mínimo detalle y es muy fácil que se sientan ofendidos o decepcionados con lo que ven. Si a la audiencia no le gusta lo que la empresa tiene que decir, esta podría salir perdiendo muchísimo. Así que por eso todo el mundo cree que es mejor ser aburrido y no decir nada que pueda resultar ni remotamente controvertido, a pesar de que es evidente que llamar la atención también puede tener sus recompensas. Para los CEO, esas recompensas no resultan tan tangibles como los datos, por eso siempre se acaban quedando con aquello que les parece más seguro.

«Como responsable de marketing, me pasaba mucho tiempo teniendo que recordarle a todo el mundo que en realidad no le importamos a nadie», afirma Anthony Modano, un ejecutivo que ha trabajado en empresas emergentes y en grandes empresas como Aetna. Con esto Modano no quiere decir que nadie se vaya a interesar nunca por lo que tenemos que decir, sino que conseguir una audiencia fiel cuesta mucho trabajo y tiempo. «La realidad es que, para hacerse oír, hay que tener un punto de vista claro, y a poder ser uno que incite a crear debate».

A menudo nos olvidamos de que no tener un punto de vista claro también conlleva ciertos riesgos. Acabar cayendo en la ambigüedad puede suponer que los clientes y consumidores se olviden de que existes. Esa no suele ser la estrategia adecuada, a menos que la empresa prospere incluso sin ser conocida (lo cual no suele ser lo habitual) o que la empresa se haya visto envuelta en alguna clase de polémica, en cuyo caso siempre es mejor guardar silencio durante un tiempo. Un buen ejemplo de lo primero fue lo que ocurrió en los años posteriores a que Travis Kalanick dejase Uber. Tras su dimisión, después de una serie de escándalos de privacidad y quejas por discriminación, que se convirtieron en el tema de un drama de Showtime, el nuevo CEO, Dara Khosrowshahi, no quería que ni él ni la empresa se viesen envueltos en otro escándalo de ese tipo y que su historia acabase siendo noticia, así que pasó desapercibido y se centró solamente en mejorar la empresa desde dentro. La mayoría de las veces, sin embargo, jugar sobre seguro tiene sus inconvenientes. Y la buena noticia es que hoy en día el listón está tan bajo que ser un poco polémico puede animar a los consumidores a comprar tu producto antes que el de la competencia.

Tomemos, por ejemplo, el caso de Livongo, una empresa dentro del sector de las tecnologías sanitarias que se vendió por unos 18.500 millones de dólares a una empresa externa, Teladoc, lo que por aquel entonces fue una compra sin igual. El CEO de Livongo, el ejecutivo Glen Tullman, sabía perfectamente cómo debía comunicar su historia. Lo que hizo fue tratar de aliarse con sus consumidores, y siempre que tenía la oportunidad hablaba sobre cómo todos merecemos una mejor atención sanitaria, y una que, además, sea mucho más asequible. Tullman se hizo conocido por advertir a los grandes sistemas hospitalarios, en conferencias y entrevistas de prensa, de que pronto serían desintermediados, es decir, eliminados como intermediarios de la cadena de suministro (y de que, probablemente, ya lo habían sido), a menos que empezasen a respetar mucho más a los pacientes. Como resultado, se convirtió en el representante de la «ruptura» (de la buena) en la prensa. La mayoría de la gente está de acuerdo en que la sanidad estadounidense dista mucho de ser perfecta, por lo que su voz fue como un soplo de aire fresco.

Años más tarde, cuando hablé con algunos antiguos empleados de Tullman sobre la venta, muchos describieron su perfil como un factor importante. Si eres el CEO de una gran empresa y te preocupa la falta de innovación, ¿no querrías justamente comprar una empresa conocida por ser progresista? Más que preocuparse por a quién podría molestar, Tullman se preocupaba por estar en el lado correcto de la historia. Y asumió riesgos estratégicos y bien pensados que le concedieron unos beneficios enormes a largo plazo.

También existen otros factores que contribuyen a que el contenido de carácter empresarial nos resulte aburridísimo. El segundo en el que la mayoría de los responsables de marketing con los que hablé estuvieron de acuerdo es la idea que tienen muchas empresas de preservar la «opcionalidad» de un producto. En lugar de contar con una descripción específica, lo que hacen es asegurarse de que, cuando tienen que explicar qué es exactamente lo que están vendiendo, la descripción resulte vaga y ambigua. Así, si en el futuro quieren cambiar y vender otros productos, pueden hacerlo sin que salten las alarmas. Pero el riesgo es el siguiente: si un responsable de marketing describe una empresa como una vendedora de colchones y de repente empiezan a vender almohadas, ¿cómo va a saber nadie lo de las almohadas? La solución para muchas empresas ha sido limitarse a decir que venden «soluciones para el descanso», porque eso, teóricamente, podría incluir cualquier futura línea de productos que saquen. El problema es que los consumidores no compran «soluciones para el descanso», sino almohadas y colchones. Así que la empresa podría irse a pique en el momento en que un individuo se proponga hacer una compra, porque quizás no piensa en primer lugar justo en esa empresa por tener un mensaje demasiado ambiguo. ¿No es mejor que el cliente piense en tu empresa cuando quiera comprarse un colchón y después se lleve una agradable sorpresa al darse cuenta de que también vendes almohadas mullidas? Las empresas no deberían tener como objetivo el mantener todos sus posibles frentes y opciones abiertos. Más bien, al contrario, las empresas deben ser conocidas por un producto concreto, para que sea el primero en el que los consumidores o compradores piensen cuando quieran comprar esa clase de producto.

Según Modano, esto es marketing para principiantes: es mejor que te conozcan por algo que por nada, aunque ese algo no incluya todos y cada uno de los productos que una empresa planea ofrecer algún día. Modano dice que a lo largo de su carrera ha visto cómo las empresas se acababan olvidando de esto constantemente.

Casper, por ejemplo, es una empresa que empezó vendiendo colchones. Ahora tiene una línea de muchos otros productos para el descanso, incluidas almohadas, pero si miramos su página web podremos ver que sigue haciendo hincapié en sus colchones, porque de ahí es de donde obtiene la mayor parte de sus ingresos. Uno de sus fundadores, Neil Parikh, me comentó que se trataba de una estrategia de marketing que habían planeado desde el principio: «Queríamos que la gente pensara en nosotros como una marca de descanso porque normalmente solo cambiamos de colchón cada siete o diez años», dijo. «Pero también sabíamos que cuando estuvieran en el mercado y comparando colchones, debíamos ofrecerles el mejor producto de todos y asegurarnos de que confiasen en nosotros. Así que era esencial que la gente pensara en nosotros por nuestros colchones, y que encabezásemos la lista de los mejores colchones de *Consumer Reports*, cada año, incluso mientras trabajábamos en otros productos o líneas».

¿El tercer factor? Los departamentos de marketing suelen rehuir de las historias porque estas tienen un toque mucho más divertido y entretenido, lo que no encaja en absoluto con los estándares que dan los consejos de administración y otros ejecutivos, porque no cumplen inmediatamente con sus objetivos empresariales. Un ejemplo clásico de este problema: las historias tienen tramas que suelen incluir héroes y villanos. Para animar al héroe, el público debe entusiasmarse cuando se le da la oportunidad de hacer algo bueno. Pero muchas empresas no quieren ser el héroe si eso significa granjearte un enemigo, y muchos de los fundadores y ejecutivos con los que hablé para este libro harán hincapié en la importancia de mantenerse positivos y optimistas ante cualquier situación. A veces ni siquiera quieren hablar en serio de los problemas a los que han tenido que enfrentarse. Así que las historias que cuentan intentan complacer a todo el mundo y solo hablan de lo positivo. Pero si es oro todo lo que reluce, ¿para qué necesitamos soluciones?

David Stillman, experto en software de ventas y marketing, que también asesora a sus clientes sobre estrategias eficaces para contar historias, suele decirles a las empresas con las que trabaja que encuentren un enemigo, suponiendo que exista uno claro. Puede tratarse de una tendencia general o de una empresa concreta. Existen muchas formas de lo más inteligentes de encontrar a tu enemigo.

Un ejemplo que suele utilizar para explicar su idea del «enemigo potencial» es el de Salesforce, porque es una de las mayores empresas del mundo de software empresarial. La mayoría de los clientes de Stillman son empresas emergentes que algún día podrían competir con Salesforce, lo que significa que tendrán que convencer a los clientes para que se cambien a comprar sus sistemas de software. Pido disculpas por adelantado por si alguien que esté leyendo este libro trabaja en Salesforce, pero voy a meterme con la empresa por un momento. Dado que es el gorila de 326 kilos del mundo del software de ventas y marketing, uno podría imaginarse que el fundador de una nueva empresa argumente ante los potenciales clientes que Salesforce se creó hace décadas y que sus sistemas ya no sirven para nada al empresario medio de hoy en día. Ese sería el momento ideal para pasar a mostrar el producto que está tratando de vender. «Reconoces que no quieres resignarte a permanecer sumido en el *statu quo*», dijo Stillman. «Y luego pintas un cuadro sobre cómo lo que estás vendiendo puede facilitarles muchísimo la vida».

Incluso si las empresas se limitan a dar aunque solo sea ese primer paso (nombrar a su enemigo, ya sea Salesforce o cualquier otra empresa), ya estarán consiguiendo progresar y se situarán por delante de la mayoría de sus competidores. Una vez que la gente tiene una causa o una empresa a la que enfrentarse, a poder ser una con la que ya han experimentado interacciones negativas con anterioridad, se abre la posibilidad de ir a mejor en el futuro. Esta poderosa narrativa siempre ha existido fuera del mundo empresarial, en libros y películas. Hay una sencilla razón por la que este tipo de historias («mata al dragón y llega a la tierra prometida») siguen siendo tan populares: porque funcionan. Para saber más sobre las narrativas que funcionan, acuérdate de las tramas de Christopher Booker de las que hablamos en el capítulo 2.

Sin embargo, a la hora de elegir un enemigo, es de vital importancia escoger el adecuado. En mi opinión, es preferible apuntar a grupos o sectores que a personas individuales. Las empresas o grupos de empresas pueden hacer cosas malas o fabricar productos que los clientes utilicen de mala manera, pero en ellas suelen trabajar buenas personas con las mejores intenciones. Si alguien critica directamente a un individuo, puede dar la sensación de ser un matón, como si estuviese yendo a por él directamente. Y resulta bastante desagradable cuando, como sociedad, vemos a una persona atacando a otra. Esto es especialmente cierto en el caso de los personajes públicos, a los que muchos consideramos un blanco fácil. Pero todos somos humanos y nos pueden afectar los ataques personales de igual manera, seamos conocidos o no.

Así que elige un enemigo, aunque sea uno tan amplio como el *statu quo*, porque el positivismo implacable rara vez es la táctica adecuada para atraer al público.

La proporción áurea

Volviendo a Mauskopf, fundadora de Winnie, la clave para establecer su audiencia consistió en mantenerse humilde y reconocer que necesitaba salirse un poco del camino que se había pautado desde un principio para informar a la gente u ofrecer algo que les conmoviese o les hiciera reír. En un mundo en el que parece que todos están compartiendo constantemente actualizaciones sobre su vida personal y profesional, ¿cómo se puede destacar? Si estás pensando en dar un paso adelante, deberías plantearte las siguientes preguntas: ¿Cuál es el ritmo adecuado? ¿Cuánto es demasiado? ¿Qué es lo que merece la pena compartir para atraer la atención de los demás? Mucha gente comparte en sus redes sociales todos y cada uno de sus logros. Pero una vez que interiorices la idea del efecto foco, verás que esta estrategia no te llevará muy lejos. Estos narcisistas que comparten todo lo que les sucede en sus vidas pueden conseguir captar la atención de algunos seguidores, pero la mayoría optará por ignorarlos, porque no les han dado ningún motivo para prestarles atención. De hecho, alardear demasiado sin aportar nada de contexto ni valor no solo es inútil, sino que puede resultar contraproducente a la hora de crear una marca. La autopromoción excesiva resulta increíblemente molesta, no solo en el mundo digital, sino también en el mundo real.

En 2014, un equipo de investigadores de la Universidad de la City de Londres les pidió a un grupo de setenta y cinco personas que tratasen de hacer memoria para recordar alguna ocasión en la que se hubiesen promocionado a sí mismas y otra en la que hubiesen visto a otra persona presumir de sus logros. A continuación, se les pidió que calificaran lo pedantes y molestas que les habían resultado estas publicaciones. Como era de esperar, la gente concluyó que les molestaba mucho menos cuando eran ellos los que se autopromocionaban que cuando tenían que ver cómo otra persona presumía de sus logros. Los investigadores también les pidieron que crearan un perfil en las redes sociales. A la mitad se les pidió que fueran agradables con sus seguidores y a la otra mitad no se les dio ninguna pauta. Quedó reflejado que las personas dentro de esta segunda categoría tendían mucho menos a autopromocionarse y, por tanto, sus perfiles obtuvieron respuestas más positivas de los participantes en el estudio que los perfiles de las personas que intentaban ser agradables con todo el mundo. Es posible que los participantes supusieran que ser agradable con todo el mundo significaba autopromocionarse, pero en realidad era justo lo contrario. Los investigadores establecieron que «En general, consigues mucho más que el público y tus seguidores te vean de forma favorable cuando eres modesto que cuando estás autopromocionándote constantemente, o incluso denigrándote, porque alardear constantemente de las cualidades positivas de uno resulta contraproducente».

En conclusión: muchos no somos conscientes de cuándo estamos exagerando y del impacto que esto tiene. Puede que veamos que la gente le da a «me gusta» en nuestras publicaciones, por lo que nos da la sensación de que a nuestros seguidores les gusta de lo que estamos hablando, cuando, en realidad, lo que la gente suele tender a hacer es a criticarse al ver esa clase de publicaciones, comparándose con los demás. Cuando dos empresas de creación de contenidos y comunicación, Buzzstream y Fractl, les hicieron una encuesta a 900 personas, descubrieron que la principal manera en la que una empresa puede acabar entablando una relación negativa con sus seguidores y clientes es autopromocionándose en exceso. Y lo mismo ocurre con las personas.

Reconozco que esta idea puede parecer contradictoria porque mucha gente asume que es justamente en las redes sociales donde debemos presumir de nuestros logros. Y justamente por eso es posible que la gente acabe exagerando o publicando demasiado a menudo sobre sus logros y objetivos. Pero la gente también busca leer publicaciones más perspicaces e informativas, unas que tengan una audiencia clara en mente cuando se escriben y que suponen muchas menos desventajas de las que podríamos imaginarnos a priori.

Lo que más me molesta son esos *selfies* que cuelga todo el mundo últimamente en Facebook o LinkedIn con un pie de foto que pretende hacerles sonar profundos e inteligentes, como «Nuestra mayor aventura es la evolución de la conciencia», cuando está claro que lo único que querían era compartir una foto junto a una cascada en la que pensaban que salían muy guapos. Todos podemos tener esos momentos en los que queremos quedar por encima de los demás o que nos piropeen, pero ¿por qué no hacerlo con una intención clara desde el principio? A lo mejor solo queremos que nos digan lo bien que nos hemos peinado ese día o lo mucho que les gusta cómo nos queda el conjunto que nos hemos puesto para sacarnos esa foto (yo, de hecho, a veces comparto mis #ootd o mi «conjunto del día»). Y a la mayoría nos gusta leer las breves actualizaciones diarias que comparten nuestros contactos y amigos de redes, porque nos puede resultar útil saber dónde han acabado teniendo en cuenta el camino que estaban siguiendo.

Por otro lado, estas actualizaciones casi siempre nos gustarán más si conocemos el contexto y la razón que han llevado a esas personas en concreto a seguir ese camino, porque así nos interesaremos por sus avances. Si haces reír a tus seguidores, les cuentas algo que has aprendido o compartes un consejo que podrían haber tardado horas en descubrir por sí mismos, estás recompensando su atención con algo útil. Incluso las fotos de #ootd pueden resultarnos útiles, sobre todo si incluyen un consejo sobre cómo vestirnos, por ejemplo. Para muchos de nosotros, seguir cuentas de *street style* y moda es uno de nuestros pequeños placeres.

Los mejores resultados siempre los obtendremos si dejamos de lado el «yo, yo, yo» constante. Tenemos que pensar más en nuestro público y no solo en el trabajo que estamos haciendo o en los objetivos que estamos cumpliendo, y debemos contarles una buena historia, para lo cual deberemos tener en cuenta dos aspectos esenciales: a nadie le interesamos tanto como para estar pensando constantemente en nosotros, y a nadie le interesaremos nunca tanto a menos que encontremos el modo de compartir con nuestra audiencia algo que pueda resultarle útil o divertido. Esto es un toma y daca, tienen que salir ganando ambas partes.

Esto nos lleva al concepto de «proporción áurea» de las publicaciones en redes sociales: la regla 9:1. Esta fórmula se me ocurrió justo cuando estaba empezando mi carrera, cuando acababa de empezar a trabajar usando constantemente las redes sociales. Y no la he cambiado en más de una década, simplemente porque funciona, y la comparto a diario con las empresas a las que asesoro.

Allá vamos: *Por cada publicación en la que presumas de haber logrado cumplir algún hito u objetivo, comparte nueve que puedan resultarle útiles a tu audiencia de alguna manera.* Piensa en qué puedes compartir con ellos que vaya a serles de utilidad; puede ser algo interesante, valioso o incluso entretenido, hasta un comentario gracioso vale. A veces puede resultar bastante útil compartir algo positivo que te ha ocurrido a nivel personal o profesional (lo entiendo perfectamente), pero si sigues esta fórmula no parecerás un egocéntrico o un ególatra más. Las empresas también tienden a hacer justamente eso: ¿alguna vez has consultado el perfil de LinkedIn de un CEO y no has visto más que actualizaciones sobre hitos de financiación, victorias de clientes y contrataciones clave? Es importante compartir estas cosas de vez en cuando, para mantener la moral de la empresa y la validación externa, pero si solo se comparten esta clase de contenidos se acaba perdiendo la oportunidad de compartir publicaciones, datos o comentarios que puedan «nutrir» a tu red y su interés.

Si hay algo con lo que quiero que te quedes de este capítulo, es lo siguiente: para contar una buena historia, tanto por internet como en la vida real, es importante pensar en lo que tu audiencia quiere y necesita. Muchos, a medida que vamos avanzando en nuestras vidas, agradecemos que alguien nos cuente algo que, de otro modo, quizás jamás habríamos descubierto; esa información que nos puede ayudar a hacer mejor nuestro trabajo, a aprender algo nuevo o a sentirnos menos solos.

Si logras suplir esa necesidad, tu público te verá como un buen narrador.

Pero ¿qué clase de contenidos deberías compartir? Aquí te dejo algunos ejemplos:

- Una anécdota divertida y personal que hará reír a quien lo necesite.
- Tu opinión sobre lo que está ocurriendo en el mundo y de lo que se habla en las noticias, algo que los profesionales del sector encontrarían útil.
- Un análisis que explique un tema complicado de forma accesible o describa paso a paso cómo lograr algo.

Por ejemplo, cuando el Gobierno de Joe Biden elogió a Kaitlin Christine, una CEO a la que conozco, por el trabajo que había hecho su empresa en la detección precoz del cáncer de mama, decidí compartir la noticia con mi comunidad, aunque después de echarle una mano para reformularlo. Al principio escribió que era un hito importante, y describió lo honrada que se sentía sin entrar en muchos detalles. Como conocía un poco su historia, le pedí que contara un poco cómo se sintió en el momento en que la Casa Blanca la reconoció por su esfuerzo y lo que significaba para ella. La empresa de Christine, Gabbi, fabrica software para la detección precoz del cáncer de mama. La puso en marcha tras perder a su madre cuando todavía era muy joven justamente por culpa de esta enfermedad. Tras hacerse ella también las pruebas de detección, Christine acabó sometiéndose a una doble mastectomía porque, teniendo en cuenta su perfil (genética, antecedentes familiares, etc.), era bastante probable que ella también acabase desarrollando esa misma enfermedad. Por eso, cuando la administración Biden la reconoció por su trabajo, tuvo la sensación de que por fin había logrado algo grande, y de que su madre se sentiría increíblemente orgullosa si la pudiera ver. Una vez reformulada su publicación, para hablar de lo importante que fue para ella la experiencia de forma mucho más personal, su mensaje caló hondo entre sus seguidores.

Lo bueno de replantear el contenido de esta manera es que incluso algo promocional, como el haber logrado un objetivo importante o una nueva contratación, puede convertirse en algo útil para tu red o un instante en el que poder conectar con ellos e incluso con más gente. De este modo, el espectador pasa de ser un «me gusta» más a un verdadero aliado o alguien que confía plenamente en ti. Los «me gusta» se convierten en comentarios y «compartidos» y, lo que es más importante, en apoyo.

De verdad que me encanta cuando un CEO no habla solo de lo que ha logrado con su trabajo y actividades diarias, sino que también explica cómo lo ha conseguido. Algunas personas se refieren a esta tendencia como «desarrollar algo sin un objetivo». Imagínate un escenario en el que un CEO no se limita a publicar algo sin más en LinkedIn sobre el nuevo director de tecnología increíble al que acaba de contratar. ¿Qué tal si, en lugar de eso, comparte cómo encontró a este candidato estelar? ¿Qué herramientas utilizó para ello? ¿Contrató a un reclutador y, en caso de que fuese así, a quién? ¿Qué tipo de preguntas le hicieron en la entrevista para evaluar la destreza técnica de cada candidato? ¿En qué zonas geográficas se centraron? Tal vez podrían incluso recabar toda esta información en un documento de Google Docs o en una página de Notion para que todo el mundo pudiese acceder a ella. Del mismo modo, en lugar de anunciar una ronda de financiación de capital riesgo, el equipo directivo de una empresa podría hablar de cómo han sido capaces de recaudar dinero, sobre todo cuando les ha costado tanto tiempo conseguir financiación. En el capítulo 3, hablamos del valor de ser auténtico, y es algo que funciona especialmente bien porque muestra nuestro lado más vulnerable o les demuestra a los demás cómo pueden utilizar esa vulnerabilidad dentro del ámbito laboral para salir ellos ganando también.

Si sigues la proporción áurea 9:1 de la que te acabo de hablar, la gente se interesará también por las publicaciones en las que salgas echándote flores y hablando de tus logros. Es importante compartir esa clase de publicaciones de vez en cuando, porque al sector le interesa también estar al día de lo que estás haciendo. Lo importante es utilizar también tu voz para *devolverle* algo a tu comunidad. Si los demás te ven como una buena fuente de información y una buena influencia, te seguirán y se interesarán por lo que hagas.

El poder de la repetición

¿Qué pasa si te falta tiempo para pararte a pensar en ideas de contenido original para compartir con tus seguidores? Bueno, es comprensible. Todos tenemos una vida ajetreada y el tiempo para pararnos a pensar en esa clase de cosas escasea. Pero si te has topado con algo que te parece increíble y crees que merece la pena compartirlo con todo el mundo, te contaré un secreto: deberías compartirlo varias veces.

De esa forma conseguirás varios objetivos: eso hace que tu contenido sea más frecuente y relevante (publicar asiduamente sirve para aumentar el número de seguidores y el alcance) y garantiza que tu público objetivo lo vea. Es perfectamente aceptable compartir varias veces la misma idea, sobre todo si lo haces de distintas formas. Si te paras a observar a narradores tan eficaces como Mark Cuban o Steve Jobs, o realmente a cualquier político, te darás cuenta de que tan solo tocan unos cuantos puntos muy concretos y utilizan las mismas frases una y otra vez. También me he dado cuenta de que algunas personas conocidas y respetadas, como la experta en desarrollo infantil, la doctora Becky Kennedy, o el experto en longevidad, el doctor Peter Attia, crean un único contenido útil y lo que hacen es narrarlo de distintas maneras en sus distintas redes sociales. Puede que esto nos resulte repetitivo, pero así es como vamos a conseguir maximizar nuestro alcance. El contenido sigue pareciendo fresco, aunque sea una nueva versión de una vieja idea.

La razón de que esto funcione tan bien se remonta al efecto foco. No des por sentado que la gente está pendiente de cada una de tus palabras. Si te oyen decir algo, probablemente sea la primera vez que lo hagan, aunque tú sepas perfectamente que llevas repitiendo ese mismo mensaje desde hace ya un tiempo. Puede que ya te hayan oído decir eso mismo en otro lado, pero que se hayan olvidado. Aunque lo más probable es que nunca te lo hayan oído decir.

Los investigadores han descubierto que la repetición está asociada a la formación de la memoria, lo que significa que es más probable que una información se nos quede grabada en la mente cuanto más la oigamos. Las buenas historias y los puntos importantes que contienen están pensados para ser repetidos y recordados. Por algo volvemos una y otra vez a nuestros libros y películas favoritos. Eso es cierto en la vida real y en las redes sociales. De nuevo, no tienes que repetir literalmente el mismo mensaje. Si estás destacando un artículo que publicaste recientemente o un *podcast* en el que apareciste, busca el momento exacto para hacer el mismo comentario o compartir el mismo enlace, pero dándole un giro. ¿Podrías destacar una cita diferente esta vez? ¿O hacer un comentario sobre lo más impactante o sorprendente que aprendiste mientras escribías el artículo o grababas el *podcast*?

Esto coincide con otro punto del que te quería hablar. No presupongas que la gente ya sabe lo que vas a decir. Cuando pienses en lo que quieres compartir (y lo ideal es que lo hagas muchas veces), ten en cuenta que la mayoría de nosotros vivimos en una burbuja. Hay muchas cosas que no sabemos. Puede que algunas personas sean expertas en el tema del que quieres hablar, pero no por eso tienes que dejarte en el tintero aquello que a los expertos les resultará obvio. Los demás apreciaremos lo que compartas si nos aporta algo de valor. Es algo que he aprendido de primera mano gracias a mi trabajo. Hace unos quince años, trabajé dentro del sector sanitario. Y, durante ese periodo de tiempo, compartí con mis redes toda clase de información interesante, siempre haciéndola accesible, y fueron justo esas publicaciones las que más compartidos y comentarios consiguieron. Cuanto más nueva sea la idea que vas a compartir, menos gente habrá hablado del tema.

Puede parecer algo obvio, pero todos tenemos el impulso de parecer expertos en el tema del que estamos hablando. Me gusta recordarme a mí misma que, aunque algunos de mis seguidores también han tenido que experimentar el sistema sanitario estadounidense de primera mano como yo, la mayoría no lo ha hecho. No dejes que la posibilidad de que una persona haga un comentario malintencionado (como «Eso ya lo sabemos») te impida compartir algo importante con el resto del mundo. Incluso los expertos tienen puntos ciegos y lagunas. Personalmente, he recibido muchos comentarios de este tipo en la última década, así que soy consciente de la gran cantidad de *mansplainers* (personas, normalmente hombres, que se hacen los expertos de un tema aunque no lo son) que hay en internet. Pero cuando alguien me comenta algo así, suelo encogerme de hombros y responder: «Pues sí, pero sigue siendo importante y es algo que no ha cambiado en todo este tiempo, así que merece la pena repetirlo para dejarlo claro».

La otra ventaja de compartir cosas aparentemente obvias pero importantes, idealmente con cierta regularidad, tiene que ver con el *sesgo de recurrencia*, la idea de que la gente le da más importancia a los acontecimientos del pasado reciente que a los históricos. Un ejemplo podría ser el del directivo que promociona a un empleado que ha completado con éxito un proyecto importante, mientras que se olvida de otro empleado que habría sido más constante en su trayectoria durante más tiempo. Todos somos culpables de haber hecho al menos una vez algo por el estilo. El cerebro humano tiende a recordar siempre lo último que hemos leído o la última persona con la que hemos interactuado y, para que lo entendamos mejor, el último dato de una lista.

Así que, cuando entras en un sitio como LinkedIn para ver lo que han subido tus contactos o te pones a cotillear en Facebook, te tropiezas con la última publicación de alguien y te entran ganas de ponerte en contacto con esa persona, eso es justamente de lo que hablamos cuando nos referimos al *sesgo de recurrencia*. Como periodista, me he dado cuenta de que me daba mucha más pereza tener que entrevistar a una persona a la que iba a tener que buscar expresamente. En su lugar, acudía a la persona de la que había visto una publicación hacía poco tiempo, alguien que pudiera tener algunas ideas que compartir sobre un tema del que estaba escribiendo algún artículo. Del mismo modo, muchos de los periodistas con los que trabajé buscaban a personas que publicaban sobre un tema en concreto y ya decidían si las entrevistaban en función de si tenían alguna idea relevante o única.

Esa es otra de las razones por las que publicar de forma regular puede ser de lo más beneficioso.

La prueba del alumno de sexto de primaria

Cuando me pongo a investigar por internet a diferentes empresas, me encuentro a menudo perpleja al intentar averiguar qué es exactamente lo que hacen. ¿Qué es un «software de capacitación de ventas»? ¿O un «portal de ventanilla única para proveedores»? Estas son descripciones muy reales de empresas muy reales, empresas con grandes presupuestos de marketing. Y si sabes qué es exactamente lo que quieren decir que hacen con eso, enhorabuena, eres mucho más inteligente que yo.

Por eso siempre les hago a las empresas que se ponen en contacto conmigo «la prueba del alumno de sexto de primaria», que es completamente distinta de «la prueba del desconocido». El examen viene a decir más o menos esto: ¿Podrías explicarle a un niño de once o doce años qué hace exactamente tu empresa? Y, si la respuesta es que no, ¿por qué no?

Aunque escriba para un público mucho más experto y específico, no está de más hacer de vez en cuando esta clase de ejercicio. La cosa es ver si puedes conseguir con tu discurso que un niño de doce años comprenda lo que le estás queriendo explicar y te preste atención por un momento; si lo consigues, ¡enhorabuena! Al intentarlo, aprenderás que no solo es útil utilizar un lenguaje sencillo, sino también acortar las explicaciones. Recuerda que a un niño de doce años le cuesta centrar toda su atención en un mismo tema durante mucho tiempo, sobre todo si le están diciendo todo el rato lo mismo.

Como dijo Mark Twain: «No tuve tiempo de escribir una carta corta, así que escribí una larga». Comunicar de forma eficaz, concisa y sencilla es difícil, y a menudo lleva mucho más tiempo aprender a comunicar algo de forma sencilla que si tratas de ser mucho más exagerado. Gracias a los distintos editores con los que he trabajado mano a mano durante muchos años, he aprendido que si puedes encontrar una forma más sencilla de decir algo («usar» frente a «utilizar»; «dar» frente a «potenciar»), hazlo. No debería haber diferencia entre cómo habla la gente en el mundo real y cómo se comunica en un contexto empresarial. El hecho de que te dirijas a un cliente o a un colega de trabajo no quiere decir que tengas que sonar como una inteligencia artificial.

Una vez que nos demos cuenta de que no todo el mundo nos está prestando atención constantemente, podremos comenzar nuestra andadura para ser un mejor narrador. Para recorrer la delgada línea que separa la fanfarronería de la contribución, hay que tener en cuenta la proporción áurea. Y si quieres llegar a un público más amplio, tienes que ser conciso, y decir cosas aparentemente obvias, encontrar la forma de aportarle algo de valor a tu comunidad y no temer estar repitiéndote constantemente. Tu contenido no tiene por qué ser perfecto. Prueba a comunicar tus ideas de distintas formas, con un lenguaje sencillo, que hasta un niño de doce años podría entender, y te aseguro que te sorprenderá lo que consigas.

PARTE 3
Cómo percibimos las historias

8

Para bien y para mal

Un gran poder conlleva una gran responsabilidad.

—Proverbio popularizado por Spiderman

Te voy a contar algo, y puede que sea una opinión controvertida: Sam Bankman-Fried era un genio. Antes de ser condenado a veinticinco años de prisión, se presentó como uno de los buenos, alguien que pretendía salvar el mundo con la fortuna que se había labrado gracias a las criptomonedas. Y nosotros, su audiencia, nos tragamos su mentira por completo. Bankman-Fried fue muy conocido durante unos años, incluso llegó a aparecer en las portadas de *Forbes* y *Fortune* gracias a su empresa, FTX. También se hablaba constantemente de él en las secciones de cotilleos de los tabloides, y se le sacaron fotografías codeándose con famosos como Kate Hudson, Katy Perry y Orlando Bloom. ¿Cómo nos vamos a olvidar del anuncio de «¿Te apuntas?» con Tom Brady y su entonces esposa, Gisele Bündchen, animándonos a utilizar criptomonedas en vez de una moneda de verdad para mandarles dinero a nuestros amigos? Al parecer, la pareja recibió hasta 30 millones de dólares en criptomoneda y acciones de FTX como parte de su acuerdo para promocionar la empresa.

Pero entonces todo se vino abajo. A finales de 2023, Bankman-Fried fue declarado culpable de haber robado a sus clientes en uno de los mayores escándalos financieros de la historia. Si no te acuerdas de lo que ocurrió, te lo resumo: se apropió indebidamente de miles de millones de dólares que sus clientes habían depositado en fondos de FTX, defraudó a cientos de inversores y a prestamistas de Alemeda, su empresa de comercio de criptomonedas, robando en total más de 1300 millones de dólares, según el Tribunal de Justicia. Más tarde, en la primavera de 2024, se le condenó a que pagase 11.000 millones como compensación por sus delitos. La fiscalía argumentó durante el juicio que la empresa de intercambio de criptomonedas de Bankman-Fried, FTX, era esencialmente una enorme estafa que estaba destinada a desviar grandes cantidades de dinero de los clientes y destinarlo a bienes raíces, inversiones de riesgo y donaciones políticas, algo con lo que el jurado del juicio estuvo de acuerdo después de ver todas las pruebas.

Pero ¿cómo pudo ocurrir algo así? Todo empezó cuando Bankman-Fried se puso a recaudar dinero en 2021, obteniéndolo de algunos de los fondos más importantes del mundo, como Tiger Global y Sequoia Capital, valiéndose de sus propias credenciales como licenciado del Instituto Tecnológico de Massachusetts (MIT) y con unos respetados profesores de Derecho de Stanford como padres. Se aseguró de que le vieran junto a líderes políticos y famosos, reforzando aún más la idea de que sus negocios eran legítimos. Se dirigió a empresas de capital riesgo y se las ganó al hablarles del potencial de inversión en un sistema de intercambio financiero que cualquiera podría usar, sin importar dónde estuviese o la divisa que se utilizase en su país de origen. En Sequoia llegaron a publicar un artículo bastante largo en el que hablaban de la posibilidad de que Bankman-Fried se convirtiera en el primer billonario del mundo, un artículo que tiempo después borraron, pero ya hablaremos de eso más tarde.

A medida que salieron a la luz más detalles del caso en 2022, la opinión pública sobre Bankman-Fried cambió por completo. Las acusaciones a su empresa, a su equipo y a su junta directiva se fueron acumulando una tras otra, mientras muchos se preguntaban cómo Bankman-Fried podía haber llevado a cabo una estafa de tal calibre sin que sus inversores, socios clave y empleados lo supieran. Bankman-Fried había recaudado decenas de millones de dólares de algunas de las instituciones financieras más prestigiosas del mundo. ¿Cómo era posible que nadie se hubiese dado cuenta de que les estaban robando frente a sus narices? Muchos seguimos preguntándonos, incluso hoy en día, si es que Silicon Valley no había aprendido nada del escándalo que tuvo lugar una década antes, cuando la CEO Elizabeth Holmes estafó a los inversores de Theranos difundiendo mentiras sobre la tecnología de análisis de sangre de su empresa.

En mi opinión, todas las quejas y acusaciones se dejaron algo en el tintero: Bankman-Fried consiguió algo espectacular. Puede que fuera un delincuente, pero era un narrador increíble, y pasará a los anales de la historia por ello. Convenció a mucha gente muy inteligente para que le apoyara en su proyecto, en gran medida por las historias que les contaba, su estilo de vida y la clase de personas que le rodeaban. Tras un análisis un poco más exhaustivo, está claro que Bankman-Fried se apoyó en las tramas clásicas de una buena historia al ponerse en la piel de un protagonista al que todos hemos aprendido a querer a través de los libros y las películas. Harry Potter, de J. K. Rowling (al menos en los primeros años en Hogwarts, antes de que se convirtiera en un jugador de Quidditch), nos enseñó a no subestimar nunca al empollón tranquilo y desaliñado que está destinado a convertirse en alguien grande.

Bankman-Fried se metía en esa clase de personaje cada vez que se le presentaba la ocasión, y lo interpretaba a la perfección. Aparte de su afición a los videojuegos, era conocido por apoyar a diversas causas benéficas. Cuando vivía en las Bahamas, por ejemplo, habló abiertamente de que quería pagar la deuda nacional del país, de 11.000 millones de dólares. Se ganó la confianza de muchos de los políticos donando a sus campañas y abogó ante el Congreso por que se empezase a regular el uso de las criptomonedas como moneda de uso corriente. Todo lo que ocurrió con FTX deja en evidencia que ninguna gran historia podrá sobrevivir al paso del tiempo si no cuenta con unos protagonistas reconocidos que nos hagan recordarla incluso años después de que suceda.

«Bankman-Fried le presentó al mundo todo un conjunto de oportunidades, así como una imagen extremadamente cuidada», afirma Susanna

Kislenko, una investigadora de Oxford (Reino Unido) que estudia el funcionamiento del liderazgo entre los líderes empresariales, incluidos los casos de fraude más sonados. «Y él, en particular, lo hacía de una forma increíblemente coherente».

¿Qué hizo exactamente? Bueno, permíteme plantearte una pregunta hipotética para empezar: si fueras un CEO y solo pudieras depender de una de estas dos herramientas para triunfar, ¿cuál elegirías? ¿Una historia increíble o un producto increíble?

Cuando empecé mi carrera, estoy segura de que me habría decantado por la segunda: un producto increíble es indispensable para el éxito de una empresa. Pero, tras unos años estudiando a los mejores narradores del mundo, ahora diría justo lo contrario. Me quedaría con la historia increíble y aprovecharía el impulso que esta me daría para crear un producto que estuviera a la altura. He visto demasiados ejemplos en los que la empresa que más vende dentro de un sector no es justamente la que más capital de inversión o mejor producto tiene. Es la empresa con la mejor historia y un producto lo *suficientemente bueno*.

En un escenario ideal, un líder tendría ambas cosas. Una buena historia es la vía más rápida hacia el éxito, sobre todo si además cuenta con un buen producto que la respalde. Ese es el sueño de la mayoría de las empresas, y con razón. «Los mejores empresarios se basan en los números y los relacionan con la historia», afirma Steve Kraus, inversor de capital riesgo de la firma Bessemer Venture Partners. «Los peores cuentan la historia y los números no se ajustan a ella, y entonces, cuando pensamos si invertir o no en ella, tenemos que investigar profundamente los datos y su historia para ver cuál de los dos miente».

Dicho de otro modo, y tomándole prestada la definición al inversor y músico D. A. Wallach, «Las mejores empresas tienen tanto sustancia como *sex appeal*».

Y, aun así, sigo viendo que las empresas continúan subestimando el verdadero potencial de una buena historia en muchos sectores distintos o, peor aún, reescriben su historia y pretenden que su producto se venda por sí solo. Helen Min, la ejecutiva de marketing tecnológico que trabajó en Dropbox, así como para otras empresas tecnológicas como Facebook y Quora, ha dicho en más de una ocasión que muchas de las personas que trabajan en Silicon Valley creen que Google es una de las empresas más exitosas que han existido, por preocuparse solo por la ingeniería del producto que ofrecen y no estar siempre pendiente de su publicidad y de sus comunicaciones. Google se ha granjeado un éxito rotundo, y se ha convertido en una de las empresas más grandes del mundo. Y si a Google no le importa el hecho de contar una buena historia y, aun así, ha tenido éxito, ¿por qué las demás empresas deberían preocuparse por la historia que cuenten?

Pero no podrían estar más equivocados.

David Krane fue uno de los primeros 100 empleados de Google, y actualmente trabaja en Alphabet. También fue el primer responsable de comunicación, contratado personalmente por Larry Page y Sergey Brin porque estaban convencidos de que Google solo conseguiría vencer a sus competidores, como Yahoo y Microsoft, si contaba con una historia impactante. Antes de trabajar en Google, Krane estudió periodismo y perfeccionó sus conocimientos trabajando en empresas tecnológicas como Qualcomm y Apple. Rápidamente se convirtió en la «voz de Google», ayudando a dar forma a todas sus comunicaciones.

Krane me dijo que los dos fundadores sabían que una buena historia sería fundamental para el éxito de la empresa, tanto para vencer a la competencia como para permanecer como líder del mercado. Un ejemplo de esto es el S-1 de Google, en referencia a la documentación financiera que las empresas presentan durante una OPV. Page y Brin tuvieron la novedosa idea de escribir una carta sobre la misión de la empresa, dirigida a los accionistas de Google. La primera frase, «Google no es una empresa convencional», indicaba que los fundadores buscaban atraer a gente que creyese en su proyecto a largo plazo y que comprendieran el potencial. En el documento, les contaron que desde el principio habían tenido la intención de montar una empresa que ayudara al mayor número posible de personas y que tuviese un impacto real en el mundo. Reconocieron que no pretendían conseguir ingresos a corto plazo con Google. ¿Qué querían lograr, entonces? Dejaron claro que no dudarían en arriesgarse, siempre y cuando la recompensa fuese igual de alta que el riesgo, y para ello financiaron proyectos con un 10 % de posibilidades de ganar 1000 millones de dólares a largo plazo y animaron a sus empleados a dedicar el 20 % de su tiempo a trabajar en ideas que pudiesen beneficiar a la empresa en un futuro.

La carta tuvo mucho éxito a la hora de atraer a los nuevos inversores que andaba buscando, porque afirmaba abiertamente que no todo el mundo encajaría bien en Google, pero que aquellos que estuvieran dispuestos a pensar a lo grande y asumir riesgos serían bienvenidos. Fue una apuesta inteligente y calculada, porque la mayoría de los inversores apostaron por este proyecto pensando que podrían conseguir una rentabilidad aún mayor. Y eso también le daba a Google cierta cobertura, al menos desde el punto de vista de la comunicación, si al final la apuesta no salía como tenían previsto. Esta carta fue poco convencional en su momento, pero hoy en día muchos más equipos intentan granjearse el favor de Wall Street mucho antes de la OPV, compartiendo historias sobre el negocio para despertar el entusiasmo entre los inversores de valor frente a los que buscan ganancias a corto plazo.

«Estas personas dedicaban un tiempo y un compromiso desproporcionados a apoyar la marca y su historia», afirma Krane. «Así que cuando oía a la gente describir a Google como una empresa tecnológica y nada más, no podía evitar discrepar».

Lo que hicieron los fundadores de Google para elevar la historia de la marca fue realmente encomiable, fijándose hasta en los detalles más pequeños. Krane dijo que los fundadores incluso eligieron la palabra «Google» intencionadamente, sabiendo que era un error ortográfico de la palabra «googol» en inglés y «gúgol» en español (que se refiere a un número muy grande; en términos matemáticos, el número uno seguido de 100 ceros). Larry Page y Sergey Brin sabían que esto provocaría que la gente hablase y que el nombre sería fácil de recordar, y que en algún momento la gente ya ni se fijaría en él. Y eso es exactamente lo que ocurrió. Google fue una de las primeras empresas en tener un nombre que acabó convirtiéndose en verbo, haciendo referencia a la idea de utilizar internet para buscar información sobre algún tema concreto. Eso ayudó a que la empresa dominase por completo el sector, ya que la gente empezó a «googlear» las cosas de forma automática cuando necesitaban buscar información. Y Google también cumplió con lo que había prometido en cuanto a producto y experiencia de usuario: la mayoría de nosotros confiamos en Google porque sabemos que funciona.

Tener una historia poderosa puede hacer tener éxito a cualquier negocio. Y Sam Bankman-Fried parecía entenderlo mejor que nadie.

He aquí la lección más importante de la debacle de FTX: una gran historia puede llevarte muy lejos, pero no hasta el final. Si eres un fraude, no importa lo buena que sea tu historia, te acabará pasando factura. En algún momento, el producto tiene que cumplir lo que promete. Tiene que ser un Google, no un FTX. De lo contrario, es poco mejor que un castillo de naipes, lo que significa que una fuerte ráfaga de viento lo derrumbará todo.

Interpretar el papel que toca

Todos sabemos que Steve Jobs se refirió a los narradores como las «personas más poderosas del mundo». Figuras históricas como la Madre Teresa y Mahatma Gandhi utilizaron sus dotes narrativas para ayudar a la humanidad, y sus enseñanzas y frases más famosas se han dado a conocer por todo el mundo. Pero como nos recuerda Nathan Baugh, autor de *World Builders*, un popular boletín de novedades sobre la intersección entre tecnología y narración, los narradores con más talento también pueden ser «dictadores, farsantes y tramposos». Así que volvamos al ejemplo de FTX, porque hay mucho que podemos aprender de su historia. Baugh profundizó un poco más en el análisis de la empresa y llegó a la conclusión de que el truco de Bankman-Fried había funcionado desde el principio por varios motivos.

En primer lugar, su aspecto y su forma de comunicarse lo hacían parecer muy cercano y accesible. Era un hombre realmente inteligente, que sabía mucho sobre las criptomonedas y podía explicarte toda clase de cosas sobre ellas, incluso aquellos aspectos más complicados, de tal forma que cualquiera pudiese comprenderlo. Eso hizo que todos los programas de televisión quisiesen tenerlo como invitado, y todo aquel que quería invertir en criptomonedas empezó a fijarse en él, labrándose cada vez más público.

¿Pero qué más hizo para que su proyecto tuviese tanto éxito desde un principio? Bueno, según Baugh, interpretó el papel del «héroe improbable», como si todo lo que estaba haciendo no fuese para hacerse rico. Una vez más, vemos en acción un popular tópico narrativo: el héroe que se enfrenta a un problema, lo que nos remite a varias de las tramas narrativas de Christopher Booker, entre ellas «Vencer al monstruo» y «La misión». Bankman-Fried representó su propia lucha como una lucha interna. Daba la impresión de no necesitar ni querer realmente todo el dinero que estaba amasando y de sentirse incómodo con todo lo que tenía. A pesar de todas las pruebas en su contra (su fastuoso estilo de vida en las Bahamas, por ejemplo), resultaba creíble que no quería ser así de rico, sobre todo cuando llegó a prestarles dinero a sus competidores, invirtió en empresas que se encontraban a punto de caer en bancarrota gracias a su fondo de criptomonedas y donó grandes sumas de dinero a obras de caridad.

Como dice Baugh, Bankman-Fried jugó muy bien sus cartas, aprovechándose de los estereotipos al «resistirse a la llamada». Los héroes que más admiramos en las fábulas y las novelas siempre tienen un destino estipulado desde su nacimiento, pero luchan contra ello para labrarse su propio futuro. Esa resistencia los vuelve vulnerables y hace que el lector y la audiencia se vean reflejados en ellos. De nuevo, no puedo evitar acordarme de uno de nuestros protagonistas favoritos de todos los tiempos, Harry Potter, que luchaba contra su propio destino como «el elegido». Estos protagonistas resisten y resisten hasta que ya no les es posible negar su destino, momento en el que lo aceptan y se convierten en los héroes que estaban destinados a ser. A veces eso también acarrea que tengan que perder algo por el camino.

¿Sabía Bankman-Fried lo que hacía al intentar asemejarse a un personaje? Tras su condena, desveló algo sorprendente. En una entrevista con un periodista, dejó caer que era plenamente consciente de lo que estaba haciendo en todo momento, como si estuviese jugando a algo. Una noche, cuando estaba hablando por mensajes con la periodista de *Vox*, Kelsey Piper, Bankman-Fried sugirió que era todo un maestro en el arte de decirle a la gente lo que quería oír, aunque fuera totalmente mentira. «¡Uf! He dicho toda clase de disparates a lo largo de mi vida», le escribió en uno de esos mensajes a la periodista. «En realidad, nada de lo que he dicho es cierto... Todo el mundo va por ahí fingiendo que siempre llevan la razón y no quieren ver más allá».

Nada de esto sorprendió en absoluto a Kislenko, becaria postdoctoral del Skoll Centre for Social Entrepreneurship de la Universidad de Oxford, que estudió lo que ella misma denominó el «síndrome del fundador». Kislenko lo define como la obsesión enfermiza que algunos individuos tienen con sus empresas, que a menudo se traduce en una falta de voluntad para abandonarlas, incluso cuando las cosas se salen de madre. Es fácil ver cómo alguien puede quedarse atrapado en sus propias mentiras y acabar creyéndoselas. Esto puede poner en riesgo la salud de la empresa y hacerle perder clientes y empleados, o incluso que el consejo de administración se vaya a pique.

Kislenko, tras asistir a innumerables eventos de promoción de distintas empresas, está convencida de que los fundadores deben convertirse en expertos en contar la versión de la historia que más atraiga a los inversores, porque conseguir capital es fundamental para que una empresa siga creciendo. Bankman-Fried, que recaudó cerca de 2000 millones de dólares, fue uno de los mejores jugadores en este juego. Estos empresarios se vuelven adictos a reunir y acumular cada vez más capital, lo que los lleva a olvidarse por un momento de su verdadero objetivo. El ir acumulando el dinero que les entregan los inversores de capital, sobre todo aquellos que pertenecen a algunos de los fondos de inversión más selectos del mundo, tan solo sirve para aumentar de forma exponencial su ego. Esta clase de fundadores pueden conseguir amasar una enorme fortuna en cuestión de meses, lo que, a la larga, puede hacer que pierdan de vista su objetivo original. Si dedican todo su tiempo y sus esfuerzos a recaudar dinero y no a gestionar su empresa, es fácil que les acaben surgiendo problemas.

El poder del FOMO

La historia de cómo Bankman-Fried cautivó a Sequoia, una de las empresas de capital riesgo más importantes de todos los tiempos, se ha usado para crear una serie documental de HBO que está a punto de estrenarse. A diferencia de la mayoría de las interacciones entre empresarios e inversores, que se producen a puerta cerrada, en este caso sabemos exactamente lo que ocurrió. Y eso es gracias a Sequoia. Después de invertir más de 200 millones de dólares en la empresa, la firma investigó extensamente el perfil de Bankman-Fried y después colgaron el informe en internet.

En 2022, durante el apogeo de Bankman-Fried, Sequoia le pidió al periodista e historiador privado Adam Fisher que le investigase (Fisher, en el artículo, se refiere a él con sus iniciales: «SBF»), así como todo lo que hizo para poner patas arriba el sistema bancario. Fisher pudo interrogar a muchas de las personas clave de esta historia, incluidos Bankman-Fried, empleados de Sequoia y muchos de los amigos íntimos y asociados de SBF. Es de suponer que Fisher también se tomó cierta licencia creativa. A raíz de esas interacciones, se quedó cautivado por FTX y su extravagante CEO. Te dejo por aquí un extracto del artículo, que ya ha sido retirado de la página web de Sequoia, pero que todavía se puede encontrar en el archivo de internet:

> Después de mi entrevista con SBF, no tuve ninguna duda: estaba hablando con un futuro billonario. Fuera lo que fuese lo que les dijese a los socios de Sequoia, está claro que hizo que se enamorasen por completo de él y de sus ideas después de una videollamada de Zoom, y probablemente fuese lo mismo que me dijo a mí, porque yo también acabé encandilado con él. Para mí, fue simplemente una corazonada. He estado hablando

con fundadores e investigando a toda clase de empresas tecnológicas durante mucho tiempo. Llevo toda la vida escribiendo sobre ellas. Y supongo que también, debido a eso, debe de haber algo dentro de mi cerebro, alguna especie de algoritmo o célula, que haga que siempre apueste por empresas con características o patrones similares. No sé por qué lo sé, simplemente lo sé. SBF es un vencedor.

Para ser justos con Fisher, muchas de las personas que llevan saliendo en los medios de comunicación durante muchos años se acaban convirtiendo en increíbles narradores, gracias a las pequeñas cosas y detalles que han ido aprendiendo. A mí misma me han impresionado más de uno con sus historias, sobre todo quienes han hecho escalar a sus empresas. Si somos justos con nosotros mismos, todos hemos tenido a alguien en nuestra vida que encajaba con esa misma descripción, alguien que nos ha prometido la luna, pero que luego no ha hecho nada para bajárnosla. Puede que después de escribir eso le tocase el turno a Fisher de sentirse decepcionado, son cosas que pasan.

Y, sin embargo, todavía sigo sin comprender del todo qué fue lo que pasó.

Cualquier periodista, sobre todo uno experimentado, sabe perfectamente cuáles son las consecuencias y los peligros de poner tu reputación y credibilidad en peligro. Estoy segura de que los periodistas que escribieron sobre Elizabeth Holmes todavía no han dejado que nadie se olvide de ello. Después de leer el artículo de Fisher, me dio la sensación de que comprendía a la perfección el riesgo que estaba corriendo al escribir algo así. Fisher comprendía perfectamente el funcionamiento de las criptomonedas y el mundo de los emprendedores; mucho mejor de lo que muchos de nosotros lo haremos nunca. El mundo de las criptomonedas sigue siendo un enorme misterio y, en gran medida, sigue sin estar regulado. Sigue siendo el salvaje Oeste y mucha gente se aprovecha de ese desconocimiento para enriquecerse a costa de los demás. A pesar de todo ello, Fisher (y, lo que es más importante, debido a la inversión que realizaron los socios de Sequoia) decidió creer en el proyecto. Entonces, ¿qué hizo SBF que podría haberles llevado a pensar que Bankman-Fried era un vencedor? Y, más allá de eso, ¿qué fue lo que cautivó a los inversores de Bankman-Fried para subirse a bordo? El hecho de que ellos apostasen por el proyecto solo logró darle incluso más credibilidad a la empresa, sobre todo porque Sequoia está considerada como una de las firmas más elitistas de todo Silicon Valley.

La conversación que condujo a la decisión de Sequoia de invertir en Bankman-Fried es sorprendente. En primer lugar, Bankman-Fried mantuvo la calma durante la reunión en la que les presentó su proyecto, incluso fingiendo estar indeciso en varios momentos. Dio la impresión de que no necesitaba el dinero, aunque ahora está muy claro que sí. Se comportó como si supiese que, cuando uno necesita reunir capital, nunca es buena idea dar la impresión de estar desesperado por conseguirlo. Cuanto menos necesites el dinero, mejor. Es parecido a lo que ocurre cuando tienes una cita con alguien nuevo o estás conociendo a un nuevo amigo. Tienes que emprender una serie de pasos de baile delicados para no dar la sensación de estar demasiado ansioso, porque de esa manera lo único que puedes conseguir es ahuyentar a la otra persona.

Sin embargo, Bankman-Fried lo llevó al extremo. El artículo nos cuenta que se pasó todo el lanzamiento de su empresa jugando a videojuegos. (Te darás cuenta, a medida que sigas leyendo este libro, de que los videojuegos multijugador los voy a mencionar en varias ocasiones, porque creo que es justamente un terreno de juego que todo buen fundador con ganas de contar una buena historia debería explorar si quiere convertirse en un buen narrador). Sí, has leído bien: Bankman-Fried estaba jugando a *League of Legends* mientras estaba en la reunión de presentación de su empresa con los principales socios de la firma de capital riesgo más respetada del mundo, la misma que ha invertido en Apple, Airbnb, Zoom y Google.

Los empresarios son muy conscientes de esta necesidad de dar la impresión de no necesitar el dinero. Se han escrito docenas de artículos sobre cómo generar FOMO (siglas en inglés de «Fear Of Missing Out» o « miedo a perderse algo») entre los inversores. Muchos de los consejos se reducen a estos tres puntos:

- Crear una sensación de urgencia insinuando que otros fondos están a punto de cerrar el trato.
- Estar dispuesto a retirarse.
- Actuar como si te fuera tan bien que no necesitas el dinero.

Según todos los indicios, Mark Zuckerberg, de Facebook, fue uno de los primeros pioneros del FOMO. Una vez se presentó tarde en Sequoia Capital, en pijama, con una presentación titulada: «Las diez razones principales por las que no deberías invertir».

Si tienes más ofertas de inversión de otras empresas, eso también puede ayudar a aumentar el FOMO. En el caso de Bankman-Fried, había muchos inversores interesados.

Muchas otras empresas (lo admitieran o no) estaban pululando a su alrededor en ese momento, con la esperanza de poder invertir en algo que pudiese cambiarles la vida, la nueva gran empresa.

Otra de las principales razones del FOMO inversor es nuestro arraigado instinto. Como ha concluido el economista de conducta Daniel Kahneman, el dolor de perder una oportunidad es psicológicamente más poderoso que el placer de ganarla. Sequoia no invirtió en Zuckerberg, y una firma como esa debe de saber lo nefastas que serían las consecuencias de no invertir en la próxima empresa transformadora (pero no te sientas demasiado mal por Sequoia, porque la empresa sí invirtió en WhatsApp, que más tarde se vendió a Facebook por 19.000 millones de dólares). Las pérdidas también pueden ser emocionales por otras razones. Imagina que eres un inversor de capital privado que pierde un acuerdo increíble, y recibes una llamada de tus jefes preguntándote si es que te estabas durmiendo en los laureles para no invertir en una empresa que después ha tenido mucho éxito.

El FOMO también crea otro problema, porque favorece a las personas que quieren aprovecharse de los demás, como Bankman-Fried. Con las prisas por no dejar pasar algo interesante, no investigamos todo lo que deberíamos. Es posible que no hagamos todo lo que tenemos que hacer antes de invertir y no utilicemos nuestro pensamiento crítico. El FOMO es una respuesta emocional que nos engaña para que nos comportemos de forma imprudente, y esa es una de las principales razones por las que debemos ser muy conscientes de que nos está nublando el juicio. Siempre debemos mantener la guardia alta, sobre todo cuando alguien nos está hablando de lo poco que les importa o lo poco que necesitan los fondos que podrías invertir en ellos. Si vienen a buscarnos para intentar vendernos su producto o conseguir capital, lo más probable es que estén intentando vendernos humo.

El deseo de creer

Si le echas un ojo a algunos de los casos más sonados en los que los fundadores de una empresa hayan acabado haciendo algo malo, nos queda claro que la gente que en su momento los apoyó, que invirtió en sus proyectos o en su credibilidad de alguna forma, *quería* creerlos. Lo que puedo sacar de aquí es una moraleja positiva. En un mundo que suele ser cruel e insensible, donde le pasan cosas malas a la gente buena todos los días, soy capaz de simpatizar con aquellos que tienden a sentirse atraídos por los héroes del mundo real. ¿Por qué crees que siguen sacando películas de Marvel todos los años? Nos encanta la idea de que exista alguna especie de salvador que sea capaz de cambiar la realidad horrible a la que nos tenemos que enfrentar todos los días, alguien capaz de hacer el bien y arreglarlo todo.

Elizabeth Holmes, la futura salvadora de la industria biotecnológica, cumplía muchos de los requisitos que los inversores andaban buscando, sobre todo para los que carecían de conocimientos o experiencia en el sector sanitario. Holmes, que abandonó los estudios en Stanford, siguiendo en parte los pasos de Steve Jobs, uno de los pioneros más exitosos de la historia, pretendía revolucionar los análisis de laboratorio y transformar la experiencia del usuario a la hora de donar sangre. También fue una mujer CEO en Silicon Valley, un lugar que sigue estando dominado por los hombres hoy en día.

Al igual que SBF, Holmes era todo un personaje. Era un camaleón, capaz de transformar su identidad para satisfacer las necesidades de su empresa. Cuando Holmes no consiguió las inversiones necesarias en Boston para su proyecto biotecnológico, se trasladó a Washington DC y buscó personas con grandes patrimonios y experiencia en los negocios y la política. Decidió mantenerse alejada de los expertos en biotecnología, supongo que para evitar responder a preguntas difíciles sobre su método científico o el funcionamiento de la tecnología que estaba proponiendo. Por aquel entonces, fue también cuando empezó a bajar un poco el tono de voz y a llevar sus característicos jerséis de cuello alto, emulando claramente a Steve Jobs.[33]

Después de hablar con varios de los primeros empleados de Theranos que tengo en mi red de contactos, varios de los cuales han eliminado esa experiencia laboral en concreto de sus currículos, me doy cuenta de que muchos de sus inversores y su equipo la apoyaron porque estaban desesperados por que existiera un mundo en el que Holmes pudiera ser el próximo Steve Jobs, no solo para ganar aún más dinero, sino por sentir que habían invertido su tiempo y su dinero en el próximo bombazo. El éxito de Holmes habría significado que una mujer joven y apasionada, con agallas y descaro suficientes, podría enfrentarse al monstruo que es nuestro sistema sanitario y salir victoriosa. Sus partidarios querían que esa visión inspiradora fuera posible.

Al igual que con los partidarios de Holmes, Bankman-Fried también tenía un gran objetivo por el que se movía. Fue una figura muy conocida dentro de la comunidad de fundadores por haber apoyado a un movimiento conocido como Altruismo Eficaz (AE), un movimiento que se centra en la filosofía de cómo poder ayudar a los demás todo lo que podamos, a menudo cuantificando cuánto bien le podemos hacer a la sociedad. La definición de «ayuda» que da este movimiento depende directamente de un cálculo en torno a la cantidad de ayuda financiera que puede proporcionarse a los necesitados, lo que la vuelve especialmente atractiva para las personas con altos ingresos. Bankman-Fried dejó claro que destinaría toda la fortuna que ganara a causas altruistas. Puede que él mismo llevara un estilo de vida extravagante, pero también parecía donar mucho dinero a organizaciones benéficas (aunque muchas de ellas, como se supo más tarde, nunca recibieron los fondos). Así que, si Bankman-Fried se convertía en el primer billonario del mundo, sus inversores podían imaginar un futuro en el que no solo les haría ricos a ellos también, sino que también ayudaría a millones de personas en el proceso. Por algo se le compara a menudo con Warren Buffett, que ha donado una gran parte de su fortuna a obras benéficas. Apoyando a empresarios como Holmes y SBF, los inversores podrían cumplir sus obligaciones fiduciarias y hacer del mundo un lugar mejor.

La reputación de Bankman-Fried como «multimillonario desinteresado» hizo maravillas por su imagen y su capacidad para recaudar fondos. John Millen, experto en negocios y narración de historias, señaló que su afiliación con la AE también pudo haber «desarmado» a sus inversores para que actuaran con menos racionalidad de la habitual y se tragaran su propaganda durante más tiempo; puede que el FOMO no fuese lo único que influyese en este caso. Como dijo Millen: «Esta historia, al tener un objetivo muy concreto, no hizo saltar mis sospechas, porque claro que lo hizo con la intención de ganar mucho dinero, pero lo hizo por una buena causa. Porque pretendía donarlo». Ese propósito y esa firme misión pueden haber sido dos de los factores que ayudaron a que Bankman-Fried lograse lo que se pretendía desde el principio: le permitieron hacerse con el cariño y las mentes de mucha gente, y puede que le permitieran también eludir el escrutinio durante mucho más tiempo. Lo mismo puede haber ocurrido con Holmes y muchos otros defraudadores.

Sin embargo, para estos fundadores, el bombo debe estar respaldado por algo que amerite lo que están haciendo. Sin eso, cualquier grieta en la fachada podría hacer que se derrumbase todo el castillo que se han montado.

Depender de algunos de los clichés conocidos

Bankman-Fried encaja en una clase de persona muy concreta: el genio empollón. ¿Quién más encaja dentro de esa categoría? Personas tan conocidas como Mark Zuckerberg, Elon Musk y Jeff Bezos. ¿Qué hemos aprendido en estas tres últimas décadas? Ignora al genio empollón por tu cuenta y riesgo. El genio empollón que, para ser claros, suele ser un hombre joven y blanco, es un digno adversario para cualquiera, y cuando no está dentro de una sala de juntas, lo más probable es que te lo encuentres inmerso en la programación de alguna clase de código o fabricando el nuevo bombazo que revolucionará por completo el mundo y el sector.

Se podría decir que estamos ante un patrón, porque si esta imagen ya ha funcionado varias veces antes, seguramente funcionará de nuevo. Es una de las principales razones por las que los inversores les han dado una oportunidad a tantos hombres jóvenes y blancos, proporcionándoles capital, conexiones y toda clase de recursos, y por lo que no suelen invertir tanto en fundadores un tanto distintos, a pesar de que esté demostrado que esta estrategia a menudo fracasa. Pero el problema de invertir en «personajes» es que tienden a ser personas extremadamente inteligentes que tardan un tiempo en dar resultados tangibles. En realidad, el estereotipo del genio empollón ha sido fabricado por algunas personas muy brillantes, que suelen trabajar en un segundo plano para que las empresas tengan éxito. El artículo de Jessi Hempel en *Wired* sobre Margit Wennmachers, responsable de marketing de la firma de inversión Andreessen Horowitz, la ponía como una de estas expertas en crear estereotipos. Puede que en este artículo se exagerase un poco su papel como colaboradora, sin embargo, nos demuestra cómo los pensadores más brillantes del mundo de la comunicación pueden cambiar por completo nuestra forma de pensar, y solo por eso merece la pena leer el artículo. Tal y como dice Hempel: «Todos conocemos la imagen característica del fundador tecnológico de Silicon Valley: brillante, empollón, excéntrico y bienintencionado. Lo que no sabemos es que, más que nadie dentro del mundo de la tecnología, Wennmachers es la responsable de aprovecharse de esa imagen estereotípica para forjar la nueva leyenda de Silicon Valley».

Según Hempel, Wennmachers y otros expertos de la comunicación que trabajaban en Silicon Valley tuvieron la brillante idea de que el público podía sentirse identificado con la idea del empollón que demostraba a sus detractores que estaban equivocados. En el artículo de *Wired* se describe con todo lujo de detalles cómo el equipo de comunicación de Facebook popularizó la idea del cerebrito marginado. No fue una coincidencia que los medios de comunicación empezaran a informar de detalles sobre la vida de Mark Zuckerberg, como que vestía siempre con la misma ropa porque no tenía tiempo para pensar en qué ponerse. Eso le dejaba claro al público que Zuckerberg tenía otras prioridades, como dedicar su tiempo a seguir desarrollando al máximo el código que tenía entre manos. La película *La red social* no hizo más que echarle más leña al fuego de esta historia, mostrando aquellos momentos en los que tuvo que pasarse la noche en vela desarrollando la primera versión del sitio web de Facebook o cuando traicionó a quienes le apoyaban para poder controlar al máximo la empresa que estaba creando.

Estos estereotipos sobre los empresarios de éxito han tenido un profundo impacto en nuestra cultura, tanto de forma positiva como negativa. Sin duda han llevado a los fondos de inversión a prestar más atención a determinados arquetipos o estereotipos de los distintos fundadores, incluidos los más jóvenes y técnicos. Pero también han perpetuado los prejuicios y las barreras, impidiendo que aquellos fundadores que no encajan en el estereotipo consigan la financiación que necesitan. Han glorificado a los hombres blancos jóvenes con poca o ninguna experiencia profesional por encima de las mujeres o de aquellas personas racializadas que probablemente estén mucho más preparadas que los hombres blancos y jóvenes en los que invierten. De hecho, muchos estudios han revelado que los empresarios de mediana edad con más años de experiencia profesional suelen tener más éxito como fundadores que los jóvenes.

Así que quizás deberíamos preguntarnos si individuos como estos, que encajan en el estereotipo, están preparados para dirigir equipos con cientos, si no miles, de empleados. ¿Piensan en las implicaciones de lo que están construyendo antes de hacer nada? ¿Cómo responden a las críticas? ¿Y cómo pueden equilibrar las necesidades financieras de la empresa con sus responsabilidades para con sus usuarios y la sociedad en general?

En resumen, algunos profesionales deben estar al día y al pie del cañón, sobre todo a medida que la empresa va creciendo. Bankman-Fried es un gran ejemplo de ello. Nunca llegó a nombrar a un director financiero, por mucho dinero que recaudara. Eso debería haber sido una gran señal de alarma para los potenciales inversores. Después, está claro que la empresa carecía de los controles financieros básicos. Para una empresa que se dedicaba básicamente a gestionar y cambiar divisas, eso debería haber sido una prioridad desde el primer día. No tengo nada en contra de invertir en los proyectos de fundadores visionarios, pero sus equipos necesitan gente preparada y dispuesta a hacerles rendir cuentas.

Reconocer el sesgo que existe en torno a las instituciones de élite

Bankman-Fried estudió en instituciones de élite como el MIT. Elizabeth Holmes se benefició de haber iniciado sus estudios en Stanford, aunque acabó por abandonarlos antes de terminar. Jessica Richman y Zach Apte, fundadores de la empresa fraudulenta de tecnología sanitaria uBiome, también se aprovecharon de las conexiones que tenían con universidades tan respetadas como las de California, San Francisco y Oxford. El protagonista de otro caso de fraude, el CEO de Outcome Health, Rishi Shah, abandonó los estudios en Northwestern.

Según los datos de un informe de Crunchbase, alrededor del 25 % de las inversiones semilla o presemilla de Estados Unidos entre 2020 y 2023 fueron a fundadores que eran antiguos alumnos de tres universidades en concreto: MIT, Harvard y Stanford. Stanford lidera el grupo, lo que no es de sorprender dada su proximidad a Silicon Valley, pero le siguen de cerca Harvard, con sede en Boston, y el MIT. Los inversores siguen seleccionando sobre todo a titulados de escuelas de negocios a la hora de invertir en las empresas que estén creando. En todo el mundo ocurre lo mismo: tanto las empresas como los inversores prefieren a quienes proceden de las instituciones más elitistas.

Si nos fijamos en la mayoría de los casos sonados de fraude o irregularidades del mundo empresarial, sobre todo en empresas de nueva creación respaldadas por capital riesgo, la mayoría de los fundadores, cuando vendieron su proyecto, hicieron hincapié en sus credenciales y en su formación. Pero quiero dejarte una cosa bien clara: que alguien haya estudiado en Stanford no significa que vaya a ser un mentiroso o un estafador. Pero tampoco significa que debamos pasar por alto lo que deberíamos hacer siempre antes de invertir en ningún proyecto y asumir que es la persona idónea para crear una empresa. A nuestra sociedad le mueve mucho más un título de una institución de renombre (algo que hoy en día conocemos como «titulitis») que cualquier otra cosa, lo que al final, muchas veces, nos lleva a confiar demasiado en una persona solo por el título o los estudios que tiene y no por sus verdaderas capacidades, sin fijarnos en que, a lo mejor, no es la persona idónea para ocupar cierto puesto o ejercer ciertos trabajos.

¿Qué quiero que saques de todo esto? Que deberíamos dejar de tratar a las personas de forma distinta por el mero hecho de haber estudiado en una universidad en concreto o por tener un título superior. ¿Qué tal si le damos una oportunidad a otros tipos de empresarios y operadores, aquellos que estudiaron en escuelas menos elitistas y caras? No existe nada que demuestre que estas personas vayan a tener menos éxito a la hora de crear o dirigir una empresa, a pesar de lo que pueda sugerir el historial de Silicon Valley.

No suele ser un fraude desde el principio

Creo que la gran mayoría de los CEO culpables de haber cometido fraude fiscal no se propusieron hacer algo así desde el principio. Lo más probable es que ese resultado fuese consecuencia de una serie de malas decisiones ligadas a la sensación de que era demasiado tarde para dar marcha atrás. Una investigación realizada por la escuela de negocios

IESE que intentaba reconstruir cómo sería el «proceso de engaño y pérdida de legitimidad» de una empresa, revela cómo puede ocurrir algo así. Y todo empieza con una historia sorprendente.

Déjame que te plantee un caso hipotético: un fundador parte con la visión de querer cambiar el mundo, reuniendo en el proceso a los principales inversores y otros apoyos clave. Su educación en una universidad de élite y su red de contactos aumentan su legitimidad y hacen que sea más probable que aquellos que planean invertir en su proyecto no lo investiguen a fondo para conocer los riesgos. Una respetada firma de capital riesgo accede a extenderle un cheque, pero no hace sus deberes antes de hacerlo justamente por el FOMO. Un segundo inversor cree que la firma de capital riesgo que ha sido la primera en invertir en el proyecto ya habrá hecho el trabajo sucio de investigarlo todo a fondo antes de poner en riesgo su inversión, por lo que se deja llevar por esa suposición e invierte también sin investigar a la empresa o el proyecto antes de entregarle su dinero. Con el tiempo, la distancia entre la realidad y la exageración se vuelve cada vez mayor. Puede que la empresa no gane dinero, que los clientes empiecen a quejarse o que se produzcan una serie de discusiones a causa de diversas diferencias que hagan que los empleados se marchen a los pocos meses de haber sido contratados. A medida que los antiguos defensores e inversores empiezan a hacer preguntas sobre la empresa que el fundador no sabe cómo responder, este se siente atrapado entre la espada y la pared. Justo por eso, se sigue inventando nuevas mentiras, para calmar los ánimos de sus inversores. Sus mentiras y engaños continúan, hasta que el fundador llega a un punto de no retorno, donde siente que ya es imposible que pueda sincerarse con ellos. Es posible que, en cierto modo, el fundador también llegue a creerse sus propias mentiras.

Los investigadores del IESE se basaron en casos hipotéticos como este para poder entender cómo se desencadenan los casos más graves de fraude. Según descubrieron, algunos fundadores vuelven a mentir incluso después de que sea evidente que se les avecina una buena tormenta empresarial. Un caso real de justamente esto, y además uno bastante conocido, fue el del organizador del Festival Fyre, Billy McFarland, quien comenzó a vender alojamientos aún más lujosos después de enterarse de que no podía ofrecer lo básico a sus invitados, como agua potable y refugio.

¿Qué ocurre cuando se corre la voz? Al estudiar una serie de casos reales que seguían una trayectoria similar, los investigadores descubrieron que, una vez revelado el engaño, aquellos que habían apoyado a la empresa desde el principio (incluidos sus inversores y su consejo de administración) suelen señalar directamente al fundador como el único responsable. Ese individuo se convertirá en el hazmerreír y en la cabeza de turco que tenga que servir para dar ejemplo a los demás. Y, sin embargo, tal y como señalan los investigadores, normalmente suele haber mucha más gente detrás que lleva mucho tiempo haciendo la vista gorda o incluso que ha sido cómplice de la mentira. El caso del que os he hablado en el ejemplo es el de Enron, que se libró de un escándalo de fraude fiscal enorme durante años engañando a los inversores y asegurándose de mantener alto el precio de sus acciones.

Entonces, ¿hay algo que podamos y debamos hacer de forma diferente en el futuro?

Sobra decir que antes de invertir en ninguna empresa o proyecto tenemos que investigarlo a fondo, establecer los controles adecuados y evitar la tentación de saltarnos los pasos que hay que tomar antes de hacer nada. Si se está intentando engañar al público general de alguna manera, el consejo y los inversores deben saberlo. También es responsabilidad del consejo ocuparse de cualquier problema que surja. En el caso de FTX, cualquiera que se hubiese fijado bien en la empresa debería haberse dado cuenta de que se estaba cometiendo un fraude fiscal enorme. Cuando la mentira salió a la luz, John J. Ray III, que fue nombrado nuevo CEO de la empresa para ayudar a recuperar los fondos perdidos, describió la empresa como uno de los peores fracasos empresariales que había visto nunca. Ray, que era abogado y se había especializado en la reestructuración de empresas, era muy conocido por haber llevado el caso de Enron cuando quebró, así que ha tenido que ver de todo a lo largo de su carrera.

La conclusión que saco de todo esto es que siempre tenemos que mantener la guardia alta, y más cuando nos encontramos ante un buen narrador. Estas personas pueden usar sus habilidades para hacer el bien, sí, pero también para engañarnos y hacer el mal. Si algo parece demasiado bueno para ser cierto, es bastante probable que lo sea.

Algunas señales sutiles a las que hay que prestar atención son la sobreventa y la negativa a compartir detalles concretos. Si el fundador de una empresa no puede articular el riesgo a la baja, es decir, lo que podría salir mal, lo más probable es que se esté mintiendo a sí mismo. La inmensa mayoría de las empresas se enfrentarán a algún tipo de amenaza existencial. Lo mejor que se puede hacer es idear formas de mitigar esos riesgos, no fingir que no existen.

Como asesora, advierto a los fundadores que son expertos narradores de que eviten que la brecha entre la realidad y el bombo publicitario sea demasiado grande. Al final, o la empresa funciona o no funciona. Si no funciona, no hay que avergonzarse de devolver el capital invertido y empezar de cero con otra cosa. Admitir el fracaso nunca es sencillo, pero los inversores tienden a ser indulgentes con quienes lo han intentado, han dado lo mejor de sí mismos y han fracasado de forma honrada. Es algo que he tenido que ver con mis propios ojos en más de una ocasión, y no pasa nada.

Como dice Kislenko, el error más común que puede cometer un empresario es perder de vista su negocio y el objetivo por el que lo creó. Con el tiempo, resulta muy complicado recordar por qué se creó la empresa. «Si eres un buen líder y tienes talento para contar historias y carisma, tienes que entender el poder que eso conlleva», afirma. «Úsalo con responsabilidad».

9

El uso de una buena historia para aumentar el capital

Una buena historia es la manera más poderosa que existe de transmitirle tus ideas al mundo de hoy en día.

—ROBERT MCKEE, escritor, profesor universitario y consultor de narrativa

Hay algo que deberías saber sobre Sequoia Capital, la firma de capital riesgo más prestigiosa del mundo que ha invertido en algunas de las empresas con más éxito del planeta, a excepción de FTX. Uno de sus principales inversores, Michael Moritz, empezó su carrera siendo periodista. Puede que nos imaginemos que los inversores tienen más habilidades técnicas, empresariales o financieras que las demás personas, pero Moritz demostró ser uno de los inversores más exitosos de todos los tiempos gracias a tener una carrera a sus espaldas como autor y periodista. Esa curiosidad y pasión por contar historias le ayudaron a invertir en empresas que cambiaron nuestra forma de vivir y trabajar, lo que, a su vez, también acabó convirtiéndole en multimillonario.

La vida de Moritz empezó muy lejos de Silicon Valley. Su padre se refugió en Reino Unido huyendo de la Alemania nazi cuando era joven y consiguió una plaza para estudiar en la Universidad de Oxford, gracias a un programa de becas. Después se trasladó a Cardiff (Gales) para enseñar lenguas clásicas en la universidad y fue allí donde formó una familia. Su hijo Michael se sintió como un extraño al crecer en Gales, porque era uno de los pocos niños judíos que había en su colegio. Por aquel entonces, el mundo también estaba pasando por una época turbulenta. Los mineros y los trabajadores ferroviarios estaban en huelga, lo que hizo que Reino Unido se viese sumida en el caos, con apagones y protestas constantes. La mayoría de la gente de a pie no podía contar con tener ni luz ni agua caliente todos los días.[34]

Moritz, que era un alumno ejemplar, vivía por y para las noticias desde pequeño. Soñaba con crecer y trabajar para un periódico como *The Telegraph* o *The Times* en la calle londinense de Fleet Street. Sin embargo, uno de sus profesores le aconsejó que se fuese a estudiar a Estados Unidos, que por aquel entonces ofrecía más oportunidades que el Reino Unido. Tras graduarse de la carrera de Historia en Oxford, se matriculó en un programa de negocios en la Escuela de Negocios Wharton de la Universidad de Pensilvania. Poco después consiguió un trabajo como corresponsal de la revista *Time* en Detroit, donde escribió una crónica sobre las tribulaciones de la industria automovilística. Así se inspiró también para escribir su primer libro, que hablaba sobre el carismático CEO de Chrysler, Lee Iacocca, que había salvado a la empresa cuando estaba al borde de la ruina. Moritz describió el estilo de liderazgo de Iacocca como el más «seductor y atrayente» que había visto jamás, solo superado por el fundador del que trataba su siguiente libro: Steve Jobs, cofundador y CEO de Apple.[35]

Durante los años ochenta, Moritz se mudó a San Francisco, siguiendo a la revista *Time*, y empezó a escribir sobre la floreciente industria tecnológica. Se sintió atraído por la historia de Jobs, que inmediatamente le impresionó con su asombroso talento para el marketing y las ventas. Moritz escribió para la revista diversos artículos sobre la empresa durante sus primeros años, incluidos algunos en los que anunciaba los nuevos productos que acabarían revolucionándolo todo, como el Mac.

Jobs le dio un acceso ilimitado a su empresa. A cambio, Moritz escribió un libro que terminó siendo todo un éxito titulado *The Little*

Kingdom (*El pequeño reino*), que hablaba sobre los distintos tipos de personas que podías encontrarte dentro de una empresa como Apple. Moritz y Jobs se hicieron muy buenos amigos, pero tuvieron un desencuentro después de que Moritz escribiera un artículo en el que incluyó algunos detalles íntimos sobre la hija de Jobs, Lisa Brennan-Jobs. En aquel momento, Jobs había negado ser su padre. Moritz nunca logró recuperar la amistad con Jobs, pero el hecho de haber podido formar parte de su círculo íntimo le marcó para siempre, y se obsesionó con descubrir cuáles eran las cualidades que hacían de él un gran líder. Más tarde, Moritz declaró que Iacocca y Jobs eran los dos narradores más influyentes que había conocido.[36]

Moritz podría haberse quedado en la revista *Time*, donde le ofrecieron el puesto de director de la oficina de San Francisco. Pero él prefería estar cerca de las nuevas empresas emergentes que estaban saliendo como setas por la zona de la bahía de la noche a la mañana. Decidió que ya no le interesaba seguir siendo periodista y, tras una breve etapa como empresario de medios de comunicación, hizo una breve lista de todas las firmas de capital riesgo que conocía de su época como reportero y solicitó trabajo en todas ellas. La mayoría lo rechazaron directamente porque no tenía ninguna clase de formación financiera o en ingeniería, un rasgo que suelen buscar para todos los inversores de Silicon Valley.

Pero Don Valentine, el fundador conservador de Sequoia Capital, una de las nuevas empresas más prometedoras del momento, pensó que podía cambiar la imagen de la firma si contrataba a un graduado en Historia para su empresa. Valentine también quería diversificar un poco las filas de Sequoia (algo que ahora parece ridículo, ya que Moritz también es, por supuesto, un hombre blanco). Y los dos hombres tenían algo (o, más bien, alguien) en común. Valentine también creía en Apple y había tomado la decisión de invertir en la empresa a finales de los años setenta más de 150.000 dólares. Jobs era un poco *hippy* y un bicho raro que carecía del pedigrí «correcto», y que además no había ido a ninguna de las universidades de la Ivy League, pero Valentine estaba dispuesto a pasar todo eso por alto porque sentía que estaba en presencia de un verdadero visionario. Valentine aprendió una valiosa lección al apostar por Jobs: no formes tu equipo basándote en lo que estás buscando desde un principio, es decir, en la definición estereotípica de cómo debe ser un líder empresarial de éxito.

Moritz describió más tarde la decisión de Sequoia de contratarle en 1986 como una auténtica «ida de olla» porque es algo que ninguna firma de capital riesgo de la época habría estado dispuesta a hacer. Pero, en las décadas que siguieron, Moritz tuvo un éxito rotundo como inversor. Su historial de rentabilidad financiera se convertiría en la envidia de todos los inversores tecnológicos de Silicon Valley. Entre las empresas en las que invirtió se encuentran algunos de los gigantes de internet, como Google, Yahoo, Zappos y PayPal. Tanto en 2005 como en 2006, la Midas List le clasificó como el mejor inversor del mundo, lo que significa que durante varios años se le consideró el inversor de capital riesgo con más éxito del mundo. Sigue siendo el galés más rico que existe, con miles de millones de dólares a su nombre. Además ahora financia *The San Francisco Standard*, una revista cuya misión es compartir mejor la historia de San Francisco.

¿Pero cómo lo ha conseguido, teniendo en cuenta su falta de antecedentes como inversor?

Según dice él mismo, se le daban especialmente bien dos cosas: sintetizaba muy rápido la información sobre nuevas tecnologías que desconocía y tenía olfato para los grandes narradores. Sus métodos para descubrir a los mejores fundadores son legendarios, sobre todo entre los muros de las oficinas de Sequoia. Una táctica, según los antiguos inversores de Sequoia con los que hablé, que consistía en hacer preguntas a un fundador sobre su vida personal y no sobre su negocio, incluso llegándoles a pedir que le hablasen de cómo había sido su infancia. Moritz era conocido por hacer eso mismo antes de pasar a hablar del producto o dejar que le presentasen la empresa que habían creado. A Moritz esta táctica le ayudaba a entender al fundador como persona y a conectar emocionalmente con él. Haciéndoles preguntas, como haría un periodista entrenado, podía decidir si serían capaces de contar una historia convincente y si tenían la determinación necesaria para triunfar.[37]

Moritz no suele hablar mucho en público, pero siempre ha dejado bien claro que sentía cierta predilección por los buenos narradores. Describe la narración como la habilidad esencial que cualquier fundador debería tener en su arsenal. «Si tuvierais que elegir una habilidad para poseer, sí, por extraño que parezca, aparte de la destreza técnica y la comprensión del sector, del producto que queréis vender y todo lo demás, os diría que escogieseis poder ser buenos narradores», le aconsejó a una sala llena de empresarios durante una de las pocas ocasiones en las que accedió a dar una conferencia. Tal y como explicó Moritz, todo empieza cuando un fundador tiene que convencer a un cofundador para que se una a su «empresa loca». A partir de ahí, el fundador tiene que motivar a los cofundadores y al equipo inicial para que trabajen muy duro, a menudo teniendo que dejar a un lado sus vidas durante un tiempo. En algún momento, un cliente tiene que subirse a bordo, a pesar de que ningún otro lo haya hecho antes. Una vez que un fundador consigue superar ese abismo, tiene que venderles su producto y su historia a la «gente crédula como nosotros», comentó, refiriéndose a las firmas de capital riesgo de Silicon Valley. Imaginémonos por un momento lo que supone hacer todo lo anterior, sobre todo para los jóvenes fundadores sin mucha experiencia laboral. Es algo tan sumamente irracional que me parece casi admirable.

«Si alguien no sabe cómo contar una buena historia —ha dicho Moritz—. No creo que pueda ser un buen líder».

Por qué la decisión de financiar o no a una empresa es tan psicológica

La mayoría de los inversores de capital riesgo creen que lo que ellos hacen es algo parecido al arte y a la ciencia a partes iguales; un trabajo que se encuentra a caballo entre lo etéreo y lo técnico. Podríamos decir que los inversores se basan tanto en lo racional como en lo emocional a la hora de tomar una decisión. Pero, en realidad, suelen dejarse llevar mucho más por lo emocional. Lleva tiempo analizar rigurosamente los datos, una tarea que suele realizarse más adelante y no cuando están empezando a conocer a una empresa. Lo hacen una vez que han tomado la decisión de que la empresa es lo bastante prometedora como para interesarse por ella. Algunos fondos, como EQT Ventures (Suecia) y Correlation Ventures (California), incluso han creado algoritmos para añadirle un toque un poco más científico a este proceso. Sin embargo, no existen pruebas concluyentes de que este método funcione a la hora de cerrar un gran trato o invertir una gran cantidad de dinero en una empresa, o de que habría que optar por hacer algo así en vez de inversiones mucho más pequeñas en empresas que se hayan preparado para conseguir el apoyo de una firma de capital riesgo en concreto. Esto indica que los algoritmos solo sirven cuando ya tienen claro dónde quieren invertir, para que sirvan como «apoyo» o «herramienta» para los inversores, lo que en teoría debería servirles para hacer una apuesta mucho menos arriesgada, pero también podría acarrear una menor recuperación de beneficios.

El fondo de capital riesgo de Google, ahora llamado GV, tuvo en su día un sistema algorítmico llamado «spotlight» que podía descartar posibles oportunidades de inversión si sus métricas no eran prometedoras. Según un informe de *Axios*, después de utilizar el sistema durante cuatro años, la empresa acabó abandonándolo en 2022, una vez que sus inversores se dieron cuenta de que tomaban mejores decisiones sin él.[38]

El caso de GV refleja justamente los resultados que se obtienen al utilizar esta clase de algoritmos de inversión, que indican que los enfoques informáticos les resultan mucho más útiles a los inversores inexpertos que a los experimentados. Por ejemplo, cuando un grupo de investigadores suizos de la Universidad de St. Gallen creó un algoritmo de inversión en 2020 y comparó su rendimiento con el de 255 inversores ángeles con distintos niveles de experiencia, los resultados que obtuvieron fueron sorprendentes. Descubrieron que los inversores experimentados obtuvieron resultados mucho mejores que el algoritmo, pero no los que acababan de empezar en el sector. El algoritmo también tomaba decisiones sesgadas, incluso cuando no se le proporcionaban datos relacionados con la raza o el sexo (a los que los investigadores tuvieron acceso pero no compartieron). Se limitó a reproducir las mismas desigualdades sociales que había reflejadas en los datos que le habían suministrado, señalando en sus propias conclusiones que las mujeres fundadoras tendían a recibir menos financiación en las siguientes rondas y que, por tanto, no deberían ser una prioridad a la hora de escoger invertir en una empresa o en otra. Mientras tanto, cuando los inversores experimentados decidían invertir en mujeres y fundadores no blancos o en ideas no consensuadas, tendían a superar con creces los resultados del algoritmo.

Por lo tanto, tomar decisiones puramente analíticas no elimina los prejuicios y no conduce a mejores rendimientos de la inversión. Cuando se toma la decisión de invertir en una empresa, se tiene que hacer siguiendo algo más que la razón. «La financiación es muy emocional y psicológica», subraya Laura Huang, profesora asociada de la Facultad de Empresariales de Harvard, que lleva investigando los fondos de capital riesgo y sus inversiones durante una década. En un reciente estudio publicado en el *Academy of Management Journal*, Huang encuestó a cientos de inversores de capital riesgo sobre por qué decidían dedicar más tiempo a unas empresas que a otras. Los inversores solían hablarle de un producto superior o de un gran mercado. Pero la mayoría de ellos, cuando se les preguntaba qué era lo que realmente les atraía, también reconocían la importancia de su «corazonada». Era bastante común que los inversores le dijeran a Huang que tomaban sus decisiones a los diez o quince segundos de conocer a un empresario basándose en una «corazonada».

Puede parecer algo aleatorio, como lanzar unos dardos con los ojos vendados para ver cuál da en la diana. Sin embargo, Huang descubrió que esas corazonadas se basaban a menudo en una sensación de conexión, que normalmente se podía atribuir a la capacidad de los fundadores para contar sus historias personales como para comunicar sus planes de negocio (a veces ambas cosas están entrelazadas). A veces, esa corazonada surgía porque el inversor se sentía identificado con el problema al que intentaba hacer frente la empresa del fundador. Según Huang, todas estas cosas ayudaban a los inversores a encontrar «bombazos», es decir, a los mayores futuros éxitos. Descubrió que los inversores que no hacían caso a sus instintos acababan apostando demasiado sobre seguro solo para tener éxito, ya que la parte analítica de sus cerebros descubría demasiadas razones por las que invertir en una empresa arriesgada podría no llevarlos al éxito.

Lo que Huang sacó como conclusión de toda esta investigación fue que una buena historia es una manera excelente de forjar una conexión entre un fundador y un inversor. Esto es especialmente cierto para los fundadores que acaban de lanzar su primera empresa o para los que tienen poca tracción en el mercado.

Te lo demostraré con un ejemplo. Cierra los ojos y piensa que eres un inversor de capital riesgo que está sentado en una cafetería de San Francisco. Te daré un momento para que te imagines con un chaleco de la marca Patagonia y unas zapatillas Allbirds mientras te tomas tu capuchino de leche de avena.

El fundador 1 entra en la cafetería y se presenta, antes de ponerse a soltarte toda una retahíla de datos sobre el tamaño del mercado y la perspectiva de ingresos que tiene en cuanto lance su nueva aplicación móvil de viajes compartidos.

El fundador 2 entra una hora más tarde y te habla de cómo hace poco tuvo que quedarse esperando un taxi bajo la lluvia durante mucho tiempo a la una de la mañana. A continuación, te presenta una idea para una aplicación que permite a cualquier persona con un teléfono móvil conseguir un coche en cuestión de minutos, y te ofrece hacer una demostración rápida para que veas cómo funcionaría. Te pide, a ti, el inversor, que dejes a un lado el escepticismo y te imagines un mundo en el que nadie tenga que quedarse tiritando para esperar un taxi una noche fría de invierno, desesperado por conseguir alguna forma de volver a casa. Al final, te termina explicando el enorme vacío en el mercado que existe en este momento y cómo invertir en la aplicación que ha creado sería una oportunidad de oro que podría ayudar a transformar por completo el mundo del transporte tal y como lo conocemos.

¿Cuál de estas presentaciones te llamaría más la atención, sobre todo si tenemos en cuenta que probablemente habrías oído otras diez presentaciones más ese mismo día?

Sospecho que la gran mayoría elegiríamos al fundador 2, suponiendo que tuviese unas credenciales parecidas a las del fundador 1.

¿Y eso por qué? En la introducción de este libro hemos aprendido que el cerebro humano no procesa muy bien los datos sin más. Lo que sí que sabemos interpretar es una buena historia. No somos ordenadores, y por eso no estamos programados para actuar de forma racional en todas las circunstancias ante las que nos encontremos ni para retener datos en la memoria durante mucho tiempo. Si nos emocionamos por algo, es porque nuestro cerebro ha sentido que nos encontramos ante algo grande. Eso hace que nos acordemos mucho mejor de una presentación que de la otra, aunque los dos negocios sean idénticos.

David Krane, CEO de GV y uno de sus primeros empleados de marketing y comunicación, recuerda cada detalle de uno de sus lanzamientos favoritos: el momento en que escuchó a Tony Fadell, exvicepresidente sénior de la división de iPod de Apple, compartir la visión de su nuevo negocio ultrasecreto. La presentación tuvo lugar en 2011, pero Krane sigue siendo capaz de describir el momento al dedillo casi una década y media después, como si hubiera ocurrido ayer. Recuerda cómo Fadell consiguió que su empresa firmara un acuerdo de confidencialidad, algo poco habitual entre las firmas de capital riesgo. Una vez acordada la hora, Fadell pidió que le dejasen utilizar una de las salas de conferencias durante una hora antes de la presentación, otra petición poco habitual.

A petición de Fadell, solo algunos de los socios pudieron unirse a la presentación, así que Krane recordaba perfectamente cuáles de sus compañeros habían entrado con él en la sala aquel día. Recordaba que uno de sus compañeros inversores soltó un suspiro audible en el momento en que se dio cuenta de lo que Krane iba a lanzar después de tanto suspense. No se trataba de un nuevo competidor del iPhone ni de ningún otro artilugio extravagante, sino de un termostato. De entre todas las cosas que podía hacer, ¿había elegido crear un termostato?

Al final de la presentación, Fadell había logrado convencer a todos los inversores. Según comentó Krane, esto fue lo que hizo Fadell para ganarse su apoyo valiéndose de una buena historia:

Nos dimos cuenta de que había varios montones cubiertos con telas de terciopelo negro alineados justo en el centro de la mesa. Aunque me entraron ganas de quitarles las telas de encima en cuanto los vi, supe que tenía que ser él mismo quien las retirase. Y eso fue justo lo que hizo. Cuando por fin llegamos a lo que estaba presentándonos, le quitó la tela de terciopelo de encima y nos encontramos ante un termostato. Uno de mis compañeros suspiró con ganas. La mayoría nos quedamos mirándolo en silencio, suspirando por dentro, sorprendidos por que hubiese elegido presentarnos un termostato y, sinceramente, también un tanto decepcionados. Sin embargo, le dejamos que terminase de contarnos su historia. *Fue increíble*. Nos pidió que echásemos un vistazo a nuestro alrededor en ese momento. También nos pidió que alzásemos las manos y señalásemos todos los dispositivos de color beige que había pegados a las paredes de la sala. Recuerdo que en ese momento pensé: «Son todos una mierda. Es imposible no verlos, aunque nadie realmente los toca nunca. Ninguno es inalámbrico y tampoco van conectados a internet». Después de que hiciésemos justo ese comentario en voz alta, Tony [Fadell] nos pidió que nos imaginásemos que podíamos transformar esos *ordenadores tan poco queridos* en algo mucho más accesible y útil. Entonces también nos pidió que nos imaginásemos que esos mismos ordenadores podían trabajar por nosotros entre bastidores, que podían mejorar nuestras vidas.

Los términos que Fadell usó varias veces durante su discurso, que Krane apuntó una y otra vez en su cuaderno incluso subrayándolo, fue «tan poco querido».

Krane sigue acordándose hoy en día de la presentación de Fadell y de lo que dijo porque algo cambió para siempre en su interior al oírle decir aquellas palabras, y le sorprendió, sobre todo teniendo en cuenta que Fadell las usó justamente para referirse a productos y objetos del día a día en los que casi nadie solía pensar normalmente. De repente, quiso unirse a Fadell en su proyecto para construir un dispositivo que los consumidores pudiesen apreciar de forma genuina. Se había tragado por completo la idea de Fadell de crear un nuevo tipo de termostato que pudiese aprenderse los patrones de vida de las personas, incluida la temperatura a la que les gustaba estar o cuándo estaban en casa y cuándo no. A raíz de aquella presentación, Krane decidió dirigir las rondas de la Serie A y la Serie B de la empresa (las dos primeras grandes recaudaciones de fondos institucionales). También hizo todo lo que pudo para hacer que tuviese éxito dentro de Google.

La empresa de Fadell salió a la venta tres años después, y se acabó vendiendo por 3200 millones de dólares, lo que la convirtió en una de las adquisiciones de hardware más exitosas de todos los tiempos. Conseguir inversores para empresas de hardware sigue siendo mucho más difícil que para las de software, debido a lo complicado que puede resultar fabricar y comercializar dispositivos. Pero Fadell tuvo éxito porque lo que quería realmente era contar una buena historia. Le enseñó Steve Jobs, uno de los maestros de la narrativa, que le inculcó que los clientes no querían oír hablar de lo que hacía el producto. Primero tenían que entender por qué lo necesitaban. Jobs lo hacía parecer natural y fácil, incluso cuando acudía a las presentaciones más que preparado para dar su discurso. Fadell, cuando les presentó su producto a los inversores de GV, convenció a Krane y a su equipo de que había aprendido del mejor.

La narración de historias de fundación

Sequoia, la firma de capital riesgo que lanzó la carrera de Moritz, sigue manteniendo hoy en día su compromiso para contar historias. Se dedica a formar a los fundadores en los que invierte desde el primer día para que adquieran una buena habilidad narrativa, algo que, en cualquier otro lugar, no podrían adquirir. En 2022 la firma puso en marcha una especie de «campamento» de narración y desarrollo del producto al que llamaron Arc y que estaba dirigido por uno de sus socios principales, Jess Lee.[39]

Gran parte del programa se realiza a distancia, pero las partes en las que los asistentes tienen que acudir presencialmente incluyen actividades como excursiones o presentaciones con ponentes expertos. El programa comienza siempre en la sede central de Sequoia, en Sand Hill Road, la arteria arbolada de Silicon Valley, donde se concentran la mayoría de las sedes de las firmas de capital riesgo del mundo. Durante la primera semana, los fundadores asisten a sesiones dirigidas por guionistas y poetas que acuden desde Los Ángeles. Entre ellos figura «Rives», del programa de HBO *Def Poetry Jam*, que les aconseja a los fundadores sobre cómo soltarse ante el público, por ejemplo, al hablar con intención y dejar espacio para el humor y la improvisación. En ediciones pasadas, incluso llegaron a llevar al grupo de fundadores de visita al estudio cinematográfico Lucasfilm para que aprendiesen a redactar el guion gráfico de una película.

James Buckhouse, un conocido diseñador y profesor de la Universidad de Stanford, es el encargado de supervisar la parte narrativa del programa. Buckhouse trabajó en el Departamento de Animación de DreamWorks, donde realizó películas tan conocidas como *Shrek*, antes de dar el salto y pasar a trabajar para Twitter y más tarde para Sequoia. Buckhouse es uno de los socios del fondo de inversión, pero no es él quien toma la decisión de invertir en una empresa u otra. En su lugar, dirige un pequeño equipo que apoya a las empresas que se encuentran dentro de la cartera de clientes de la firma (las empresas emergentes en las que Sequoia ha invertido), diseñando sus estrategias de marketing basándose en la historia que quieren contar. Cree firmemente que los productos que crea la comunidad tecnológica deben basarse en la experiencia humana y estar conectados a una historia, en lugar de ser tan solo una serie de píxeles o líneas de código diseñadas para impulsar ciertos sistemas. También cree firmemente que los empresarios deberían aprovecharse de una buena historia al hablar de sus empresas e incluso de sí mismos, y evitar el lanzarse de cabeza a los números y los datos desde el principio. Uno de sus lemas viene a decir lo siguiente: «Persuade con la emoción, pero justifica con la lógica». También es una especie de renegado del mundo de la tecnología, porque siempre acaba valiéndose de métodos que no se pueden cuantificar fácilmente para explicar sus ideas. Es una *rara avis* dentro de Silicon Valley, que está plagado de ingenieros obsesionados con los datos.

Como dijo Buckhouse en una ocasión: «No hay forma más rápida de hacer que la gente te ignore y te odie sin ninguna buena razón que decirles que eres un narrador. Sin embargo, sin una buena historia, es imposible convencer a los demás, sobre todo a aquellos que no tienen ni idea de quiénes somos o qué estamos tratando de crear, de que colaboren con nosotros, aunque sea en nombre del planeta. Una buena historia es lo que nos anima a actuar. Es lo que nos ayuda a encontrarle el sentido a lo que estamos haciendo, a nuestras acciones, y no solo a las más inmediatas, sino también a las que son a largo plazo».[40]

Dale a esto una vuelta por un momento. Si eres un emprendedor que está intentando poner en marcha algo, ¿existe algo más importante que motivar a las personas con talento para que se unan a tu proyecto? Si no puedes convencer a inversores, usuarios, empleados clave y clientes, tu empresa no conseguirá despegar nunca. Una buena historia es lo único que logrará despertar el interés de todas esas personas clave. Una vez que recuerden tu historia será cuando empiecen a colaborar contigo, y cuando esa historia empiece a trabajar para ti, en cierta medida, porque se seguirán acordando de ti incluso después de que te hayas marchado.

Buckhouse dio el pistoletazo de salida al año inaugural de Arc hablándoles a los fundadores de una historia en particular: la tercera entrega de la franquicia *Matrix*. Parte de la genialidad de las películas de *Matrix* radica en que se valen muchos de los tópicos narrativos tradicionales, pero sin perder nunca la frescura que le aporta el trasfondo de ciencia ficción. La trama gira en torno a un «elegido» que busca liberar a la humanidad de las máquinas. Lo eligió porque es un ejemplo clásico del «viaje del héroe», un tópico que se suele usar en muchas historias y del que habló el académico Joseph Campbell a finales de los años cuarenta. En las tramas con el tópico del viaje del héroe, nuestro protagonista quiere escapar del mundo real y poco después se ve arrastrado hasta un mundo especial donde se tiene que enfrentar a toda clase de desafíos para, al final, acabar regresando al mundo real como un vencedor.

El viaje del héroe es un recurso que autores y guionistas utilizan con frecuencia, y que a cualquiera que haya visto *La guerra de las galaxias* (*Star Wars*) le resultará de lo más familiar. Pero también hemos visto otras versiones de historias con este mismo tópico que han tenido mucho éxito en el mundo de los negocios, sobre todo dentro de Silicon Valley. Y ha resultado ser especialmente eficaz a la hora de intentar que alguien invierta en tu proyecto, porque suele encajar bastante bien con la situación a la que tienen que enfrentarse la mayoría de los fundadores al crear una empresa, cuando tienen que afrontar una serie de problemas complicados que pocos creen que podrán resolver sin ayuda. Nadie dice que emprender sea fácil, es justo por ese motivo por el que nos encantan las historias en las que los fundadores tienen que superar obstáculos insalvables y, en el proceso, aprenden algo importante para el futuro de su negocio. Esta clase de historias nos sirven para poder creer plenamente en un fundador, en que solo él o ella será capaz de poner en marcha ese negocio único, y que todo acabará saliendo bien, incluso cuando la suerte no esté de su parte y todo el mundo esté en su contra.

Es justo por este motivo por el que los mejores CEO también son buenos narradores, porque llevan preparándose para ello y valiéndose del tópico del viaje del héroe durante muchos años. Ellen S. O'Connor y Denise M. Lucy, del Institute for Leadership Studies, entrevistaron a decenas de CEO de empresas de Silicon Valley a principios de la década de 2000 para hablar sobre su camino hacia el éxito. Descubrieron que la inmensa mayoría compartía una historia protagonizada por un «protagonista que tiene que superar una serie de obstáculos para alcanzar una meta, como el héroe de cualquier historia épica». O'Connor, en otra investigación que hizo antes de esa, también demostró que los fundadores que utilizaban ese tópico en sus historias solían tener más éxito que otros a la hora de conseguir financiación. En su opinión, funciona tan bien porque sirve para justificar que solamente esa persona va a poder representar de forma correcta la empresa que está fundando y sus valores. Transmite la idea de que el fundador es la persona adecuada para dirigir esa empresa en concreto y de que tendrá éxito, a pesar de su falta de experiencia personal.

El viaje de una heroína

Uno de mis ejemplos favoritos del tópico del viaje del héroe es el de Kate Ryder, CEO de una empresa llamada Maven Clinic y madre de tres hijos en Brooklyn. Conocí a Ryder cuando presentó Maven ante el público y los inversores hace una década, cuando yo todavía trabajaba como periodista. Por aquel entonces, Ryder no tenía mucho a su favor, tan solo una buena idea y mucha fe en lo que podía hacer (ambas, cualidades necesarias que cualquier nuevo fundador debería poseer, aunque no siempre son la clave del éxito). También era una narradora increíble. Lo que acabó siendo una ventaja competitiva que la ayudó en cada etapa del camino que recorrió con su empresa, a medida que tuvo que ir enfrentándose a retos cada vez mayores. Su historia es el ejemplo perfecto del tópico del viaje del héroe (o de la heroína, más bien). Así que vamos a hablar de ella detenidamente y verás cómo de vez en cuando su historia te va a remitir a las tramas de las que hemos hablado en capítulos anteriores. No es el ejemplo perfecto de todas ellas, pero sí que se le acerca bastante.

Antes de fundar su empresa, Ryder trabajó como periodista durante muchos años. Con el tiempo, le entraron ganas de emprender. Como ella misma dice, «lo llevaba en la sangre». Su padre y sus abuelos, por ambas partes, habían creado sus propias empresas, y a la joven Kate se le quedó eso grabado en la memoria. Dio el salto al capital riesgo para aprender cómo se financiaban las empresas y explorar algunas ideas potenciales, y consiguió un codiciado puesto en Index Ventures, en Londres, donde trabajó con algunos de los mejores inversores del sector, que la tomaron bajo su tutela.

Mientras trabajaba en Index, se dio cuenta de que varias de sus compañeras luchaban, casi siempre en silencio, contra el embarazo, el parto y el posparto. Algunas no se reincorporaban al trabajo después de dar a luz, como habían esperado hacer en un principio, a pesar de tener una prometedora carrera por delante, por culpa de la depresión posparto, dolor en el suelo pélvico, falta de apoyo a la hora de cuidar a los hijos o dificultades con la lactancia. Estas mujeres, en su mayoría, eran mujeres privilegiadas, con buenos salarios y bajas de maternidad remuneradas. Esto le hizo preguntarse cómo se las arreglaban las mujeres sin recursos, incluidas las millones de mujeres que no cuentan con ninguna clase de servicio sanitario de atención materna y carecen de acceso a un médico o una comadrona. Esa idea la llevó a crear una empresa de salud materna, un sector en el que no se había invertido demasiado hasta aquel momento. La mayoría de los inversores eran hombres y no habían tenido que lidiar nunca con los efectos y las consecuencias del embarazo, por lo que le restaban importancia a ese gran problema.

Index creyó lo suficiente en Ryder como para extenderle un cheque de 50.000 dólares para poner en marcha su idea, un comienzo prometedor. A partir de ahí, y casi de inmediato, se encontró con los primeros obstáculos. El mayor fue lo mucho que le costó que más gente creyese en su proyecto lo suficiente como para financiarlo y poner en marcha su empresa. Pero no se rindió y, aprovechando su experiencia como periodista, entrevistó a todas las madres primerizas y profesionales sanitarios que conocía para conocer a fondo el problema al que se estaban enfrentando. Así fue como se le ocurrió una solución, que en aquel momento era realmente innovadora: facilitar el acceso a la atención en línea en lugar de exigir que los pacientes fueran atendidos siempre en persona. Descubrió que se podía ofrecer mucho apoyo en línea, lo que permitía que las mujeres que estaban a kilómetros de distancia tuviesen acceso a un asesor de lactancia, un terapeuta o una comadrona para obtener la ayuda que necesitaban.

Pero su idea seguía suscitando mucho escepticismo. Los inversores varones (que ni siquiera se molestaron en ocultar sus prejuicios) le dijeron que ningún hombre trabajaría para ella, que el mercado de la salud femenina era demasiado pequeño y que las mujeres no necesitaban ese tipo de ayuda, citando como prueba el hecho de que sus propias esposas no la necesitaban. A Ryder estas objeciones le parecían absurdas, pero también sabía que se quedaría sin financiación rápidamente sin el apoyo de estos inversores. Así que adoptó una táctica diferente, apoyándose en el grupo mucho más reducido de mujeres inversoras que conocía y haciéndolas formar parte de la historia. Esto le dio una clara ventaja, porque la fría acogida de Ryder por parte de los inversores varones no hizo más que enfurecer a las mujeres a las que se dirigía. Esto también sirvió para demostrar lo valiente que era Ryder, porque no había desistido ni siquiera después de recibir una docena de rechazos consecutivos.

Una vez que Ryder expuso su visión y demostró que sí que existían muchas mujeres que se verían beneficiadas con su proyecto, en particular aquellas que trabajaban para grandes empresas, consiguió que Lauren Brueggen, de Spring Mountain Capital, financiase Maven Clinic en la primera ronda, y Jess Lee, de Sequoia, en la segunda, por lo que su empresa pudo seguir creciendo. Tiempo después, Ryder también fue madre, y se valió de los servicios que ofrecía en Maven Clinic para prepararse para la maternidad.

Ryder se ha convertido en toda una inspiración para otras fundadoras de salud femenina y mujeres líderes empresariales que se han tenido que enfrentar a retos similares. En última instancia, quienes apostaron por Ryder se vieron gratamente recompensados. En 2022 rompió el techo de cristal a lo grande al convertirse en la primera CEO de una empresa de salud femenina en convertirse en un «unicornio», un término que usan en Silicon Valley para referirse al grupo de élite de empresas que alcanzan un valor de 1000 millones de dólares. Incluso durante la recesión del mercado que se produciría, la empresa de Ryder siguió reuniendo capital, convirtiéndose en una auténtica estrella dentro del sector sanitario.

El éxito de Maven Clinic también supuso un punto de inflexión para el sector de la salud femenina. Es cierto que este sector sigue sin recibir la inversión que debería, pero ahora cuenta con algunos ejemplos de éxito, como la empresa de Ryder. Esto ha servido para suscitar un creciente interés por la salud de la mujer, después de haber sido durante años una de las categorías más infrafinanciadas dentro del mundo de la atención sanitaria. Aunque no todas las historias encajan con el tópico del viaje del héroe (puede que le falten una o dos partes para encajar del todo), la idea es seguir la trayectoria lo más fielmente posible, sin sentir la necesidad de desviarse demasiado de la vida real.

El viaje del héroe puede ser un buen recurso narrativo para cualquier empresa, sobre todo para aquellas que cuentan con la ventaja de poder echar la vista atrás después de haber tomado una decisión exitosa. Hubo momentos de tensión, descubrimiento y realización, seguidos de instantes de éxito (aunque, en el caso de Maven Clinic, el final aún está por escribir, porque la empresa sigue creciendo y evolucionando cada día). Además de aprovecharse de esta historia, Ryder no se olvidó de mencionar los objetivos de su empresa al dirigirse a los posibles inversores. Hizo hincapié en el tamaño que tenía el mercado potencial al que se suscribiría (en este caso, un mercado que mueve unos 14.000 millones de dólares) y mencionó también a cualquier empresa o competidor que estuviese generando unos ingresos considerables dentro de ese mercado. Por aquel entonces todavía no había muchas, aunque es posible que mencionase a una empresa en concreto llamada Progyny que se creó unos años antes, porque estaba teniendo un éxito rotundo en un mercado adyacente al de la salud femenina, en este caso, el de la fertilidad. También les habló sobre cómo venderles su idea a las grandes empresas y cómo eso supondría una mejora frente a los servicios sanitarios con los que contaban en ese momento. Venderles su idea a las empresas resultó mucho más sencillo que vendérsela a hospitales o compañías de seguros, ya que los contratos suelen estar estructurados de forma muy favorable para proveedores como Maven Clinic.

Para tener éxito en la presentación a los inversores, los fundadores también deben incluir detalles sobre sus márgenes a largo plazo, sus «fosos» tecnológicos y la calidad de su equipo. También es útil explicar con detalle cualquier éxito anterior que hayan tenido y sugerir que un rayo sí que puede caer dos veces en el mismo punto. Todo esto debería enfatizar el claro mensaje de que un inversor puede ganar mucho dinero invirtiendo pronto en esa idea. En el capítulo 8 hemos hablado en detalle del poder del FOMO en la psicología humana, especialmente cuando se trata de hacer negocios.

No todas las empresas se parecen a Maven Clinic. Pero todos los fundadores, independientemente de la fase en la que se encuentren, pueden encarnar el viaje del héroe a su manera. La lucha puede implicar una pelea con un gran competidor o la falta de gente que crea y apoye la idea desde el principio. En última instancia, debe haber algún tipo de revelación, que en el cuento clásico conduce a una especie de renacer y luego a un regreso triunfal con nuevos conocimientos, inspiración, sabiduría y, en última instancia, éxito. Estas historias nos conmueven porque nos hacen creer en algo y nos dan la sensación de tenerlo todo bajo control en un mundo caótico. Nos recuerdan que, como Neo en *Matrix*, Luke Skywalker en *La guerra de las galaxias* y muchos otros héroes del cine, tenemos el poder de cambiar las cosas a mejor.

Algunos fundadores han llegado incluso a adoptar intencionadamente el tópico del viaje del héroe para hablar de sus empresas. Un empresario, Chris Myers, escribió un artículo para la revista *Forbes* en el que describía cómo otros empresarios pueden utilizarlo para hacer la historia de su empresa más interesante. Tal y como escribió: «Hace que una historia que de otro modo sería aburrida parezca interesante y ayuda a la gente a conectar con nuestra misión a un nivel más profundo». Muchos han descubierto que estas tramas consiguen transformar por completo la realidad, algo que un «discurso de ascensor» (haciendo referencia a la capacidad que tiene un fundador de dar un discurso a inversores de capital que los conmueva) no puede hacer.

10

La narrativa y el sesgo

Todos somos prisioneros de nuestras experiencias.
Nadie puede librarse del todo de los prejuicios,
tan solo puede reconocer que los tiene.

—Edward R. Murrow, locutor

Las empresas lideradas por CEO mujeres suelen tener mucho más éxito dentro del mercado de valores que aquellas lideradas por hombres, según un informe realizado por S&P Global.[41] Sin embargo, un estudio del Kellogg School of Management revela que, cuando los medios de comunicación prestan mucha atención al nombramiento de una mujer como CEO de una empresa que cotiza en bolsa, sus acciones caen rápidamente entre un 2% y un 3%. Esto deja en evidencia que esta caída se debe en mayor o menor medida al nombramiento de la nueva CEO.

Se supone que los mercados se comportan siempre de forma racional y lógica, así que ¿a qué viene esa discrepancia?

Ned Smith, profesor asociado de Gestión y Organizaciones de Kellogg, comentó que las mujeres líderes están en una clara desventaja desde el principio debido al sexismo y la discriminación de género que existe dentro del ámbito laboral. Pero cuando Smith y su equipo siguieron investigando un poco más el tema, profundizando en el problema, examinando las menciones en los medios de comunicación y teniendo en cuenta cualquier sesgo relacionado con el tono de los anuncios, descubrieron algo confuso y sorprendente. Las empresas en las que las CEO recibieron menos atención mediática no experimentaron ninguna caída en las cotizaciones bursátiles, en comparación con aquellas cuyos nombramientos tuvieron mucha más repercusión. Y en el caso de los nombramientos de CEO hombres, la atención de los medios de comunicación no pareció influir mucho en el precio de las acciones.

Dicho de otra manera, si las mujeres fueran nombradas CEO, Wall Street solo reaccionaría favorablemente si no llamasen demasiado la atención o no hiciesen algo para que los medios de comunicación se fijasen mucho en ellas. ¿Por qué? Smith planteó la hipótesis de que cuando los inversores se enteran de que han nombrado a una mujer CEO, son capaces de reaccionar de manera racional, sobre todo sabiendo que las CEO pueden hacer que a la larga suban los precios de las acciones y, por lo tanto, darles dinero a ellos. Ese no es el problema. Smith descubrió cuál era el verdadero problema tiempo más tarde. Cuando la Bolsa de Nueva York analizó un grupo de seis empresas dirigidas por mujeres, descubrió que estas empresas no solo superaban la media del mercado bursátil en general, sino que tendían a «duplicar sus rendimientos durante el mismo periodo». Una hipótesis es que las mujeres que han alcanzado el rango de CEO suelen tener mejores resultados porque se han enfrentado a más adversidades que los hombres para llegar hasta allí.

Volvamos a nuestros inversores (en su mayoría hombres) de Wall Street. Cuando ven la noticia del nombramiento de una mujer como CEO, saben que cabe la posibilidad de que esa empresa tenga mejores resultados que las demás. Pero también pueden presuponer que no todos los inversores reaccionarán de forma positiva ante la noticia, lo que al final hace que *caiga* el precio de las acciones.

«Al descubrir algo así muchas veces tienes ganas de haber seguido viviendo en la ignorancia para no deprimirte, porque es un descubrimiento bastante deprimente», dijo Smith tras revelar su hipótesis. Los propios inversores no tienen ninguna clase de prejuicio contra las CEO. Pero, por algún motivo, pensaban que los demás sí que los tendrían. Y eso es justamente lo que les hizo reaccionar de un modo que perpetuó los prejuicios.

El tema de los prejuicios es muy complicado, porque las cosas no son blancas o negras, siempre hay matices de gris. Algunos prejuicios son inconscientes, como demuestra el ejemplo de cómo trata el mercado de valores los nombramientos de las CEO. En algunos aspectos hemos seguido avanzando, pero todavía nos queda mucho camino por recorrer en otros.

Mucho camino por recorrer. Basta con echar un vistazo a las estadísticas, unas de las que se suele hablar bastante a menudo pero que tampoco está de más recordar: en Estados Unidos, los hombres y las mujeres negros representan más del 14,4 % de la población, pero solo son el 1,6 % de los CEO de las Fortune 500. Los hispanos y latinos constituyen la minoría étnica más numerosa, con un 19,1 %, pero solo representan alrededor del 9 % de los CEO de las S&P 500 (en 2018 solo eran el 3 %). La discriminación relacionada con la edad hacia los empleados que tienen más antigüedad, que se discute mucho menos que la discriminación de género o racial, sigue estando bastante generalizada en la mayoría de las industrias, especialmente en los negocios, las finanzas y la tecnología. AARP, el grupo que representa a los estadounidenses de mayor edad, lleva mucho tiempo estudiando este fenómeno, y ha descubierto que existe cierta discriminación en el ámbito laboral para aquellas personas de más de cincuenta años que forman parte de la población activa. En diversas encuestas anuales, los participantes han afirmado de forma sistemática que su edad les ha dificultado la obtención de un empleo. *Además*, apenas hay CEO en la lista de las Fortune 500 que se identifiquen públicamente como parte del colectivo LGBTQ+, a excepción del CEO de Apple, Tim Cook.

En este capítulo analizaremos algunos ejemplos destacados de doble rasero, pero terminaremos con una conclusión muy obvia: nada de esto es justo, pero existen formas de mitigar los prejuicios y avanzar en igualdad de condiciones, incluso aunque no tengamos una gran plataforma en la que poder expresar nuestras ideas. Como argumenta Laura Huang, profesora de la Facultad de Empresariales de Harvard, en su excelente libro *Edge: Turning Adversity into Advantage*, existen diversas formas de reconocer los estereotipos que fomentan ciertos prejuicios y de hacer que los demás los dejen de lado. Huang señala que podemos tomar cartas en el asunto para cambiar la percepción que tienen los demás sobre nosotros en vez de dejarnos llevar por ellas. Dicho de otro modo, podemos tomar el control de la historia.

Imagínate, por ejemplo, que se nombra a una mujer CEO de una empresa que cotiza en bolsa. Para evitar que las acciones caigan, podría optar por evitar llamar la atención de los medios de comunicación. O podría no solo dejar claro que es una mujer CEO, sino también contar una historia que haga hincapié en las cualidades excepcionales (agallas, determinación, coraje) que ha necesitado para llegar a ese puesto, con una serie de ejemplos concretos. Mary Barra, de GM, es un ejemplo fantástico de ello, ya que en las entrevistas con los medios de comunicación reconoce que es una de las pocas mujeres que ocupan el cargo de CEO en una de las Fortune 500. También se muestra siempre dispuesta a aconsejar a todo aquel que le pida consejo. Y siempre que alguna otra mujer le pide ayuda, ella no solo está más que dispuesta a aconsejarla sobre qué hacer, sino que se vuelca en cuerpo y alma en la tarea. Uno de los consejos que suele darles es que no se dejen amedrentar y que sigan adelante, incluso cuando las cosas se pongan difíciles. Esto lo ha sacado directamente del libro de jugadas de Huang y puede que funcione, aunque he de reconocer que es frustrante que sea una mujer, y no un hombre blanco, el que tenga que estar dando consejos, solo porque el segundo se niegue a decir nada.

Por fin estamos empezando a ver algunos signos de progreso. En lugar de que caigan las acciones, estamos viendo cómo la capitalización bursátil de más empresas aumenta cuando nombran a CEO negros. Un grupo de profesores de gestión estudió este fenómeno y llegó a la conclusión de que la sencilla razón es que estos CEO suelen estar más cualificados que sus homólogos blancos, y el mercado *por fin* se está empezando a dar cuenta de ello.

El doble rasero y los medios de comunicación

Hubo una época dorada en la que parecía que un grupo de mujeres CEO había roto el techo de cristal. Estas mujeres estaban labrándose su propio lugar en el mundo y creando la próxima generación de marcas en el proceso. A finales de la década de 2010 y hasta principios de la de 2020, empresas como The Wing, Calibrate, Outdoor Voices, Glossier y Away (todas ellas dirigidas por destacadas mujeres *millennial*) recaudaron decenas de millones de dólares de inversores de capital riesgo y desencadenaron un movimiento en el proceso. ¿Te acuerdas del término «Girl Boss»? Cuando yo tenía veinte años y trabajaba como periodista tecnológica, ese término definía a la perfección el espíritu de la época.

Al menos durante unos años. Una tras otra, estas mujeres se convirtieron en el blanco de las críticas y los llamados «desmontajes» de la prensa económica popular, en los que pretendían desmantelar sus mentiras. Mos (educación), Spring Health (salud mental), ThirdLove (venta al por menor), Outdoor Voices (atletismo), The Wing (consumo), Cleo (salud), Away (consumo), Calibrate (medicina), Glossier (belleza) y la lista continúa. Todas estas empresas estaban dirigidas por mujeres. Algunas de las acusaciones acabaron siendo verdad (varias de estas empresas, incluida The Wing, fueron acusadas de fomentar una cultura racista y tratar mal a su personal), mientras que otras rayaban en lo mezquino, como las quejas de antiguos empleados por permanecer en la oficina hasta las 6 de la tarde. Se llegó al punto de que, en 2022, el inversor tecnológico Marc Andreessen tuiteó: «Búscate un *hobby* que te guste tanto como a la prensa le gusta publicar artículos que hablan sobre fundadoras decididas y agresivas».

En 2023 la tensión era tal que dos de los nombres más importantes del periodismo, Kara Swisher y Jessica Lessin, tuvieron una reunión de Zoom en la que abordaron el tema sin rodeos. Ambas coincidieron en que la prensa debía analizar en profundidad las motivaciones de los empleados que denunciaban a sus actuales o anteriores directores ejecutivos, normalmente de forma anónima. También animaron a los periodistas a considerar las implicaciones de utilizar términos como «agresiva» o «tóxica» para describir a estas mujeres. ¿Los utilizarían también cuando hablasen de los líderes hombres? Por otra parte, Swisher y Lessin se preguntaron por qué los medios de comunicación habían pasado por alto el mal comportamiento de tantos CEO varones, incluidos casos notorios como el de Travis Kalanick en Uber, mientras que se centraban en las mujeres una y otra vez por cualquier cosa que hiciesen, fuese mala o no.

· «Creo que, como periodistas, no queremos admitir que nos vemos influenciadas por los prejuicios…, pero quizás deberíamos darle una vuelta antes de escribir nada», le dijo Swisher a Lessin. «No creo que lo hagamos…, pero tal vez no deberíamos saltar y decir: "Eso no es lo que está pasando, no es sexismo", y simplemente dejar claro que lo es».

El término más apropiado para describir todo esto es «doble rasero». Los consejos de administración esperan que las mujeres rindan al mismo nivel o más que sus compañeros hombres. Sin embargo, muchos empleados también esperan que las mujeres se diferencien de los líderes hombres estereotípicos, siendo más cálidas y afables. Las mujeres tienen que mantener un equilibrio constante, caminando por la cuerda floja, en un mundo en el que nadie está nunca satisfecho con lo que hacen. Los estudios han demostrado que los inversores, así como la comunidad empresarial en general, tienden a percibir a las mujeres líderes como menos aptas para el espíritu empresarial, a pesar de que los hechos demuestren justo lo contrario, porque carecen de los rasgos agresivos de los «vaqueros» que supuestamente sí que poseen los hombres. Entre las empresas de las Fortune 500, solo el 8,2 % de los CEO son mujeres. Las mujeres ocupan alrededor del 28 % de los puestos en los consejos de administración de las empresas, lo que supone una gran mejora con respecto a décadas atrás, pero sigue sin ser ni remotamente representativo o equitativo.

¿El resultado de toda esta mala prensa? Hay menos empresas emergentes lideradas por mujeres que hace unos años. En Outdoor Voices, su fundadora, Tyler Haney, fue sustituida por el ejecutivo de moda Mickey Drexler, hasta entonces CEO de J. Crew, a raíz de una serie de noticias sobre el ambiente de trabajo supuestamente «tóxico» que había creado. Al parecer, Outdoor Voices va a cerrar sus tiendas y se rumorea que va directa a la quiebra. Isabelle Kenyon, fundadora de la empresa de medicina para la obesidad Calibrate, también fue sustituida por un hombre blanco como CEO de su propia empresa. Calibrate, tras recaudar decenas de millones de dólares de inversores de capital riesgo para aprovechar uno de los mayores impulsos de la historia con el auge de los fármacos GLP-1, fue adquirida posteriormente por una empresa de capital riesgo, al parecer por una fracción de su valoración anterior.

Podríamos decir que quizás estas empresas lucharon o fracasaron por otras razones, relacionadas con las condiciones del mercado o con un rendimiento deficiente. Y puede que sea cierto. Pero no hay duda de que la prensa negativa y el doble rasero aceleraron su desaparición y la de sus CEO. Como describió Carly Fiorina, antigua ejecutiva de HP, ahora en la política, las mujeres son o «la barbie» o «la zorra», es decir, o demasiado blandas o demasiado duras. Rara vez pueden ser algo intermedio, por no hablar de ser ellas mismas.

Prejuicios relacionados con la edad: tanto «duros» como «blandos»

Los investigadores y sociólogos Justyna Stypińska y Konrad Turek descubrieron que la discriminación por motivos de edad está a la orden del día en el ámbito laboral, sobre todo en sectores como la tecnología, los medios de comunicación y las finanzas, que dan prioridad a los empleados más jóvenes porque, en teoría, pueden asumir una carga de trabajo desorbitada. Pero los prejuicios no solo afectan al personal directivo. En muchos sectores, también afecta a los empleados más jóvenes que se incorporan al mercado laboral y a los que se considera que tienen menos habilidades que los mayores. Esto se debe en gran parte a la estructura de las empresas, que distinguen entre trabajadores de bajo nivel, mandos intermedios y altos ejecutivos. Los mayores de cuarenta años se benefician de leyes que les protegen de la discriminación, pero solo unos pocos países tienen leyes que protegen a los empleados más jóvenes.

La investigación también reveló que este tipo de discriminación puede adoptar dos formas: la dura y la blanda. La discriminación dura es la ilegal, la que puede acarrear el despido y graves problemas, como negar a alguien un ascenso solo por su edad. La blanda puede incluir un comentario o una broma fuera de tono y se basa en estereotipos. La ley no lo prohíbe explícitamente a menos que dé lugar a una decisión laboral adversa. No obstante, puede afectar a la autoestima y la confianza de una persona, y sigue siendo un problema importante al que deberíamos hacer frente.

Prejuicios contra las personas marginadas e infrarrepresentadas

Aunque las empresas de Estados Unidos pregonan la existencia de comités de diversidad, equidad e inclusión (la mayoría de ellas cuentan ya con algún tipo de grupo dedicado a la diversidad, la equidad y la inclusión) dentro de todas las empresas de su país, eso no ha impedido que se discrimine a los trabajadores negros y latinos. Según una encuesta de 2021, uno de cada cuatro afirma haber sufrido algún tipo de discriminación en el trabajo, un porcentaje muy superior al de los encuestados blancos. Muchos estudios han demostrado que los programas de desarrollo e innovación resultan muy valiosos, pero no se traducen en un impacto real. Esto puede deberse a que muchos de los problemas que experimentan estas personas en su día a día se deben a diferencias culturales, y las investigaciones han descubierto que los problemas se basan a menudo en suposiciones que hacen los empleados blancos al pensar que carecen de puntos en común con el resto de sus compañeros de trabajo de distintos orígenes. Una investigación de la Facultad de Empresariales de Harvard reveló varios datos muy interesantes y se centró en los problemas más comunes a los que tienen que enfrentarse estos empleados marginados. Los empleados negros afirmaron que sus compañeros no les preguntaban nunca por su vida social ni les invitaban a las quedadas que hacían fuera del horario laboral, como almuerzos en algunos fines de semana o las *happy hours* después del trabajo. También señalaron que no podían dejar salir a su verdadero yo en el trabajo, ni siquiera en los momentos de auténtica frustración o enfado. Todo esto se suma a una falta de confianza y a una sensación de estar tratando de sobrevivir, en vez de prosperar, en el trabajo.

En diversos estudios sobre la discriminación en el ámbito laboral, los empleados que pertenecían al colectivo LGBTQ+ también manifestaron haber sufrido un trato injusto en sus puestos de trabajo, y el problema se agravaba incluso más si el empleado que pertenecía al colectivo LGBTQ+ también era negro. Esta situación puede afectar negativamente al bienestar de la persona y reducir el compromiso y la satisfacción con el trabajo. Según una encuesta realizada en 2021, el 45 % de los trabajadores pertenecientes al colectivo LGBTQ+ declararon haber sufrido un trato injusto en el trabajo, incluido el despido o el acoso a causa de su orientación sexual o identidad de género. Alrededor del 31 % afirmó que esto seguía ocurriendo o que lo había experimentado en los últimos cinco años.

De hecho, a pesar de nuestros esfuerzos por combatirla, incluidas cinco décadas después de que se firmase una legislación federal en su contra, la discriminación sigue vivita y coleando dentro de todas las empresas. Y el primer paso para combatirla es reconocer que existe.

Cómo percibimos las historias

Como habrás deducido ya a estas alturas, en este capítulo no hablaremos solo de cómo contar una historia de manera eficaz. En cambio, quiero incitarte a ponerte en el papel del público y a reflexionar sobre cómo percibimos las historias. Si un hombre blanco, joven, guapo y que ha estudiado en una de las universidades de la Ivy League nos cuenta las ideas tan ambiciosas que tiene para su proyecto de negocio, ¿nos quedamos escuchando atentamente lo que tiene que decir de forma distinta a si lo hace una mujer, un asiático-estadounidense o una persona mayor? ¿Nuestras expectativas son las mismas que con el resto?

Aunque creamos que no somos parciales y que no tenemos prejuicios, las pruebas nos demuestran que sí que los tenemos.

A pesar de los avances que hemos hecho en equidad e inclusión, seguimos viviendo en un mundo en el que el aspecto, el sexo, el acento, la edad y la raza de una persona, además de otros muchos factores, importan más que lo que tiene que decir. Tanto es así que incluso juzgamos las capacidades de alguien antes de que pronuncie una sola palabra. Por ejemplo, varios investigadores de la Universidad del oeste de Escocia analizaron las miradas de las personas que consultaban los perfiles en las redes sociales de posibles candidatos a un puesto de trabajo. Descubrieron que a las mujeres se las juzgaba por su aspecto, incluidas sus fotos de perfil, mientras que a los hombres se les juzgaba por el contenido de su perfil, como sus intereses y publicaciones. Todo ello influía en la capacidad de las personas para conseguir el trabajo.

En el mundo de la iniciativa empresarial y el capital riesgo, donde trabajé durante muchos años, este problema es uno especialmente grave y extendido. Piensa en Silicon Valley como la «zona cero» de este tipo de prejuicios, porque el mundo de la tecnología favorece claramente a los hombres blancos, jóvenes y con estudios universitarios (y encima te llevas puntos extra si eres guapo). Los hombres blancos controlan un asombroso 93 % del capital riesgo. La mayoría de las grandes empresas solo tenían una socia dentro de la firma, si es que había alguna. Muy pocas contaban con inversores negros o hispanos. Por eso no es de extrañar, dada nuestra predisposición a invertir en personas que se parecen a nosotros, que las fundadoras tan solo reciban el 2,3 % de la financiación de riesgo. Claro que a los empresarios negros les va aún peor, pues reciben menos del 1 % de la financiación disponible.

Y, sin embargo, nada de esto tiene sentido: un 70 % de esos llamados «unicornios», es decir, empresas que tienen un valor de más de 1000 millones de dólares, cuentan con fundadores que son inmigrantes, mujeres o personas de color.

Laura Huang, profesora de la Facultad de Empresariales de Harvard, que escribió un libro sobre cómo enfrentarse a las adversidades, se ha pasado años estudiando el sesgo dentro del mundo del capital riesgo.

En una de sus investigaciones especialmente esclarecedoras puso haciendo una fila a un grupo de hombres y mujeres y les pidió que diesen el mismo discurso de presentación a una misma audiencia, que después tendría que evaluarlos y puntuarlos dependiendo de si estarían dispuestos a invertir en ellos y en sus proyectos. También hizo otra investigación en la que le pidió a esa misma audiencia que puntuase a aquellos hombres y mujeres por su aspecto («atractivo» contra «feo»).

¿Qué grupo crees que obtuvo la respuesta más positiva?

Fueron, sin duda, los hombres a los que consideraron atractivos. Le siguieron los hombres poco atractivos o feos y, en último lugar, las mujeres. En el caso de las mujeres, el atractivo físico no parece influir mucho en el público a la hora de tomar una decisión u otra después de haber escuchado su presentación. No está del todo claro por qué, pero una teoría bastante razonable es que nuestra sociedad suele asumir que las mujeres atractivas solo han alcanzado el éxito por su aspecto. En este sentido, sus logros tienen menos mérito que los de los hombres.

Los candidatos con acento, ya fuesen hombres o mujeres, también obtuvieron peores resultados en general, lo que demuestra hasta qué punto seguimos teniendo prejuicios contra los inmigrantes o cualquier persona de una cultura diferente a la nuestra.

Solemos preferir a los hombres antes que a las mujeres, en particular a los hombres blancos y atractivos, porque, en nuestra cabeza, son los que más posibilidades de triunfar tienen. Huang descubrió que era más probable que a los hombres se les asignaran cualidades positivas, como la asertividad o la valentía. Esos mismos atributos se asocian mucho menos con las mujeres o con las personas de color, y, cuando lo hacen, es de forma negativa. Por eso, por ejemplo, la gente tiende a ver a los hombres y a las mujeres de color como mandones, dominantes o demasiado seguros de sí mismos.

Esto hace que sea extremadamente difícil para los CEO que no son hombres blancos cumplir las expectativas de su junta directiva, sus empleados y los inversores. Por ejemplo, fijémonos en el reciente artículo de *Vox* sobre la empresa de nueva creación y minorista ThirdLove, de la que hablamos también en el capítulo 3. El reportaje incluía críticas a la CEO Heidi Zak por parte de antiguos empleados, que se quejaban de haberse tenido que quedar trabajando hasta bien pasada la hora de fin de jornada estipulada en su contrato (decían haberse tenido que quedar hasta las seis de la tarde) y la presión a la que les sometía para que participasen siempre en las *happy hours* después de sus jornadas. También afirmaban que Zak no había hecho lo suficiente para proteger a los empleados de su compañero en la dirección general y marido, Dave Spector, a quien calificaban de «intimidatorio». Hacia el final del artículo, el periodista que lo había escrito incluía también algunas citas de empleados que decían que salían a las cinco de la tarde, que eran felices en el trabajo y que, de hecho, podían tomarse tiempo libre para ocuparse de sus asuntos personales.

Mientras leía el artículo, no pude evitar pensar que ThirdLove es una empresa emergente respaldada por una firma de capital riesgo, con un consejo de administración y una enorme presión por alcanzar sus objetivos, como cualquier otra empresa. Eso no le resulta nada fácil a ningún CEO, y menos aún a una mujer a la que se imponen unos niveles de exigencia casi inalcanzables. ¿Cómo puedes dirigir una empresa que trate *mejor* a sus empleados que cualquier otra dirigida por un hombre y que, al mismo tiempo, supere a sus competidores en absolutamente todo para que los inversores se interesen más en ti que en los demás, por ejemplo, siendo mucho más eficiente en cuanto a número de ventas y logrando que los ingresos crezcan exponencialmente? De nuevo, al preguntarme esto no puedo evitar acordarme de la dicotomía y del doble rasero. Por algún motivo, a las mujeres se les exige que sean más agresivas cuando se trata de crear una empresa de éxito (mucho más que a los hombres) y que, al mismo tiempo, sigan siendo cálidas y amables.

Otra CEO de éxito, April Koh, de Spring Health, fue protagonista de muchas noticias durante un tiempo; noticias en las que se la criticaba por dirigir una empresa con una cultura empresarial que exigía que sus empleados trabajasen demasiado, lo que llevó a algunos de esos empleados a ir en busca de los medios de comunicación para expresar lo agotados que se sentían. Koh era muy trabajadora, lo que les hizo pensar a sus empleados que ellos también debían serlo. Pero ¿por qué el hecho de que el CEO de una empresa trabaje con ahínco se considera un ejemplo de «cultura del agotamiento»? Por el contrario, hace poco escuché un episodio de *podcast* con tres hombres (el inversor Keith Rabois, el fundador Mike Shebat y el inversor Harry Stabbings) que hablaban sobre el compromiso de Shebat con lo que él llama una «ética de trabajo olímpica» en su empresa emergente. En este caso, se puso a la empresa como modelo de lo que hay que hacer para que una empresa emergente tenga éxito. En el *podcast*, nadie hablaba del riesgo de acabar quemado o agotado, ni parecía preocupado por ese aspecto de la cultura de la empresa. En cambio, el mensaje estaba claro: si no puedes aguantar el ritmo, no te unas a la empresa. Y eso está muy bien. Aunque la empresa trate a sus empleados de forma desagradable en algunos aspectos, no se critica a las empresas dirigidas por hombres por ello, aunque algunos crean que sí que se debería criticarlas con igual dureza. Dado que a las empresas dirigidas por mujeres se las critica públicamente por no cumplir con las altas expectativas y a las dirigidas por hombres no se les impone ninguna norma en absoluto, la brecha no hace más que aumentar.

Cuando escuchamos las historias de las mujeres y de los CEO no blancos, el cómo reaccionemos dejará en evidencia nuestros prejuicios. Las preguntas que les hacemos a menudo dejan bien claro que esperamos que las mujeres acaben fracasando, mientras que nos mostramos un poco más inclinados a pensar que los hombres acabarán teniendo éxito.

Esto es algo de lo que Huang ha hablado en su estudio, después de entrevistar a los fundadores y las fundadoras y preguntarles cuáles son las preguntas típicas que les suelen hacer cuando están presentando sus empresas emergentes en los concursos tradicionales para ganar inversores, como TechCrunch Disrupt. Descubrió que los fundadores son más propensos a recibir preguntas sobre cómo piensan tener éxito («preguntas centradas en la promoción»), lo que les permite resaltar sus atributos al responder a cada pregunta. Las fundadoras son más propensas a ser acribilladas con preguntas de los inversores sobre cómo van a evitar el riesgo a la baja (lo que Huang llama «preguntas centradas en la prevención») que lo único que pretenden conseguir es que se pongan a la defensiva. Huang sostiene que las preguntas centradas en la promoción suelen dar lugar a respuestas centradas en la promoción, mientras que las preguntas centradas en la prevención dan lugar a respuestas centradas en la prevención.

Tras estudiar 140 interacciones entre inversores y fundadores en 189 concursos, Huang descubrió que los emprendedores a los que se les hicieron preguntas centradas en la prevención (principalmente mujeres y minorías) recaudaron una media de 563.000 dólares. Los que recibieron preguntas centradas en la promoción (en su mayoría hombres blancos) obtuvieron una media de 7,9 millones de dólares en financiación. Puede que el sesgo no sea evidente a primera vista, pero existe porque es más probable que las preguntas que reciben los hombres les preparen para el éxito.

Esto ocurre todos los días

Puede que el capital riesgo sea un tema especialmente sesgado dentro del mundo empresarial, pero el sesgo es un problema al que tienen que enfrentarse todos los días las empresas de todo el mundo, incluso aquellas que cotizan en bolsa.

Déjame que te ponga un ejemplo: Rosalind Brewer, una de las mujeres negras más influyentes de Estados Unidos y antigua CEO de Sam's Club, fue calificada de «racista» por sus propios empleados cuando hizo un comentario en un programa de televisión sobre la importancia de la diversidad y la inclusión dentro de una empresa. Algunas personas incluso llegaron a amenazarla por redes sociales con boicotear su negocio. Si te estás preguntando qué comentario hizo que provocó tal respuesta, te dejo aquí lo que le dijo a Poppy Harlow, periodista de la CNN, durante la entrevista:

Mi equipo ejecutivo es muy diverso, y es que esa era una de mis prioridades desde el principio. Es algo que le exijo a mi equipo y que quiero que forme parte de la estructura de mi empresa: la diversidad. *Y luego, de vez en cuando, admito que hay que hacerles una pequeña llamada de atención a los socios y hablar alto y claro sobre lo que quieres para que te hagan caso.* Y yo intento utilizar mi plataforma para eso… Intento dar ejemplo. Intento darles ejemplo a muchas mujeres, tanto dentro como fuera de mi empresa, porque creo que es importante. Hoy mismo nos hemos reunido con un proveedor y al otro lado de la mesa solo había hombres caucásicos. Digamos que ha sido una reunión interesante. En ese momento, decidí quedarme callada y no decirle nada a los proveedores de por qué no había ninguna sola mujer en esa reunión, o en ninguno de los otros niveles de su empresa, ni siquiera en los inferiores. Así que supongo que ahora lo que me toca es ponerme a hacer llamadas, no solo a mis socios, sino también a mis proveedores para ponerle remedio a eso.

Si eres capaz de leer entre líneas, probablemente te habrás dado cuenta de que Brewer parece bastante comprometida con la diversidad en su empresa, y siempre está dispuesta a mejorar en ese aspecto, incluso aunque tenga que llamar a sus proveedores cuando crea que pueden hacerlo mejor en ese aspecto ellos también. Para ella, la diversidad es algo más que un valor corporativo vacío: es una preocupación real y cotidiana. Aquellos que la criticaban interpretaron esta declaración como un llamamiento a que la empresa dejase de contratar hombres blancos y pasase a contratar solo a mujeres. Mientras tanto, cuando hizo ese comentario, cuatro de los ocho miembros de su propio equipo ejecutivo eran hombres blancos, lo que tan solo sirve para demostrar que estas acusaciones se hicieron con el único objetivo de hacer daño.

Sin embargo, los CEO varones y blancos pueden hacer esta clase de comentarios sin temor a las represalias. De hecho, ahora os dejo una pequeña lista de algunos CEO que también son hombres blancos y que han hablado sobre la diversidad y lo bueno que puede ser que una empresa cuente con un equipo diverso o que han apoyado la creación de leyes para prohibir la discriminación en el ámbito laboral, sin que ninguno de ellos haya recibido crítica alguna por ello: Marc Benioff de Salesforce, Kevin Johnson de Starbucks y David Cohen de Techstars. En todo caso, estos CEO han sido defendidos y elogiados por su compromiso con la diversidad y por fomentar entornos laborales más integradores. Sabemos que una de las cualidades más importantes que comparten los grandes narradores es su autenticidad. Los que son auténticos tienen una clara ventaja sobre los que todavía necesitan aprender y entrenarse para ser buenos narradores. Y, sin embargo, otra forma en la que frenamos a las mujeres y a las personas de color es castigándolas cuando son auténticas, impidiéndoles que hablen de los temas que les preocupan.

«La gente parece fascinada con nosotras porque dice que somos pocas», afirma Zak, CEO de ThirdLove. «Pero, cuanto más hablas, más te expones a que la gente te critique por cualquier cosa que digas».

Las redes sociales y el impacto de lo parasocial

Si no eres blanco o eres mujer, ¿cómo evitas que te critiquen y perder tu puesto o tu empresa? Bueno, una solución podría ser mantenerse totalmente al margen de la prensa. Si nadie habla de ti y nadie sabe tu historia, nadie irá a por ti, ¿verdad?

Bueno, pues en realidad, no creo que sea así, en absoluto. Marcas como Glossier solo tuvieron éxito *porque* su CEO era conocida. Sin la imagen de la CEO, la empresa probablemente no habría llegado a ninguna parte. Del mismo modo, el fundador de Bevel, Tristan Walker, se dio cuenta de que necesitaba que se hablase de él en los medios de comunicación *porque* vendía un producto que iba dirigido específicamente a las personas de color. Si nadie se fijaba en él y nadie le conocía, ¿cómo iba a poder llegar hasta su público objetivo? Estos CEO se encuentran sumidos en un círculo vicioso. Aparecer en la prensa y que se les reconozca gracias a sus perfiles en las redes sociales hará que la empresa avance en aspectos clave, como las ventas y el marketing, pero también puede suscitar reacciones negativas por parte del público.

Sarah Frier, autora de *Sin filtro*, un libro en el que se habla de los orígenes de Instagram y su impacto en la sociedad, cree que estas fundadoras mujeres y no blancas, «se encuentran inmersas en una situación de la que jamás podrán salir vencedoras». Crear una marca conlleva todo tipo de riesgos y retos. Pero también ayuda a que estos fundadores atraigan el tipo de atención con la que la mayoría de las marcas y fundadores no podrían ni siquiera soñar, al menos sin contar con una financiación estratosférica. Emily Weiss, CEO de Glossier, ha sido muy clara al respecto en las entrevistas que ha concedido sobre el tema. Entiende los pros y los contras, pero ha actuado deliberadamente a la hora de atraer nuevos inversores y clientes a medida que sus productos se iban vendiendo cada vez más. «No se me ocurre ninguna otra marca de belleza, y de hecho se me ocurren muy pocas marcas de estilo de vida, que atraigan tanta atención como Glossier», reconoció Weiss en una entrevista que concedió a la revista *Elle*.[42]

Cuando Frier evaluó cómo aprovecha Instagram las marcas y los CEO, descubrió algo de vital importancia. Frier estudió al milímetro aquellas empresas que habían alcanzado el éxito a través de Instagram, entre las que se encontraban Outdoor Voices y Glossier. Descubrió que se espera que estos ejecutivos (en su mayoría mujeres) personifiquen sus marcas, no solo en sus perfiles de redes sociales, sino también en su vida cotidiana. En casa, en la oficina, cuando salen a pasear a sus perros, en la cafetería y, en resumidas cuentas, cada vez que se encuentren con un desconocido por la calle, tienen que representar los valores de su marca de manera impecable. Eso hace que «toda su personalidad y su imagen sean objeto de críticas, porque forman parte de la marca», explica Frier.

Claro que somos lo suficientemente inteligentes como para saber que los perfiles con muchísimos seguidores en Instagram y otras aplicaciones sociales no reflejan en absoluto la vida real. Pero también tenemos expectativas muy altas con todas aquellas personas a las que seguimos en Instagram, sobre todo si nos encontramos con ellas en la vida real. Sentimos que las «conocemos» desde hace años; las tratamos como parte de nuestro grupo de amigos, aunque la amistad no sea recíproca.

Los científicos llevan desde los años cincuenta investigando el poder de estas «relaciones parasociales». En aquella época, antes de la llegada de las redes sociales, solíamos fijarnos más en las estrellas de cine, los actores de series de televisión y los deportistas. En los últimos años, las relaciones parasociales han empezado a extenderse a los CEO de las empresas, sobre todo a los que tienen grandes marcas y muchos seguidores en sus perfiles de redes sociales como Instagram. Para ejecutivos como Weiss, que tiene millones de seguidores en sus redes sociales, son demasiadas «amistades» que mantener. Entonces, ¿cómo pueden los CEO librarse de que les critiquen cuando estén de mal humor o simplemente tengan un día horrible?

Para Weiss, el problema no hizo más que empeorar cuando personas que la seguían desde hacía años entraron a trabajar en su empresa. Eran empleados, pero también eran personas que tenían la sensación de conocerla, como si fuese su amiga de la infancia, gracias a su perfil de Instagram. Una antigua empleada de Glossier le dijo una vez a un periodista que muchos de los nuevos empleados de Glossier veían a Weiss como una especie de «mesías» y se sentían un poco defraudados cuando no era lo suficientemente simpática. Dirigir un negocio no es fácil, sobre todo para quienes lo hacen por primera vez. No todo son sonrisas y apretones de manos. Los CEO de las empresas emergentes suelen ser aún más inexpertos que los demás CEO porque nunca antes han dirigido una empresa a gran escala. Así que, desde su punto de vista, tienen muchos empleados a los que podrían decepcionar, cualquiera de los cuales podría llamar a un amigo que trabaje en los medios de comunicación para criticarlo.

«No creo que la mayoría de esas historias sean inventadas o exageradas», sugiere Jacquelyn Miller, una ejecutiva de comunicación que ha seguido de cerca las noticias y los artículos en los que se ataca a las fundadoras. «Pero también creo que es mucho menos probable que se critique públicamente a los hombres porque tenemos muchas menos expectativas en su caso, y es menos probable que la gente los "delate"».

De esto saco una conclusión que podría servirnos también como posible solución, al menos hasta que averigüemos cómo dejar a un lado los prejuicios por completo en el ámbito laboral (si es que eso es posible, claro). Deberíamos leer detenidamente todos los artículos de opinión que se publican sobre los CEO en las revistas y los periódicos, para tratar de cerrar la brecha entre lo que es real y lo que es tan solo una exageración. En parte es inevitable caer en ciertos prejuicios. Weiss nunca va a estar a la altura del pedestal al que la han subido algunos de sus seguidores en redes, por muy perfecta que intente ser. Pero sí que existen ciertos modos en los que puede reducir el riesgo que corre de que la critiquen al enterarse de que es una persona normal como cualquier otra.

Reducir el riesgo sin perder la concentración

Ya hemos hablado bastante sobre el problema. Así que hablemos ahora de las posibles soluciones. Es posible que no podamos acabar con la discriminación y los prejuicios de la noche a la mañana, pero podemos ser conscientes de cómo actuamos. Podemos mirarnos un poco nuestro propio obligo y tratar de ser mejores, además de reprocharles ciertos comportamientos discriminatorios a la gente de nuestro entorno. Esto puede hacerlo cualquiera, independientemente de su posición dentro de la cadena organizativa. Pero los líderes que lean este libro deberían reflexionar más a fondo sobre estas cuestiones, buscando formas de mejorar sus propias organizaciones al tiempo que establecen algunas medidas para evitar que se cometan desigualdades a causa de los prejuicios y la discriminación. Esto es especialmente importante para los empleados que proceden de entornos marginados y pueden estar infrarrepresentados en la plantilla.

Los CEO y otros líderes empresariales deberían sentirse cómodos compartiendo sus historias en foros públicos, incluida la prensa, porque siempre sacarán un beneficio al hacerlo. Pero, para protegerse, deben tratar de no exagerar nunca. El primer consejo que le daría a cualquier líder empresarial sería este: todo lo que sube, baja en algún momento. Una vez más, estoy a favor de colaborar con la prensa, sobre todo ahora que las revistas y los periódicos están tratando de incorporar voces y perspectivas diversas. Pero me gustaría advertiros a todos los líderes de que tengáis mucho cuidado con no caer en lo que dentro del sector conocemos como «artículos de autobombo». Puede que te guste que hablen de ti en los periódicos y las revistas. Pero si te expones demasiado, la brecha entre la percepción externa y la realidad puede volverse demasiado grande, y eso es peligroso. Los CEO, en general, deberían evitar proyectar una imagen en la que se muestren demasiado exitosos o infalibles («¡Estamos cambiando el mundo! ¡Lo estamos petando!»). Eso solo provocará decepción entre los empleados e inversores, así como resentimiento. La mayoría de las empresas no lo están «petando»; están aprendiendo sobre la marcha. En su lugar, yo te sugeriría que fueses más abierto y transparente, que hables sobre algunas de las dificultades que te has ido encontrando por el camino y evites dar la impresión de que tu éxito ha sido lineal. En el capítulo 3, hablamos de cómo los líderes empresariales pueden utilizar la transparencia como una forma de hacerse querer por sus empleados y generar confianza. No existe ningún motivo para que esa transparencia (dentro de unos límites) no podamos aplicarla también a la prensa.

Por otro lado, tiene sentido esperar a tener datos significativos que apoyen tu historia o anécdotas de algunos clientes para compartir, de modo que no todo sea un cuento chino. Los periodistas rara vez quieren escribir artículos sensacionalistas, pero acaban haciéndolo si no se les ofrece una visión completa de la historia. Los CEO que son francos sobre los retos a los que se han tenido que enfrentar para llegar hasta donde están pueden crear una visión más equilibrada y unas expectativas mucho más realistas para su empresa. Además, su honestidad disipa cualquier posible crítica, porque ya se han hecho cargo del problema desde el principio. Por tanto, no hay posibilidad de que nos den gato por liebre.

Podemos aspirar a aparecer en la portada de una revista y ser alabados por nuestra brillantez. Pero te advierto de que esto puede ser un arma de doble filo. Que estés vendiendo un sueño es algo que puede conducir a decepcionar a mucha gente. En conclusión: es importante evitar que la diferencia entre realidad y expectativas sea demasiado grande. Y las empresas pueden adelantarse a las críticas si actúan antes de que estas lleguen, si se adelantan a los acontecimientos.

En la práctica, ¿cuánta diferencia debería existir entre la realidad y la exageración? Por lo general, siempre es necesario exagerar la historia un poquito, pero ¿cuánto es demasiado? Bueno, no existe una fórmula exacta, pero yo te recomendaría que te plantees estas preguntas para averiguarlo:

- «Si alguien se uniera a nuestra empresa después de leer un artículo en el que se nos haya elogiado, ¿se sentiría extremadamente decepcionado por lo que se encontrase al entrar?».
- «¿Existe una gran diferencia entre las expectativas (dinero recaudado, bombo generado en los medios de comunicación) y la realidad de la empresa (dinero ganado, objetivos cumplidos)?».
- «¿Existe una persona dentro de la empresa a la que se la ve como un dios, hasta el punto de que, si se fuese, la empresa se quedaría sin nada?».
- «¿Está la empresa proyectando éxito e impulso positivo sin parar y sin otro propósito comercial que el de hacer que se mencione a los líderes constantemente en los titulares?».

Si la respuesta a cualquiera de estas preguntas es sí, entonces deberías tomarte un tiempo para replantearte los objetivos de la empresa, de modo que la historia que cuente el CEO sea coherente con lo que se está haciendo en realidad.

Otro buen consejo que te daría sería el siguiente: los directivos deben evitar subirse a un escenario, participar en mesas redondas o interactuar con los medios de comunicación cuando lo único de lo que puedan hablar sea de su raza o su género. Una o dos preguntas sobre cómo triunfar como mujer negra en el mundo empresarial pueden resultarles útiles al público, pero es muy preocupante (por no decir injusto para el ejecutivo) que ese hecho sea el centro de toda la conversación, sin que se hable de absolutamente nada más. En este tipo de ponencias se debería hablar también sobre las métricas de la empresa o de algunos ejemplos de clientes satisfechos para demostrar que la empresa va bien, y no hablar solo sobre el género o la raza del fundador.

Zak, la CEO de ThirdLove, me dijo que suele aceptar cuando le piden una entrevista, pero no siempre. Suele decir que no a aquellos periodistas que solo la invitan a hablar por el hecho de ser una mujer CEO y no porque quieran saber algo más sobre su negocio o por cualquier otra cosa que haya conseguido. Su empresa no se ve beneficiada de esa clase de entrevistas o ponencias cuando solo le preguntan sobre cómo compagina su vida familiar, sus hijos, con sus responsabilidades profesionales (una pregunta que, además, nunca se les suele hacer a los hombres CEO). Otras CEO han tomado medidas similares para asegurarse de no convertirse en objeto de críticas más adelante. Para escribir este libro, hablé con un experto en comunicación, Kyle Arteaga, que trabajó mano a mano durante varios años con Aicha Evans, CEO de Zoox, la filial de coches sin conductor de Amazon. Arteaga dijo que a Evans la invitaban a diario a hablar con la prensa, porque es una influyente mujer negra y dirige una importante empresa. Sin embargo, Evans siempre se lo pensaba muy bien antes de aceptar nada. Cuando Arteaga le preguntaba al respecto, ella siempre le respondía lo mismo: ¿la entrevista trataría un tema relacionado con su trabajo?

Otro caso excelente de esta situación es el de Jane Fraser, una de las mujeres más poderosas dentro del sector financiero. Es la CEO de Citi. Pero seguro que no has oído hablar de ella a menos que pertenezcas al sector bancario o de servicios financieros. Fraser nunca ha querido hablar de que es una de las mujeres más influyentes dentro del mundo de las finanzas (un sector dominado por los hombres). En cambio, en todas las entrevistas que le han hecho se ha centrado en hablar de lo mucho que está transformando Citi desde dentro, porque la han contratado para eso, no para hablar de sí misma.

Aprovecharse de la ventaja

En algunos casos, el enfoque correcto consiste en actuar como Jane Fraser y hablar tan solo del trabajo que hay que hacer. En otros, la estrategia acertada consiste en apoyarse en lo que te hace diferente o único. Los líderes pueden aprovecharse de esa ventaja (lo que les hace diferentes de los demás) y luego volver a centrar la atención en el trabajo. En el libro de Huang se describe cómo las mujeres y las minorías pueden convertir sus diferencias en superpoderes aceptando los prejuicios por adelantado y convirtiéndolos en una parte que le dé fortaleza a su historia; dicho de otro modo, dándole la vuelta a los estereotipos.

He aquí un ejemplo concreto de cómo podría funcionar. Sabemos que las personas con acento pueden tener dificultades para ser contratadas o para conseguir financiación para sus proyectos. Así que alguien con un acento marcado podría mirar a los ojos a la persona o al grupo con el que está hablando y decir: «Seguramente por mi acento se habrá dado cuenta de que soy del Sur. Permítanme que les cuente de dónde vengo y todas las formas en las que eso ha contribuido a mi éxito».

Lo mismo puede decirse de los que parecen más jóvenes de lo que son; a estas personas se las puede tomar menos en serio en entornos profesionales. Huang, cuando imparte clases presenciales, reconoce que no encaja dentro del modelo de profesora típica a los ojos de sus alumnos. En lugar de pasarlo por alto, lo reconoce de entrada, con humor: «Sé que puede parecer que estoy aquí para venderos galletas de las Girl Scouts», suele bromear. A continuación, cambia por completo el tema de conversación y pasa a centrarse en sus credenciales y logros profesionales, lo que refuerza la idea de que tiene algo valioso que compartir con la clase, así que más vale que presten atención.

La misma idea puede funcionar con personas mayores y con más experiencia. Resulta muy valioso admitir abiertamente que se tiene una gran capacidad en un campo específico debido a los años de experiencia en el sector.

He aquí otro ejemplo bastante concreto. Mi amiga Deena Shakir se ha convertido en una de las pocas mujeres árabe-estadounidenses que trabajan dentro de una firma de capital riesgo y se ha ganado el respeto de los demás inversores (mayoritariamente hombres blancos) gracias a sus astutas decisiones. Pero no lo ha tenido fácil para llegar hasta donde está. Su familia emigró de Irak y, cuando era niña, vandalizaron su casa tras los atentados del 11-S, pintando insultos racistas en la entrada. Tras graduarse en Harvard, trabajó en el sector de la política y más tarde en Google. Se abrió camino en el sector del capital riesgo a base de mucho esfuerzo y consiguió un puesto en el fondo Lux Capital. Sus primeros meses fueron bastante complicados, porque tuvo que aprender todo desde cero mientras hacía malabarismos para seguir cuidando a sus hijos.

Como inversora de capital riesgo, ha conseguido triunfar presentándose como una perdedora, obsesionada con encontrar otras perdedoras en las que invertir. Eso le ha beneficiado de una forma increíble, tanto a la hora de compartir su propia historia como a la hora de describir las empresas en las que invierte.

Lo que hace es vincular sus propias experiencias a sus decisiones de inversión. Y convierte los prejuicios en un punto fuerte que la convertirá en una inversora de más éxito. «Invertir en mujeres, pero también en equipos fundadores infrarrepresentados, hace que el balance final tenga mucho mejor aspecto», me dijo. Shakir, que invirtió en la clínica Maven, dirigida por mujeres, cuando se convirtió en un «unicornio» de Silicon Valley, ya está viendo los frutos de esa buena decisión.

Sea cual sea la estrategia que adoptes, es importante reconocer que el proceso consta de múltiples pasos. El mejor lugar para empezar es con nosotros mismos. La mayoría de nosotros tenemos algún tipo de prejuicio sobre cómo percibimos a las personas con las que trabajamos. Puede ser tan sutil como juzgar a alguien que no habla en las reuniones, sin reconocer que puede estar contribuyendo a la empresa entre bastidores. O nuestros prejuicios pueden manifestarse al suponer que solo porque alguien no tenga un título universitario o un certificado que demuestre sus dotes y características no será tan competente como otros miembros del equipo que han estudiado en alguna de las universidades de la Ivy League.

El primer paso es reconocer nuestros propios prejuicios, lo cual es más fácil de decir que de hacer. Luego podemos formarnos, hacer preguntas a la gente que nos rodea y tratar de empatizar con las personas con las que trabajamos y con las que nos encontramos en nuestra vida personal. Una vez que nos hemos sincerado con nosotros mismos, toca abordar los prejuicios que los demás puedan tener sobre nosotros y, tal y como nos recuerda Huang, convertir nuestra adversidad en una ventaja.

11

La narrativa y la IA

Algunos lo llaman inteligencia artificial, pero la realidad es que esta tecnología nos ayuda a ser mucho mejores. Así que, en vez de inteligencia artificial, creo que deberíamos llamarla inteligencia aumentada.

—GINNI ROMETTY, antiguo CEO de IBM

Lex no escribió este capítulo por mí. Pero Lex sí que me hizo unas cuantas sugerencias sobre cómo hacer que mi pluma sonase mucho más clara, mis preguntas más agudas y mis frases más concisas; comentarios críticos que agradecí a lo largo del proceso. Lo que más me gustó de Lex, un editor con el que empecé a trabajar mientras escribía este libro, fue que no le importasen en absoluto mis sentimientos. A Lex no parecían importarle mis inseguridades, mis emociones o mi vulnerabilidad; esa clase de cosas que todo autor siente al escribir. Lo único que a Lex le interesaba era mejorar la calidad de mi contenido. A los pocos segundos de pedirle que me ayudase a revisar el manuscrito, Lex me proporcionó una versión alternativa de mi prosa, la mayoría de las veces sin problemas en la estructura de las oraciones, sin frases en voz pasiva y sin faltas de ortografía.

Lex, por si todavía no lo habías adivinado, no es ningún editor humano, sino un bot conversacional de inteligencia artificial integrado en un programa de tratamiento de textos en la nube. Para cuando estés leyendo

275

esto, probablemente Lex habrá avanzado mucho. Hacia 2030, quizás Lex incluso haya escrito el próximo superventas de Estados Unidos e inventado un nuevo tipo de trama. O no. Puede que ya nadie use Lex porque haya quedado obsoleto después de que se hayan creado otros sistemas de inteligencia artificial mucho mejores, más rápidos y más baratos.

También puede darse el caso, aunque en un futuro hipotético mucho menos popular, de que dentro de unos años nos demos cuenta de que los modelos extensos de lenguaje («LLM» son sus siglas en inglés) en los que se basan muchas empresas de inteligencia artificial que alcanzaron la cima en 2024, acaben viéndose limitados con su capacidad de cálculo, la energía eléctrica que consumen o incluso la disponibilidad de agua dulce a nivel global. Dicho de otro modo, quizás nos hayamos creído demasiado el bombo que se les ha dado en los últimos años y tal vez esto sea lo mejor que Lex vaya a conseguir nunca. Algunas personas ya están empezando a advertir de que actualmente nos encontramos sumidos en una burbuja de IA, pero, por lo menos mientras escribo esto en 2024, los escépticos son menos que los que apoyan este nuevo sistema.

La realidad es que nadie tiene ni idea de lo que va a ocurrir en el futuro. Una vez oí a un investigador dela IA decir que burlarse del avance tecnológico en 2024 es como sentirse decepcionado porque un bebé de nueve meses no pueda hacer deporte y porque lo único que haga sea «hacerse pis encima y llorar». Todavía es demasiado pronto para evaluar el potencial de la IA, ya que aún se encuentra en fase de desarrollo. Este es uno de los problemas inherentes a la evaluación de calidades de los productos de IA. Podemos pretender ser unos expertos o líderes en el tema, y parece que últimamente estos están saliendo hasta de debajo de las piedras, pero la dirección en la que se está encaminando esta tecnología y sus aplicaciones reales siguen siendo todo un misterio. Además, la IA avanza con increíble rapidez, por lo que cualquier nuevo sistema que salga ahora puede quedarse obsoleto en cuestión de años, o incluso meses.

También en 2024, los alarmistas pusieron el grito en el cielo por lo preocupados que estaban de que la IA pudiese destruir a la humanidad.

Elon Musk, uno de los primeros inversores de OpenAI, lleva años hablando del siniestro potencial de la IA, señalando en el *podcast* de Joe Rogan que «probablemente la IA será más inteligente que cualquier humano el año que viene».[43] (Cuando estés leyendo esto sabrás si estaba en lo cierto o no). Sam Altman, CEO de OpenAI, también ha hablado de los temores de que la IA acabe con el mundo y haga que no se necesiten personas para realizar ciertos trabajos, afirmando que espera que la IA sustituya el 95 % del trabajo que realizan las agencias creativas y de marketing.[44] Pero también he oído opiniones mucho más escépticas y fundamentadas sobre el verdadero potencial de esta tecnología. El Dr. Angus Fletcher, un experto en narrativa con títulos avanzados tanto en neurociencia como en literatura, cree que la IA tan solo puede encargarse de hacer un conjunto limitado de cosas y que gente como Musk, que solo quiere hacer «reflotar el precio de las acciones» de estas empresas, han estado exagerando su verdadera utilidad a corto plazo.

En resumen: la IA sigue siendo una tecnología misteriosa y confusa, aunque estemos empezando a comprender tanto lo que podría aportarnos en un futuro como sus limitaciones. Me intriga especialmente saber si la IA conseguirá sustituir a los narradores humanos o, en términos más generales, si afectará a nuestra capacidad de imaginar, inventar y crear, lo cual es importante tener en cuenta a medida que la narración cobra más relevancia en el mundo de los negocios. He oído decir a varios expertos en la materia que la IA acabará apoderándose de todos los trabajos de índole intelectual, lo que significa que tendrá un impacto masivo en nuestra forma de trabajar. Pero ¿qué ocurre con los trabajadores creativos, como los dramaturgos y los autores? Crear obras de arte sublimes es una de las capacidades que nos hace humanos, y si la IA disminuye o cambia eso, ¿qué significará eso para el futuro de la humanidad? ¿Podrá esta tecnología crear alguna vez una tragedia como las de Shakespeare o incluso superar a los escritores más grandes de todos los tiempos nutriéndose de los textos más célebres y crear la novela definitiva? ¿O carecerá siempre de imaginación y dejará en nuestras manos aquellas actividades como la escritura creativa y la formación narrativa?

«Estos modelos de inteligencia artificial generativa son capaces de crear textos que suenan verosímiles basándose en un análisis estadístico e iterativo del funcionamiento del lenguaje», afirma Dylan Tweney, antiguo periodista y estratega de contenido, que ha estudiado el impacto que tendrá la IA en los campos creativos. «El texto sonará muy bien, e incluso puede ser un tanto inspirador, pero no te dejes engañar pensando que todo lo que dirá será cierto porque no es así como funciona la IA». La IA es conocida por inventarse información que a primera vista suena totalmente verosímil. Tweney dijo que deberíamos pensar en los LLM como «máquinas de confabulación»: son útiles en la escritura como compañeros a la hora de crear, como apoyo, pero no como sustitutos. Por ejemplo, la IA sería útil para aportar ideas para un artículo o para reescribir un texto sin faltas de ortografía, pero no para generar el primer borrador.

Tweney ha dirigido equipos de redactores y no cree que este trabajo corra peligro si *el objetivo es crear contenidos veraces que sean interesantes de leer*. Sin embargo, mucha gente no lo entiende, por lo que sospecha que, durante muchos años, se verterán en internet toda clase de contenidos generados por inteligencia artificial que muy poca gente leerá.

A pesar de ello, Tweney es optimista sobre el futuro de la narración porque «la autenticidad humana destacará por encima de todo, como un faro en la oscuridad», afirma, en medio de un océano de contenidos generados por inteligencia artificial. En resumen, en su opinión, el hecho de que un ordenador pueda sonar como un ser humano y tenga una capacidad de investigación inigualable no significa que pueda sustituir a un buen narrador. La mayoría de nosotros somos capaces de darnos cuenta de cuándo algo de lo que estamos leyendo u oyendo está generado por inteligencia artificial, aunque eso puede cambiar con el tiempo, a medida que la gente vaya nutriendo el sistema de la IA y esta se vuelva mucho más sofisticada.

Cuando le planteé la misma pregunta sobre las limitaciones de la IA a Uri Hasson, neurocientífico y psicólogo, él me dijo:

«¿Cuál es la palabra que primero te viene a la mente si te digo "Creo que hoy va a..."?».

«Llover», ¿verdad?

En los estudios que se han hecho con una IA generativa, el ordenador también responde «llover». Siempre. Eso es porque, como dice Hasson, «encaja con las estadísticas». Un buen narrador, sin embargo, sabría que el elemento sorpresa es fundamental y encontraría la forma de ir variando la respuesta. El ordenador no sería capaz de hacer eso, a menos que estuviera programado para ello, lo que a la larga lo único que conseguiría sería garantizar que el resultado que nos diese fuesen historias aburridas y predecibles.

La IA es más eficaz para resumir un texto e imitar a las personas. Mientras estoy escribiendo esto en 2024, se puede pedir a una IA generativa que cree un texto «al estilo de Shakespeare», y el resultado que te da no es tan malo. También es capaz de imitar voces de famosos como la de la actriz Scarlett Johansson.[45] Johansson dijo que la empresa OpenAI lo había hecho sin su permiso, lo que provocó una crisis mediática e incluso que la gente implicada empezase a preocuparse en serio por los posibles daños asociados a las *deep fakes* (vídeos, audios o imágenes que se difunden rápidamente y que están muy editados o generados utilizando herramientas de inteligencia artificial y que muestran a personas reales o inventadas). Pero el arte creado por el ser humano no se limita a imitar. Se dedica a sobrepasar siempre los límites de la imaginación y nos incita a pensar y a conectar de distintas formas.

Además, muchos de los mejores escritores de todos los tiempos han escrito en distintos géneros literarios, lo que hace casi imposible replicar su estilo. No se limitaron a crear «al estilo de» uno de sus predecesores. Se sublevaron o reinterpretaron los estilos literarios existentes, creando algo radicalmente nuevo, a menudo en respuesta a factores como su salud, traumas o relaciones personales. Por poner un ejemplo sencillo: el escritor James Joyce era muy conocido por sus relatos realistas en *Dublineses* y *Retrato del artista adolescente*, antes de empezar a escribir obras mucho más experimentales, como *Ulises*, y luego pasar a un estilo mucho más revolucionario con *Finnegans Wake*. A veces las circunstancias de la vida han llevado a los artistas a tomar rumbos completamente distintos y novedosos. Joyce, por ejemplo, sufrió problemas oculares crónicos y una prolongada ansiedad a causa de la salud mental de su hija. ¿Podríamos decir que estos problemas le «llevaron» a convertirse en un gran escritor o a adoptar estilos cada vez más experimentales? Por supuesto que no, pero son factores que influyeron en su desarrollo como escritor. Es imposible separar la obra del autor.

Otro ejemplo de esto: piensa en por qué las obras de Ernest Hemingway siguen resultándonos atractivas. No solo nos gustan por lo que escribió, sino también por su estilo de escritura (esas frases cortas y concisas que le caracterizan, en las que todas las palabras encajan) y su visión del mundo. Su prosa puede resultar bastante sobria, pero está marcada por su vulnerabilidad y sus sentimientos. Hemingway nos demostró que no necesitamos frases enrevesadas y largas para transmitir emoción. Su pluma resultaba radical y novedosa por aquella época y, por lo tanto, solo podría haberla escrito un ser humano. Puede que hoy en día la inteligencia artificial sea capaz de imitar su voz, pero, por muy ludita que suene, el original siempre tendrá un toque mucho más especial. También es posible que nos sintamos atraídos por la prosa de Hemingway porque conocemos parte de su historia y sus traumas, en particular aquellos años en los que estuvo trabajando como conductor de ambulancias durante la Primera Guerra Mundial, en los que fue testigo de las terribles consecuencias de la guerra.

Jane Austen es otra escritora que se ha vuelto mucho más conocida con el paso de los años y cuyas obras poseen cierto toque atemporal, porque ella se dedicó a escribir sobre cómo interactuaba el ser humano con otros seres humanos dentro de la sociedad. Austen describe de una forma maravillosa el deseo humano de aprender y cambiar a medida que conocemos a las personas que pasan por nuestras vidas. Sus personajes suscitan una fuerte respuesta emocional. Nos reímos con ellos y nos compadecemos de ellos, aunque nuestra sociedad sea muy distinta de la de Austen. Sus historias tratan sobre la empatía: qué personajes son capaces de profundizar en su capacidad de sentirla y quiénes no. Muchas de sus obras muestran que los seres humanos pueden cambiar, sobre todo cuando se enfrentan a personas que los animan a convertirse en mejores versiones de sí mismos. ¿Podría la IA crear una novela como esta, que muestre emociones y sentimientos tan humanos como la empatía? Todavía no lo tenemos del todo claro.

«En lo que respecta al arte, no se trata solo de narrar una historia», afirma Trung Phan, antiguo financiero que actualmente trabaja como guionista e investigador de la IA. Phan ve mucho potencial narrativo en estas herramientas de IA, pero también reconoce sus limitaciones después de estudiarlas durante años. «La gente quiere conocer al individuo imperfecto que se esconde detrás de la historia», señala. La belleza de las historias es que están intrínsecamente ligadas a sus narradores, eso es lo que las hace poderosas y atractivas frente a lo puramente abstracto.

El arte más cautivador nos permite entrever los pensamientos de un ser humano de una época diferente y hacernos una idea de cómo podría haber sido esa persona. Con las historias generadas por IA, suponiendo que el contenido sea fehaciente, a menudo falta algo que no somos capaces de precisar. El resultado puede ser técnicamente bueno, incluso puede parecer haber sido escrito por alguien con empatía o que sabe escuchar. Pero no provoca ninguna respuesta emocional (al menos en mi caso). Creo que es porque sé que no hay ningún ser humano detrás por el que sentir curiosidad o con el que intentar relacionarme. Algunas personas, sin embargo, pueden pensar de forma distinta, y empresas como Woebot, creadora de un bot conversacional de terapia con IA, se han dado cuenta de que sus usuarios se sienten más cómodos hablando de ciertas cosas con alguien que no es humano. Algunos usuarios incluso lo prefieren, pues consideran que es más fácil compartir sus secretos más profundos con un robot y no con un humano y, por tanto, no se sienten juzgados. Sin embargo, en general, los expertos con los que hablé se mostraron escépticos ante la posibilidad de que la IA pudiese sustituir al equipo de marketing de contenidos de cualquier empresa en un futuro próximo. «La gente no establecerá relaciones con la IA que genera los contenidos publicitarios», afirma Tweney. «Si el objetivo es hacer avanzar el negocio y lograr resultados tangibles con el contenido, entonces necesitamos humanos que se comuniquen con otros humanos».

No creo que sea la única que piensa que las historias generadas por IA carecen de cierta calidad humana, aunque la tecnología está mejorando a un ritmo aterrador. Cuando la empresa de relaciones públicas Highwire puso a prueba los contenidos generados por IA, los analistas concluyeron que en realidad no conseguían hacer que la balanza se inclinase en su favor. El contenido no generaba mucha participación y se clasificaba muy bajo en los motores de búsqueda. Los contenidos redactados por seres humanos superaron a los generados por IA en todos los aspectos importantes.

Pero ¿en qué punto nos encontramos? Sí, el contenido generado por personas puede resultar genérico, pero sigue siendo mucho mejor que cualquier copia generada por una IA. Eso dice mucho de nosotros como usuarios y creadores. Creo que se debe a que, aunque la IA puede crear contenidos precisos basándose en los hechos (aunque no contamos con ninguna garantía de ello, dada su predilección por la invención), le cuesta redactar una historia, porque, en mi opinión, eso requiere una conexión humana para ser plenamente eficaz.

Fletcher, investigador de la narrativa, forma parte del bando del «no»: la IA jamás nos superará como narradores o creadores, ni siquiera con el paso del tiempo. Se puede entrenar a una IA para que corrija un error en un texto, dice Fletcher, pero la IA no tiene la capacidad de percibir las respuestas emocionales de las personas, lo que significa que no puede empatizar con otros seres humanos de la forma en que lo hacemos nosotros. Describió la IA como capaz, en el mejor de los casos, de producir «una redacción no mala».[46]

Fletcher, que estudió el Renacimiento en la Universidad Estatal de Ohio y que se ha formado tanto en ciencias como en humanidades, ha escrito varios textos sobre el verdadero poder y potencial de la literatura. Sostiene que la propia narrativa es una tecnología que ayuda a los humanos a resolver dilemas complejos y a ser mejores. Por eso forma parte de nuestras vidas desde el principio, desde las pinturas rupestres de hace decenas de miles de años. En su opinión, la IA nunca será capaz de producir una «buena historia», lo que puede ser la razón por la que el contenido de Highwire creado con IA no consiguiera generar alcance. Cuando Fletcher habla de ser hábil a la hora de escribir una historia, se refiere indirectamente a algunas de las grandes obras literarias, cuya prosa es inigualable, y algunas de las cuales ya hemos mencionado en este capítulo.

Tal y como dice él, los modelos extensos de lenguaje, un subconjunto de la IA, utilizan redes neuronales (un método que enseña a los ordenadores a procesar datos de un modo inspirado en el cerebro animal) para procesar e identificar tendencias en los datos de los que se nutren, y se basan en las indicaciones de los usuarios para convertirlos en «historias» en formato de texto, vídeo o audio. En teoría, los LLM pueden «aprender» con el tiempo a establecer conexiones entre distintos tipos de escritura, ajustándose esencialmente a patrones de lenguaje, y ofrecer resultados que resultan especialmente sorprendentes. Sin embargo, la creatividad humana no se basa únicamente en ese tipo de relación entre patrones, porque tenemos nuestras mejores ideas gracias a las interacciones que establecemos con los demás y a nuestras experiencias personales.

Los estudios también han descubierto que los ordenadores pueden tener problemas con la correlación y la causalidad. Hoy en día, una IA puede aprender, por ejemplo, que fumar puede llevar a una persona a desarrollar cáncer de pulmón. Pero le costará entender que el cáncer no es la causa del tabaquismo. Esto puede cambiar, claro, si se sigue desarrollando la llamada «IA causal», cuyo objetivo es comprender las relaciones causa-efecto que hay dentro de los datos. Asimismo, varios consumidores de esta clase de herramientas de IA se han dado cuenta de que, cuando le pedían que redactase algo, el ordenador se acababa inventando algunos datos, lo que, a la larga, puede causar daños reales. En la primavera de 2023, la IA le dio una serie de consejos obsoletos a una paciente sobre el cáncer de mama y luego se inventó la existencia de algunas organizaciones sanitarias para respaldar sus afirmaciones, y los investigadores también han encontrado indicios de que la IA era más propensa diagnosticarles cáncer de mama a las mujeres negras de forma errónea.[47]

Aun así, la capacidad de la IA para resumir información compleja con rapidez y proporcionar información sobre cómo mejorar su estilo puede ser bastante útil. Me ha sorprendido su capacidad para ofrecer resultados relevantes cuando he buscado consejos sobre un destino de viaje o incluso sobre un problema médico. Sin embargo, cada vez me convence más el modelo en el que un humano escribe un texto y la IA lo edita, frente al modelo inverso. Ya estamos viendo aplicaciones de IA en software, donde este tipo de tecnología acelera la capacidad de los editores para revisar textos con herramientas como Grammarly. Así que puede que nos dirijamos hacia un futuro en el que la mayoría de nosotros escribamos ficción, notas, entradas de diario, deberes y artículos de noticias con algún tipo de compañero de IA. Escribir sin un bot conversacional o asistente de IA podría ser el equivalente a escribir una carta a mano: lo suficientemente pintoresco como para resultar increíblemente encantador.

Aún se desconoce cómo repercutirá esta tecnología en los narradores del futuro. Tal vez el hecho de tener un editor en segundo plano que corrija nuestros errores a tiempo real nos haga mejores escritores. O podría hacer lo contrario, convertirse en una soga que ahogue nuestra creatividad. El temor es que la IA nos lleve a un futuro en el que todos nos volvamos unos perezosos, y los textos que escribamos empiecen a parecerse cada vez más a un correo electrónico: cortos, carentes de emoción y funcionales. O puede que, simplemente, copiemos sin cesar los estilos y el trabajo de los demás, haciendo que la IA genere el texto para un proyecto de redacción de contenidos al estilo de un humano que nos parecía revolucionario hace cien años, cuando la gente todavía se encargaba personalmente de escribir sus propios textos.

El impacto en las humanidades

Lo que más preocupaba a muchos de los investigadores con los que hablé es el declive de las humanidades. Esto no se puede atribuir directamente a la IA, pero algunas universidades estadounidenses que imparten sobre todo estudios en las artes liberales han registrado un descenso del 50 % en el número de solicitudes en los últimos años, a medida que más estudiantes se decantan por la ciencia, la tecnología, la ingeniería y las matemáticas (CTIM), incluida la informática.[48] En Reino Unido y Europa se han observado tendencias similares: además del descenso de matriculaciones, las universidades están reduciendo sus presupuestos para salarios de profesores de materias que no formen parte de las CTIM.

En las empresas, podemos pensar que las carreras en ciencia y tecnología están sacando candidatos cada vez más valiosos, por lo que muchos líderes empresariales piensan que es importante dar prioridad a las CTIM, independientemente de hacia dónde se dirija la IA. Sin embargo, esa tesis puede significar también que estamos abogando por un futuro en el que los jóvenes ya no ven valor en la lectura y la escritura. La educación en las humanidades nos enseña habilidades como la creatividad, la imaginación, el pensamiento crítico y el razonamiento (lo admito, en esto soy parcial porque estudié Historia y Periodismo en la universidad). Leer es como entrenar el cerebro, y está demostrado que nos hace más inteligentes y amables. Según unos estudios publicados en 2006 y 2009 por la Universidad de Toronto, las personas que leen ficción son más capaces de empatizar con los demás y de ver el mundo desde la perspectiva de otras personas.[49]

Nathan Baschez, el ingeniero que está detrás de Lex, me dijo que creó la tecnología por su fascinación por la creatividad humana. En su opinión, la IA puede hacernos más eficientes, pero no puede convertirnos en el próximo Shakespeare. Eso requiere práctica, ensayo y error, suerte y mucho talento. Por algo no ha habido (posiblemente) nadie que le haya llegado a Shakespeare a la suela de los zapatos en los cientos de años transcurridos desde que escribió *Hamlet* y *Macbeth*.

El cerebro humano también se ve beneficiado de que alguien quiera convertirse en el próximo Shakespeare, aunque tenga pocas posibilidades de conseguirlo. No solo es genial poder leer y escribir obras de ficción, sino que además es algo que nos beneficia en muchos aspectos. Reduce el estrés, favorece la relajación y mejora la conectividad del cerebro, algo especialmente importante a medida que envejecemos. Algo que suelo hacer siempre que conozco a alguien, y que me encanta, es preguntarles cuál es su novela favorita y luego leerla. Es como abrir una ventana a su alma. Por si te lo estabas preguntando, la mía es *Servidumbre humana*, de W. Somerset Maugham. Es un libro que te atrapa desde la primera página.

Puede que estemos perdiendo algo fundamental en nuestra carrera por fabricar los ordenadores más inteligentes. Fletcher teme que nos hayamos olvidado de la razón por la que fabricamos esos ordenadores en un principio: se supone que son herramientas que nos hacen la vida más fácil y mejor, y no al revés, porque ahora mismo nos estamos dedicando en cuerpo y alma a crear sistemas con los que comunicarnos con ellos (y no entre nosotros). Si educamos a nuestros hijos para que crezcan respondiendo a una IA y diseñando sus vidas en torno a lo que la IA puede hacer, entonces lo hemos entendido todo al revés. ¿Cómo podemos, en cambio, utilizar la IA para tener más tiempo libre y poder hacer lo que mejor sabemos hacer? Según Fletcher, es nuestra propia humanidad la que nos convierte en unos fantásticos narradores. La IA, aunque se nutra de toda la literatura escrita, nunca será capaz de contar historias como lo hacen los seres humanos.

¿Aumentar o eliminar puestos de trabajo?

A medida que la inteligencia artificial avanza y entra a formar parte cada vez más indispensable de nuestras vidas, tecnólogos y filósofos siguen preguntándose si estas herramientas nos dejarán obsoletos, nos sustituirán o simplemente servirán para aumentar nuestro rendimiento y capacidades. Claro que el desenlace depende por completo del puesto del que estemos hablando en concreto. Algunos puestos de trabajo está bastante claro que pronto serán sustituidos por una IA; otros, en cambio, parece que solo pueden ser competencia de un ser humano. En algunos casos, el individuo cuyo trabajo ha sido sustituido por la IA puede ser capaz de reinventarse y desempeñar un papel diferente. Muchos expertos han hablado de la posibilidad de que nos estemos dirigiendo hacia un futuro en el que la semana laboral de tres o cuatro días sea la norma, simplemente porque la IA nos va a ayudar a aumentar nuestra productividad. En 1930 John Maynard Keynes, en un ensayo titulado *Las posibilidades económicas de nuestros nietos*, predijo que sus nietos podrían trabajar solo quince horas a la semana gracias a las mejoras tecnológicas. Y, como resultado, alcanzarían también un nivel de vida mucho más alto. Sin embargo, esto sigue sin estar del todo claro. Una vez que la IA automatice las tareas y sustituya a la mano de obra humana, ¿qué harán los países con el montón de nuevos desempleados con el que se encontrarán?

Pero ¿qué puede hacer mejor la IA que el ser humano? En teoría, es más eficaz que nosotros a la hora de asimilar grandes cantidades de información y dar respuestas a preguntas muy concretas. Es capaz de recopilar un montón de información, filtrar datos en cuestión de segundos e identificar patrones, e incluso sugerir diagnósticos médicos. Pero la IA también tiene sus limitaciones y riesgos evidentes, como que se invente datos, algo de lo que se ha hablado en infinidad de ocasiones en la prensa. Los sistemas LLM suelen dar con confianza resultados a primera vista plausibles, pero que nos damos cuenta de que son totalmente mentira una vez que nos ponemos a investigarlos, y esto es algo que nos puede plantear un riesgo enorme y que ya nos está dando quebraderos de cabeza (sobre todo a aquellos que no se molestan en verificar los resultados que les ha dado la IA). Esto podría convertirse en un problema aún mayor a medida que las mentiras suenen cada vez más reales.

Sin embargo, incluso los escépticos están de acuerdo en que la IA tiene un potencial indudable y podría eliminar la monotonía de nuestra vida laboral (la memorización, la introducción de datos, la documentación) y permitirnos centrarnos en lo que de verdad despierta nuestra imaginación y nos llena de alegría. El equipo que hay detrás de Lex diseñó su herramienta con este mismo objetivo. Para ellos, el escritor humano sigue al mando, pero la IA le ayuda en el proceso; solo tienen que «preguntarle a Lex» cada vez que se queden en blanco o necesiten ayuda. Esta IA no escribe el texto en nombre de nadie.

Para la mayoría de las profesiones, yo diría que la IA hará al menos parte del trabajo tedioso. Puedo llegar a comprender que la IA pueda reemplazar trabajos en los que haya que introducir manualmente una serie de datos o que requieran que alguien se dedique a hacer una misma tarea una y otra vez durante su jornada laboral, como conducir un camión de un lado a otro del país o introducir una serie de datos en una hoja de cálculo. Otros trabajos que también podrían verse afectados por la IA son los de atención al cliente, programación y otras funciones administrativas que implican procesos repetitivos. Goldman Sachs, el banco de inversión mundial, calcula que la IA podría sustituir hasta 300 millones de puestos de trabajo en todo el mundo, al tiempo que aumentaría el PIB mundial al incrementar el crecimiento de la productividad.[50] La sanidad también es probable que quede muy afectada, sobre todo en Estados Unidos, donde el número de administrativos sanitarios ha aumentado más de un 3000 % desde 1970.

Esto podría abrir más oportunidades para que los seres humanos destaquen al realizar tareas que solo ellos pueden hacer, concretamente en áreas en las que la IA tiene sus limitaciones. Recordemos que se puede entrenar a un ordenador para mantener una conversación aparentemente emotiva o empática con un ser humano, pero una IA jamás ha experimentado lo que se siente realmente al emocionarse o empatizar con alguien, por lo que nunca ha tenido que reflexionar profundamente o ir evolucionando con ciertas vivencias o pensamientos. Y ese es su verdadero límite.

Creatividad dentro de los límites

Creo que la IA tiene mucho potencial para ayudar a los escritores con los argumentos de sus historias, las estructuras y las fórmulas. A veces, una simple idea puede poner en marcha la mente de un escritor, sobre todo si el autor solo tiene que rellenar los huecos con sus conocimientos, experiencias y sentimientos idiosincrásicos. Un montón de información sin estructura alguna es algo que nuestro cerebro no sabe cómo procesar, por eso tendemos a ignorarla. Esa es la razón por la que optamos por repetir las mismas tramas una y otra vez, como el viaje del héroe de Joseph Campbell o las siete tramas de Booker del capítulo 2, que dividimos siempre en una serie de etapas o capítulos para mantener la atención del lector.

La IA también puede ayudarnos a darnos cuenta de cuándo nuestras historias no funcionan porque carecen de una estructura convincente. La mayoría de las grandes historias, por ejemplo, deberían contener un giro de trama sorprendente, un momento en el que nuestro héroe podría no salir vencedor. También debería haber un final satisfactorio y, en el mejor de los casos, algún tipo de sorpresa o revelación para mantener al público en vilo.

Por supuesto, existen grandes obras de arte que no siguen ninguna de estas convenciones establecidas. Por ejemplo, existe un género cinematográfico en el que ninguna de las películas tiene un final feliz o satisfactorio. Algunos títulos que se me vienen a la cabeza donde esto ocurra: *Pozos de ambición (Petróleo sangriento)*, *Expiación* y *¿Teléfono rojo? Volamos hacia Moscú (Dr. Insólito o: Cómo aprendí a dejar de preocuparme y amar la bomba)*. Pero este tipo de obras que desafían lo establecido son la excepción que confirma la regla. En la mayoría de los casos, la estructura de la historia nos ayuda a centrarnos en algo mientras la leemos o la vemos. Las historias que carecen de estructura suelen resultar aburridas o el público puede llegar a pensar que carecen de sentido, y no que son verdaderas obras maestras de la genialidad.

Tendemos a sentirnos atraídos hacia tramas que siguen una fórmula establecida, aunque siempre estemos intentando inventar otras nuevas. Según los expertos con los que hablé para este libro, ChatGPT, el bot conversacional de Open AI que se basa en modelos extensos del lenguaje, seguirá incorporando más arcos narrativos y de personajes a su base de datos, así como diferentes estructuras. Algunos de estos elementos podrían resultar bastante útiles en el futuro. Imagínate que tienes que escribir un guion; podrías pedirle a ChatGPT que te diese uno de muestra o una plantilla con todos los elementos clave que deberían aparecer en un buen guion, y tú solo tendrías que aportar los pequeños detalles para darle un toque más humano y personalizado a la historia.

Incluso podríamos imaginarnos un mundo en el que este tipo de apoyo nos ayudase a crear nuevos tipos de arte en lugar de frenarnos. El desarrollador y narrador Aytekin Tank suele hablar de cómo las restricciones, las normas y los límites pueden despertar la creatividad en lugar de limitarla.[51] Imagínate que te dan una hoja de papel y te dicen que escribas cualquier cosa. El resultado puede ser mucho menos creativo que si te diesen un tema en concreto sobre el que escribir, por ejemplo: «Escribe sobre tu primer recuerdo». La IA podría proporcionarte esas indicaciones y, a continuación, el principio de un esquema sobre el tema del que quisieses escribir.

La IA también podría ser especialmente útil para otros tipos de escritura, como la no ficción. En este género, los lectores y editores tienen ciertas expectativas, como el número de palabras, la estructura de la obra, etc. Tales «restricciones permiten una mayor concentración sin la distracción de tener un sinfín de posibilidades al alcance de tus manos», afirma Tank.

Encontrar lo auténtico

Debemos tener mucho cuidado de no confiar demasiado en la IA para que escriba por nosotros. Puede que entienda el significado literal de las palabras, pero no comprende del todo cómo hablan las personas en el mundo real. Paul Graham, un destacado inversor tecnológico, contó una divertida anécdota en X sobre cómo un desconocido le envió un correo electrónico bastante frío para hablarle de un novedoso proyecto que tenía entre manos. «Entonces me fijé en que había escrito la palabra «ahondar»», dijo. Graham dice que no tiene nada en contra de este término, pero después de realizar un análisis por internet se percató de que existen muchos títulos o resúmenes que utilizaron varias veces el término «ahondar» en 2022, el año en que se lanzó ChatGPT. Conclusión: lo más probable es que ese correo electrónico hubiese sido escrito por un bot conversacional y, justamente por eso, Graham decidió que no merecía la pena leerlo. Está claro que «ahondar» es un término que la IA usa a diestro y siniestro, aunque también es un término que la gente ya no sigue usando hoy en día (o que al menos no utilizamos con demasiada frecuencia, que digamos).

Por otro lado, el comentario de Graham suscitó bastante controversia: el Twitter nigeriano se llenó de comentarios sobre cómo no todo el mundo escribe y habla de la misma manera, por lo que quizás Graham había sacado una conclusión equivocada al pensar eso.

Dicho esto, parece que hay ciertas palabras que los bots conversacionales usan con bastante frecuencia y que, en cambio, los seres humanos utilizamos cada vez menos con el paso de los años. Según la desarrolladora de software Shivangi Jain, algunas palabras dejan en evidencia que detrás de un texto hay una IA y no un ser humano, por ejemplo: «transformativo», «fomentar» y «tapiz». Pero ¿cómo podemos saberlo? Plantéate lo siguiente: ¿Usarías un término concreto en tu día a día, por ejemplo, cuando te estás tomando un café con alguien? Si es así, por supuesto, úsalo; al fin y al cabo, tienes que escribir como hablas. Yo, desde luego, apoyo la autenticidad en todas sus formas; si no, haznos un favor a todos y bórralo.

La mayoría de los expertos están de acuerdo en que la IA puede escribir una historia de una forma bastante rápida y que, con el tiempo, será un sistema que irá mejorando y que cada vez escribirá historias más creíbles y que creen mucho más alcance y clics. Hoy en día, todo el contenido falso que nos encontramos por internet nos parece demasiado perfecto, y está generado en lo que llamamos «granjas de contenido», que se dedican a repetir palabras dentro de los textos publicitarios que saben que van a generar atención y alcance en las redes sociales, como en Facebook. Con la introducción de la IA, el contenido podría mejorar aún más a la hora de atraer tráfico web y eso, a su vez, podría generar mucho más dinero para la empresa («Ha pasado una cosa, ¡y nunca te imaginarías lo que ocurrió después!»). Si los modelos de negocio en línea siguen valorando más la cantidad que la calidad, es fácil imaginar que la IA pueda redactar todos los contenidos de marketing que las empresas generen en el futuro, lo que tal vez lleve a un aumento masivo de la cantidad de contenido de mala calidad. Un pensamiento bastante pesimista, aunque realista. Y, si esto llega a ocurrir, las empresas tendrán mucho menos éxito en las próximas décadas si deciden valerse de sus historias para publicitarse.

La IA y las redacciones de noticias

Aún no está claro hasta qué punto la IA se abrirá camino en campos como la edición, la escritura de ficción y la dramaturgia, así como en los periódicos más conocidos hoy en día, como *The New York Times* y *The Wall Street Journal*. Y, si lo hace, ¿reemplazará a los escritores, autores y editores humanos? No se trata del mismo problema que el de las granjas de contenidos; estos redactores están entre los mejores de su sector y hacen un trabajo que requiere años de práctica y formación.

El sector de los medios de comunicación se está preparando para un duro golpe, sobre todo para aquellos que acaban de entrar a trabajar en las redacciones. La IA va a tener un impacto enorme entre los periodistas noveles, al igual que entre los abogados y auxiliares jurídicos que acaban de empezar sus carreras. Se trata de trabajos que requieren personas que recopilen información e investiguen, y luego compilen sus hallazgos en forma de informes y documentos similares. Hace poco estuve en una conferencia con un grupo de abogados que decían no comprender del todo cómo se suponía que les iba a afectar la IA en todo esto.

Por un lado, podían imaginarse a los abogados junior, que siguen facturando cientos de dólares a la hora a pesar de que acaban de salir de la Facultad de Derecho, siendo totalmente sustituidos por la IA. También tenían la sospecha de que la IA podría recopilar mucho mejor la información que cualquier abogado junior, además de hacerlo de una forma más rápida y precisa. Eso podría ser bueno, sobre todo si así sus clientes se ahorraban algo de dinero. Por otra parte, también se acordaban de cuando ellos mismos tenían que hacer ese minucioso trabajo, y la mayoría, echando la vista atrás, agradecen haberlo hecho, aunque para sus clientes fuese un coste añadido. Todos estaban de acuerdo en que ese tipo de trabajo fue esencial para que se convirtieran en los abogados que son hoy, con las habilidades y la experiencia que justifican que su trabajo tenga unos costes tan elevados. Como antigua periodista, yo pienso exactamente lo mismo. Los años que me pasé teniendo que investigar y resumir ciertos de documentos financieros me ayudaron a ser mejor periodista, aunque en ese momento me pareciese un tostón.

Dicho esto, hemos visto avances tecnológicos similares que no nos han vuelto más tontos, porque hemos evolucionado a su alrededor, trabajando con ellos como herramientas. «Es parecido, por ejemplo, a lo que ocurrió cuando se introdujo Excel en el mundo de las finanzas», explica Phan. «Hubo un tiempo en que no bastaba con volcar todos los datos en una hoja de cálculo —añadió—. Había que hacer un análisis numérico mucho más meticuloso». Phan dijo que es posible, aunque no necesariamente, que los abogados y periodistas noveles nunca reciban la formación que necesitan porque se han visto sustituidos por investigadores y reporteros de IA. Pero, igual que un analista financiero gana tiempo gracias a Excel y no necesita centrarse tanto en hacer cuentas, quizás un abogado o un periodista podrían ganar tiempo gracias a la investigación que realizase una herramienta de IA. ¿No les permitiría eso abarcar más terreno? Phan cree que también es posible que la gente encuentre otras formas, potencialmente más eficientes, de aprender a ejercer mejor su oficio.

Las redacciones de todo el mundo se encuentran divididas y confusas en este tema, sin saber cómo pueden usar esta nueva tecnología a su favor. Un informe de 2023 de JournalismAI, que se realizó a través del *Political Think Tank* de la Escuela de Economía y Ciencia Política de Londres, reveló que el 75 % de las redacciones utilizaban IA en algún punto del proceso de recopilación de información. Estas redacciones se valían de las herramientas de IA a pesar de que más del 60 % manifestaba tener dudas sobre las implicaciones éticas de hacerlo. Y en 2024, por primera vez, dos ganadores del Premio Pulitzer de periodismo revelaron que habían utilizado herramientas de IA en sus escritos. En un caso, para examinar miles de archivos que hablaban de la mala conducta de la policía en Estados Unidos y, en otro, para identificar los cráteres que habían dejado las bombas en Gaza. (Es posible que los ganadores de años anteriores también hayan utilizado la IA, pero este ha sido el primer año en que el comité del Pulitzer ha preguntado al respecto).

Sin embargo, hay ejemplos muy sonados de uso de IA generativa en las redacciones para generar no solo texto, sino también cobertura, y no de la buena. En un caso bastante sonado, se acusó a la revista *Sports Illustrated* de publicar artículos mal escritos y generados por IA con titulares falsos y atribuyéndoselos a periodistas inventados. Todo salió a la luz después de que los lectores se percataran de que había empeorado la calidad de los artículos de la revista y de que los empleados expresasen su frustración y enfado. *Sports Illustrated* sostuvo que los artículos estaban escritos por personas, pero reconoció que los redactores utilizaban seudónimos y que los titulares habían sido generados por IA.[52]

La Facultad de Periodismo de Columbia, que se ha dedicado a estudiar la difusión de la IA, ha publicado varios artículos en los que defiende que la IA provocará una transformación fundamental en las redacciones de periódicos y revistas, aun reconociendo que no será la panacea. Hay muchas cosas de las que la IA jamás podrá ocuparse. La IA no resolverá la crisis de confianza a la que se enfrentan las redacciones de todo el mundo, ni podrá ocuparse de descubrir nuevas noticias o información, filtrarlas y recopilarlas todas para crear un nuevo artículo novedoso. Este trabajo requiere juicio y pensamiento crítico, algo con lo que incluso periodistas con décadas de experiencia tienen a veces dificultades. Tampoco es probable que la IA solucione el omnipresente problema de la parcialidad dentro del mundo del periodismo, porque el ser humano está nutriendo los sistemas de la IA con los mismos datos sesgados que ellos mismos han escrito y seleccionado.

Aun así, con las presiones económicas a las que se enfrentan muchas redacciones, es probable que la perspectiva de utilizar la IA sea demasiado tentadora para que las empresas de medios de comunicación la rechacen por completo, como demuestra la investigación realizada por la Escuela de Economía y Ciencia Política de Londres. Es posible que muchas de ellas se apresuren a incorporarla sin pensar en todos los problemas que todavía quedan por resolver. Esto podría mejorar la eficiencia y la productividad, pero crearía problemas de otro tipo, tal y como descubrieron en *Sports Illustrated*.

¿Podría haber un resquicio de esperanza en todo esto? Si la IA puede generar rápidamente historias que requieren muy poca supervisión humana, como la reescritura de noticias o actualizaciones rápidas basadas en informes de resultados, ¿podría dejar a los humanos más tiempo para investigar o analizar datos? Recuerdo que, cuando trabajaba de periodista, me pasaba mucho tiempo haciendo justamente ese tipo de tareas, sobre todo cuando trabajaba en redacciones como la de Reuters, cubriendo grandes empresas como Apple y Amazon. Me habría encantado tener un «colega» de IA que me quitase de encima esas tediosas pero importantes tareas. Esa ha sido durante mucho tiempo la visión más optimista de hacia dónde se dirige esta tecnología: la IA eliminará el trabajo tedioso y nos permitirá explotar al máximo nuestra creatividad.

Yo, siendo optimista, creo que los humanos nos daremos cuenta de lo que nos hace especiales y lo potenciaremos al máximo en lugar de intentar parecernos más a los ordenadores. Dejaremos a un lado la obsesión por los datos y las métricas, y nos daremos cuenta del verdadero potencial que puede tener una buena historia en nuestras vidas. Los ordenadores se encargarán del trabajo tedioso, dejándonos tiempo libre para convertirnos en nuestra mejor versión, la más auténtica de todas.

O quizás ocurra exactamente lo contrario. Puede que el bot conversacional de una IA escriba mi próximo libro «ahondando» mucho más en el tema.

Imaginación desatada

El libro favorito de mi hijo de tres años es *Buenas noches, Luna*. Tiene las páginas gastadas y descoloridas después de haberse pasado noche tras noche acurrucado en la cama leyéndolo. Eso es algo que le relaja porque se ha convertido en parte de nuestra rutina por las noches. Los clásicos siempre tendrán un lugar en nuestras vidas, y los niños de cualquier generación les darán las buenas noches a sus calcetines, al reloj, al ratón, a la casa, al aire y a los ruidos, eso está claro.

Los siguientes cuentos con los que se obsesionó llegaron un mes antes de que mi hijo conociese a su nueva hermanita. Un amigo nos mandó un libro, publicado por una empresa llamada Wonderbly, que iba sobre mi hijo y su futura hermana, que contaba incluso con personajes ilustrados que se parecían a ellos, con el pelo ondulado castaño y los ojos marrones. No es un clásico como *Buenas noches, Luna*, de Margaret Wise Brown, pero a mis hijos les encanta porque *va sobre ellos*.

En un futuro próximo, estoy segura de que mis hijos se pondrán a ver programas de televisión que estén basados en personajes que hayan sido creados a su imagen y semejanza, con tramas preprogramadas y experiencias personalizadas en función de su información demográfica y sus intereses. Puede que ya nos encontremos viviendo ese futuro hipotético, gracias a empresas como Charisma AI, con sede en Oxford (Reino Unido).[53] Con Charisma, los desarrolladores de juegos pueden crear personajes con historias y emociones que parezcan reales, y hacer que luego mantengan conversaciones con diálogos realistas, pero que hayan sido generados por IA. Al ver algunos de estos vídeos, los personajes me parecieron inquietantemente humanos, pero con ese estilo al que la IA nos tiene tan acostumbrados. Son impresionantemente reales, pero tienen algo extraño que no acaba de encajar del todo.

Solemos creer que el progreso es lineal. Viviremos en un mundo dominado por la IA, o tal vez no. Yo creo que tendremos un futuro multidimensional. Seguro que nuestros hijos seguirán leyendo *Buenas noches, Luna* todas las noches y también crearán personajes con IA para juegos y programas de televisión que estén totalmente personalizados para ellos o, por el contrario, que estén increíblemente ficcionalizados, para que su imaginación pueda seguir floreciendo.

Es probable que las historias generadas por IA mejoren hasta el punto de que los personajes se parezcan tanto a los humanos que no seamos capaces de notar la diferencia. De hecho, si quieres experimentar algo espeluznante, busca en internet los vídeos que hay colgados y generados por IA del fallecido rapero Tupac Shakur hablando sobre su vida. Por un segundo, es incluso posible creer que el vídeo es real, hasta que te acuerdas de que murió en 1996. (Hablando de Tupac, los herederos del rapero han amenazado con demandar a Drake por un tema suyo en el que ha incluido una versión generada por IA de la voz de Tupac).[54]

No me cabe duda de que la IA se utilizará para crear vídeos personalizados para niños o vídeos en los que salgan personajes históricos que murieron hace mucho tiempo. Y nuestras redes sociales se llenarán de esta clase de contenidos. Y, como padres, tendremos que estar preparados para ello (¡buena suerte para todos nosotros con eso!).

Pero, aunque los personajes mejorarán, las historias nunca captarán del todo aquello para lo que recurrimos a las historias creadas por humanos. Nada de lo que pueda crear una IA podrá reflejar jamás la narración o imaginación del ser humano. Somos nosotros los que aportamos ese toque creativo, los que creamos las pautas y le decimos al programa de IA lo que tiene que hacer. Sin embargo, el contenido generado por IA podría hacer que surgiesen nuevas formas de arte, al menos, unas que podrían ser incluso tan revolucionarias como cuando Picasso pasó de un estilo clásico a otro rompedor que reflejaba la vida moderna.

Al final, la IA es una herramienta, una muy atractiva y a veces aterradora. Pero sigue siendo una herramienta más. El ser humano lleva millones de años utilizando herramientas que, a medida que las usábamos, nos han ido cambiando. De nosotros depende que sigamos utilizando esta nueva tecnología que hemos creado, reconociendo sus límites (las alucinaciones, las mentiras y la tendencia a lo banal) y usándola en aquellos momentos en los que nos sea de lo más útil para facilitarnos un poco la vida. O podemos optar por volvernos perezosos y dejar que nos sustituya por completo, dejando de lado nuestra creatividad humana y optando por contenidos basados en fórmulas, patrones, tendencias y datos. Espero que nuestro gran experimento con la IA nos lleve a un futuro en el que reconozcamos lo único que es el cerebro humano. Antes de que mi hijo se acueste por la noche, después de leer

Buenas noches, Luna, le gusta contarme historias sobre lo que ha hecho ese día. Me asombra que sea tan creativo. Sus proezas narrativas van desde explorar el origen de los dinosaurios hasta contarme historias sobre los animalitos que ha encontrado cuando volvía a casa del colegio. Esas son conversaciones mágicas que jamás podría hacer con un ordenador, y me encanta que sea así.

Conclusiones

«Hoy en día, la tendencia que tienen las empresas es intentar decir algo sin decir nada», afirma Donald Trigg, un veterano en el sector sanitario que ha dirigido tanto empresas que cotizan en bolsa como empresas privadas. Trigg ha sido testigo de enormes cambios en la cultura empresarial en los últimos veinte años. Los equipos se han vuelto totalmente remotos o híbridos, y la cultura empresarial se ha vuelto más plana que nunca. Incluso el estilo de la oficina ha cambiado, ya que las empresas han pasado de los cubículos a las puertas abiertas y las paredes de cristal, donde todos pueden asomarse a los espacios de trabajo íntimos de los demás.

«Las empresas son menos jerárquicas que nunca», afirma. «Realmente hay que ganarse el interior, y me refiero a los propios empleados, para ganarse el exterior». El exterior, según Trigg, es todo lo demás, desde los clientes hasta los medios de comunicación y los mercados financieros. En el mundo actual, las empresas triunfan ganándose tanto el interior como el exterior. No existe otra manera.

Los CEO más progresistas reconocen estos cambios. Pero no todos los directivos han asumido que la capacidad de contar una buena historia, de desarrollar una buena habilidad narrativa, es una de las herramientas más importantes que pueden poseer dentro del mundo empresarial, sobre todo en los tiempos que corren. Las historias, como hemos visto a lo largo de las páginas de este libro, son una poderosa herramienta de crecimiento que los líderes pueden utilizar para captar talento, atraer nuevos clientes, conseguir capital y salir ganando en general. Como hemos podido aprender a través de los ejemplos, a través de conversaciones con ejecutivos como Aaron Levie, Laura Modi y Alexis Ohanian, una buena historia se puede utilizar de diversas maneras para que las empresas mantengan alta la moral de los empleados, crezcan y se mantengan por delante de la competencia.

Espero que La ventaja del storytelling te haya proporcionado una serie de enseñanzas que puedas poner en práctica para empezar a contar más historias. Incluso las personas más introvertidas de mis contactos más cercanos han logrado tener éxito en sus aventuras gracias a estos mismos consejos. Convertirse en un buen narrador no significa tener que autopromocionarse ni poseer un gran ego. Nadie necesita ver otra serie de publicaciones lamentables en LinkedIn repletas de hashtags y memes desfasados. Para quien necesite reírse un rato, existe incluso un Subreddit dedicado a los «lunáticos de LinkedIn», lleno de ejemplos de las peores publicaciones vistas en esta red social, que además son los mejores ejemplos para ese hilo de Reddit. Por favor, léelo con calma y evita publicar nada que se parezca a esos ejemplos. Este tipo de enfoque fracasa porque los autores se esfuerzan demasiado en crear contenidos que encajen en los tópicos que suelen tener éxito en LinkedIn, en lugar de compartir pensamientos o sentimientos auténticos. Por eso, cuando los lees cuesta saber si se supone que te tienes que reír o llorar.

Una buena historia es aquella que sea fiel a ti mismo como narrador. Si te parece incómoda o poco natural, probablemente no te sirva para conseguir nada de lo que te habías propuesto al decidir contarla. Aquellos que se lo toman todo demasiado en serio y acaban comiéndose la cabeza con lo que opinará el resto del mundo sobre ellos, se acaban convirtiendo en una especie de robots que siempre dicen aquello que los demás esperan oír. Acordaos de la clave: no existe ningún comité invisible de gente que vaya a estar esperando a que fracases para criticarte púbicamente. Nadie le está prestando tanta atención a nadie. La mayoría de nosotros estamos demasiado ocupados con nuestras propias vidas como para eso. Así que arriésgate, sé valiente y creativo. Di que sí, porque las historias

dan significado a nuestras vidas, un propósito y un toque de alegría. Y al mundo empresarial le vendría muy bien un poco más de
eso.

Agradecimientos

Una vez compartí una encuesta en Twitter en la que preguntaba si a la mayoría de la gente le resultaría más difícil tener un bebé, crear una empresa o redactar un libro. ¿El resultado? Muy fácil: el libro. Hay una larga lista de personas con las que estoy en deuda y que me apoyaron en el proceso de escritura de este libro, con sus interminables revisiones y sesiones nocturnas de escritura. Gracias a mi agente, Julia Eagleton, de Janklow & Nesbit, que se puso en contacto conmigo y me animó a convertirme en autora, mucho antes incluso de que yo lo considerara una posibilidad. Gracias a mis editoras, Colleen Lawrie, Geraldine Collard y Kristen Kim, por creer en el proyecto y por todas las formas (grandes y pequeñas) en las que lo mejoraron. Este libro me ha dado la oportunidad de volver a trabajar con mi primer editor, Dylan Tweney, que me inició en el periodismo y me sacó de las profundidades del letargo de la escritura. Gracias a mi prima Elsie Ramsey, que se sentó a mi lado para corregir minuciosamente todos los signos de puntuación en el verano de 2024 mientras bebía su característica Coca-Cola Zero, y a mi madre, Laurie Farr, que me inculcó por primera vez el amor por la escritura y la edición (no hay nadie más experto en detectar errores de puntuación que ella en todo el mundo). A mis queridas amigas y colaboradoras Jacquelyn Miller, Alyssa Jaffee, Ellen Leanse, Sarah Frier y Leslie Schrock por apoyarme en este proceso de más formas de las que os podéis imaginar. También quiero dar las gracias a Amanda Ashford, Jennifer Janson y Michael Yang, de OMERS Ventures, por darme ánimos cuando empecé con este proyecto, y al equipo de salud digital de Manatt.

A mi marido, Jarred Colli, mi compañero de vida, gracias por haberme hecho seguir adelante a pesar de todo. Este libro no habría sido posible sin ti. Gracias a mis hijos, Thea y Miles, por darme una excusa para volver a leer cuentos infantiles y por vuestra insistencia en que os los siga leyendo hasta bien entrada la hora de acostaros.

Por último, gracias a todos los que han contribuido con sus historias para la creación de este libro. Ha sido un verdadero privilegio poder compartirlas.

Bibliografía

Introducción

Costolo, Dick. «How to Run Your Company like an Improve Group, by Twitter CEO Dick Costolo». *Bloomberg*. 11 de abril de 2013. https://www.bloomberg.com/news/articles/2013-04-11/how-to-run-your-company-like-an-improv-group-by-twitter-ceo-dick-costolo.

«Creating a Narrative with Reports and Data Graphics». University of North Carolina Wilmington. 6 de septiembre de 2023. https://onlinedegree.uncw.edu/programs/business/ms-business-analytics/creating-a-narrative-with-reports.

Hannon, Kerry. «A Nation of Quitters: US Workers Aren't Staying at Jobs for as Long as They Used To». Yahoo! Finance. Actualizado 13 de junio de 2023. https://finance.yahoo.com/news/a-nation-of-quitters-us-workers-arent-staying-at-jobs-for-as-long-as-they-used-to-114100476.html.

«How to Manage Your Company like an Improv Group: Twitter CEO Dick Costolo». ídeo subido a YouTube al canal de Bloomberg Originals, 12 de mayo de 2013. https://www.youtube.com/watch?v=xstzSihSu44.

Joris Toonders, Yonego. «Data Is the New Oil of the Digital Economy». *Wired*. 4 de agosto de 2015. https://www.wired.com/insights/2014/07/data-new-oil-digital-economy.

Lagorio-Chafkin, Christine. «A "Holy Shit" Moment: How Steve Huffman and Alexis Ohanian Built Reddit, the "Front Page of the Internet".» *Vanity Fair*. 24 de septiembre de 2018. https://www.vanityfair.com/news/2018/09/how-steve-huffman-and-alexis-ohanian-built-reddit.

«The Science of Storytelling, with Paula Croxson and Uri Hasson». *This Is Your Brain*. 25 de febrero de 2022. https://thisisyourbrain.com/2022/02/the-science-of-storytelling-with-paula-croxson-and-uri-hasson-s3-ep5.

«Why Storytelling Is Your Business's Secret Weapon». *The New York Times.* https://nytlicensing.com/latest/marketing/storytelling-is-your-secret-weapon (visitado el 11 de junio de 2024).

Zak, Paul J. «Why Your Brain Loves Good Storytelling», *Harvard Business Review.* 28 de octubre de 2014. https://hbr.org/2014/10/why-your-brain-loves-good-storytelling.

Capítulo 1: El fundador como narrador principal

Lagorio-Chafkin, Christine. «A "Holy Shit" Moment: How Steve Huffman and Alexis Ohanian Built Reddit». *Vanity Fair.* 24 de septiembre de 2018. https://www.vanityfair.com/news/2018/09/how-steve-huffman-and-alexis-ohanian-built-reddit.

Zook, Chris. «Founder- Led Companies Outperform the Rest— Here's Why». *Harvard Business Review.* 25 de octubre de 2017. https://hbr.org/2016/03/founder-led-companies-outperform-the-rest-heres-why.

Capítulo 2: Líneas argumentales

Clynes, Tom. «How to Raise a Genius: Lessons from a 45-Year Study of Supersmart Children». *Scientific American.* 7 de septiembre de 2016. https://www.scientificamerican.com/article/how-to-raise-a-genius-lessons-from-a-45-year-study-of-supersmart-children.

Dufour, Francois. «How Box Created and Led the Cloud Content Management Category». *Decibel.* https://www.decibel.vc/articles/how-box-created-and-led-the-cloud-content-management-category (visitado el 11 de junio de 2024).

Eisenmann, Tom. «Why Start-Ups Fail». *Harvard Business Review.* Mayo de 2021. https://hbr.org/2021/05/why-start-ups-fail.

McKee, Robert. Story: *Substance, Structure, Style, and the Principles of Screenwriting.* New York: ReganBooks, 1997. Disponible en: https://ia600101.us.archive.org/22/items/RobertMcKeeStorypdf/Robert%20McKee%20-%20Story%20%28pdf%29.pdf.

Capítulo 3: Los cuatro grandes secretos de una buena historia

«#brandsgetreal: Social Media and the Evolution of Transparency». *Sprout Social.* 26 de enero de 2024. https://sproutsocial.com/insights/data/social-media-transparency.

Segran, Elizabeth. «Victoria's Secret Threw Shade at ThirdLove, and CEO Heidi Zak Had the Perfect Response». *Fast Company*. 19 de noviembre de 2018. https://www.fastcompany.com/90270034/victorias-secret-threw-shade-at-thirdlove-and-ceo-heidi-zak-had-the-perfect-response.

Silverman, Jacob. «Spies, Lies, and Stonewalling: What It's Like to Report on Facebook». *Columbia Journalism Review*. 1 de julio de 2020. https://www.cjr.org/special_report/reporting-on-facebook.php.

Summers, Juana, Jason Fuller and Justine Kenin. «Why Customer Service Ratings Are Getting Worse». NPR. 15 de marzo de 2023. https://www.npr.org/2023/03/15/1163733421/why-customer-service-ratings-are-getting-worse.

«2024 Gen Z and Millennial Survey: Living and Working with Purpose in a Transforming World». Deloitte. 2024. https://www.deloitte.com/global/en/issues/work/content/genz-millennialsurvey.html.

«Unexpectedly Canine— Customers Can't Keep Their Paws Off TD Bank's One of a Kind Dog ATM». TD. 15 de mayo de 2024. https://stories.td.com/us/en/article/unexpectedly-canine-customers-cant-keep-their-paws-off-td-banks-one-of-a-kind-dog-atm.

Zak, Heidi. «An Open Letter to Victoria's Secret». ThirdLove. 19 de noviembre de 2018. https://www.thirdlove.com/blogs/learn/an-open-letter-to-victorias-secret.

Capítulo 5: Crear una estrategia a partir de una historia

Bililies, Ted and Dan Bigman. «Benioff's Way: A Conversation with Salesforce Founder and 2022 CEO of the Year Marc Benioff». *Chief Executive*. 20 de octubre de 2022. https://chiefexecutive.net/benioffs-way-a-conversation-with-salesforce-founder-and-2022-ceo-of-the-year-marc-benioff.

«Our Credo». Johnson&Johnson. https://www.jnj.com/our-credo (visitado el 10 de enero de 2025).

«Steve Jobs' 2005 Stanford Commencement Address». Vídeo de YouTube del canal de Stanford. 8 de marzo de 2008. https://www.youtube.com/watch?v=UF8uR6Z6KLc.

Sull, Don and Charlie Sull. «MIT SMR's Culture 500». MIT Sloan. https://sloanreview.mit.edu/culture500/research (visitado el 11 de junio de 2024).

Capítulo 6: Marcas impulsadas por sus historias

Litman, Reid. «For Gen Z, Brand Is What You Share, Not What You Sell—Part I». *Ogilvy*. 4 de octubre de 2022. https://www.ogilvy.com/ideas/gen-z-brand-what-you-share-not-what-you-sell-part-i.

Capítulo 8: Para bien y para mal

Carreyrou, John. *Bad Blood: Secrets and Lies in a Silicon Valley Startup*. New York: Random House Audio, 2018.

Capítulo 9: El uso de una buena historia para aumentar el capital

Florian, Ellen. «Michael Moritz: The Best Advice I Ever Got». *CNN*. 13 de enero de 2012. https://money.cnn.com/2011/12/21/technology/michael_mortiz_best_advice.fortune/index.htm.

Litman, Reid. «For Gen Z, Brand Is What You Share, Not What You Sell—Part I». Ogilvy. 4 de octubre de 2022. https://www.ogilvy.com/ideas/gen-z-brand-what-you-share-not-what-you-sell-part-i.

Primack, Dan. «Google Ventures Shelves Its Algorithm». *Axios*. 28 de septiembre de 2022. https://www.axios.com/2022/09/28/google-ventures-shelves-its-algorithm.

Scott-Curran, Stewart. «Sequoia's James Buckhouse on the Role of Story in Experience Design». Intercom. 27 de julio de 2017. https://www.intercom.com/blog/podcasts/sequoia-james-buckhouse-experience-design.

Thomas, Owen. «Mike Moritz Regrets: He Never Patched Things Up with Steve Jobs». *VentureBeat*. 6 de abril de 2010. https://venturebeat.com/business/mike-moritz-return-to-the-little-kingdom-steve-jobs-apple.

«Why Storytelling Matters for Founders». Vídeo de YouTube del canal de Peak XV. 3 de julio de 2020. https://www.youtube.com/watch?v=mS06WYMjyD4.

Capítulo 10: La narrativa y el sesgo

Bever, Lindsay. «Sam's Club CEO Called "Racist" for Remarks on Diversity». *Washington Post*. 15 de septiembre de 2015. https://www.washingtonpost.com/news/morning-mix/wp/2015/12/15/sams-club-ceo-called-racist-for-remarks-on-diversity.

Bishop Smith, Edward, Jillian Chown and Kevin Gaughan. «Better in the Shadows? Public Attention, Media Coverage, and Market Reactions to Female CEO Announcements». *Sociological Science*. 17 de mayo de 2021. https://sociologicalscience.com/articles-v8-7-119.

Dobbin, Frank and Alexandra Kalev. «Why Diversity Programs Fail». *Harvard Business Review*. 27 de marzo de 2024. https://hbr.org/2016/07/why-diversity-programs-fail.

Elsesser, Kim. «Female CEOs Outearn Male Counterparts in S&P 500 Companies». *Forbes*. 5 de junio de 2024, actualizado el 6 de junio de 2024. https://www.forbes.com/sites/kimelsesser/2024/06/05/female-ceos-outearn-male-counterparts-in-sp-500-companies.

Fleming, Olivia. «Are All These Female-Founder Takedowns Fair?» *The Helm*. 24 de junio de 2020. https://thehelm.co/female-founder-takedowns-outdoor-voices-away-the-wing.

Gupta, Suraj. «Council Post: Diversity: The Holy Grail of Venture Capital». *Forbes*. 12 de agosto de 2024. https://www.forbes.com/councils/forbesbusinesscouncil/2022/05/26/diversity-the-holy-grail-of-venture-capital.

Hyland, Véronique. «Emily Weiss on Building Glossier and What's Next for the Brand». *Elle*. 25 de marzo de 2024. https://www.elle.com/beauty/a60112997/emily-weiss-women-of-impact-interview-2024.

Hinchliffe, Emma. «Women CEOs Run 10.4% of Fortune 500 Companies. A Quarter of the 52 Leaders Became CEO in the Last Year». *Fortune*. 5 de junio de 2023. https://fortune.com/2023/06/05/fortune-500-companies-2023-women-10-percent.

Legault, Helena. «Parasocial Relationships with T.X. Watson». Pol Comm Tech Lab. 28 de marzo de 2024. https://www.polcommtech.com/post/parasocial-relationships-with-t-x-watson.

Lloyd, Camille. «One in Four Black Workers Report Discrimination at Work». Gallup. 5 de marzo de 2024. https://news.gallup.com/poll/328394/one-four-black-workers-report-discrimination-work.aspx.

Maddaus, Gene. «After Scarlett Johansson Dustup, AI Lobbying Group Urges Congress to Outlaw Deepfakes». *Variety*. 10 de junio de 2024. https://variety.com/2024/biz/news/scarlett-johansson-ai-lobbying-deepfake-microsoft-openai-software-alliance-1236029583.

Russell, Melia. «April Koh Built a $2 Billion Mental-Health Startup by Age 29. Current and Former Employees Say She Led a Fast-Paced Culture That Created Panic and Fear». *Business Insider*. 22 de marzo de 2023.

https://www.businessinsider.com/spring-health-april-koh-mental-health-startup-culture-burnout-quitting-2021-11.

Schiffer, Zoe. «ThirdLove Says It's by Women, for Women. But Women Who've Worked There Disagree». *Vox.* 16 de septiembre de 2019. https://www.vox.com/the-goods/2019/9/16/20864206/thirdlove-bra-company-women-employees-quit-ceo.

Sears, Brad. «LGBTQ People's Experiences of Workplace Discrimination and Harassment». *Williams Institute.* 6 de septiembre de 2024. https://williamsinstitute.law.ucla.edu/publications/lgbt-workplace-discrimination.

Sebbings, Harry. «Keith Rabois and Mike Shebat: Creating an Olympian Mindset to Work Ethic». Vídeo de YouTube del canal de 20VC con Harry Stebbings. 27 de noviembre de 2023. https://www.youtube.com/watch?v=flf81mI5yEU.

Stypińska, Justyna and Konrad Turek. «Hard and Soft Age Discrimination: The Dual Nature of Workplace Discrimination». *European Journal of Ageing.* 24 de enero de 2017. https://www.ncbi.nlm.nih.gov/pmc/articles/PMC5550623.

Umoh, Ruth. «154 Fortune 500 Companies Released Diversity Data Last Year. Here's What They Reveal About the State of DEI». *Fortune.* 13 de marzo de 2024. https://fortune.com/2024/03/13/fortune-500-diversity-data-promotions-representation-legal.

Wong, Rose. «Stop Screening Job Candidates' Social Media». *Harvard Business Review.* 2 de septiembre de 2021. https://hbr.org/2021/09/stop-screening-job-candidates-social-media.

Wood-Brooks, Allison, Laura Huang, Sarah Wood Kearney and Fiona E. Murray. «Investors Prefer Entrepreneurial Ventures Pitched by Attractive Men». *PNAS.* 10 de marzo de 2014. https://www.pnas.org/doi/full/10.1073/pnas.1321202111.

Capítulo 11: La narrativa y la IA

«Columbia Journalism School Explores "AI in the Newsroom" with Events Through September». *Columbia Journalism School.* 20 de septiembre de 2024. https://journalism.columbia.edu/news/ai-september-events-cjs.

«Elon Musk Freaks Out Joe Rogan About the Dangers of AI». Vídeo de YouTube del canal de Enterprise Management 360. 1 de septiembre de 2023. https://www.youtube.com/watch?v=VozVRnZaceo.

Fletcher, Angus. «Why Storytelling Will Prevent AI Dominance». Vídeo de YouTube del canal de Singularity University. 9 de marzo de 2023. https://www.youtube.com/watch?v=6VuVVDK83vk.

Kelly, Jack. «Goldman Sachs Predicts 300 Million Jobs Will Be Lost or Degraded by Artificial Intelligence». *Forbes*. 31 de marzo de 2023. https://www.forbes.com/sites/jackkelly/2023/03/31/goldman-sachs-predicts-300-million-jobs-will-be-lost-or-degraded-by-artificial-intelligence.

Maddaus, Gene. «After Scarlett Johansson Dustup, AI Lobbying Group Urges Congress to Outlaw Deepfakes». *Variety*. 10 de junio de 2024. https://variety.com/2024/biz/news/scarlett-johansson-ai-lobbying-deepfake-microsoft-openai-software-alliance-1236029583.

Nerkar, Santul and Kevin Draper. «For Sports Illustrated, Report About Fake Authors Is Latest Stumble». *The New York Times*. 28 de noviembre de 2023. https://www.nytimes.com/2023/11/28/business/sports-illustrated-artifical-intelligence.html.

Tong, Anna, Jeffrey Dastin and Krystal Hu. «OpenAI Researchers Warned Board of AI Breakthrough Ahead of CEO Ouster, Sources Say». *Reuters*. 23 de noviembre de 2023. https://www.reuters.com/technology/sam-altmans-ouster-openai-was-precipitated-by-letter-board-about-ai-breakthrough-2023-11-22.

Winstead, Edward. «Can Artificial Intelligence–Driven Chatbots Correctly Answer Questions About Cancer?» *National Cancer Institute*. 3 de octubre de 2023. https://www.cancer.gov/news-events/cancer-currents-blog/2023/chatbots-answer-cancer-questions.

Notas

Introducción

1. Yonego Joris Toonders, «Data Is the New Oil of the Digital Economy,» *Wired*, 4 de agosto de 2015, https://www.wired.com/insights/2014/07/data-new-oil-digital-economy.

2. Beth Stackpole, «The Next Chapter in Analytics: Data Storytelling,» MIT Sloan, 20 de mayo de 2020, https://mitsloan.mit.edu/ideas-made-to-matter/next-chapter-analytics-data-storytelling.

3. «Creating a Narrative with Reports and Data Graphics,» University of North Carolina Wilmington, 6 de septiembre, 2023, https://onlinedegree.uncw.edu/programs/business/ms-business-analytics/creating-a-narrative-with-reports.

4. Doug Sundheim, «How Patagonia Became the Most Reputable Brand in the United States,» *Forbes*, 12 de diciembre de 2023, https://www.forbes.com/sites/dougsundheim/2023/12/12/how-patagonia-became-the-most-reputable-brand-in-the-united-states.

5. «Why Storytelling Is Your Business's Secret Weapon,» *The New York Times*, https://nytlicensing.com/latest/marketing/storytelling-is-your-secret-weapon (visitado el 11 de junio de 2024).

6. Guest Contributor, «Opinion: Why Those Who Tell the Best Stories Rule Society,» Cision (Gorkana), 16 de marzo de 2018, https://www.gorkana.com/2018/03/pat-southwell-opinion-those-who-tell-stories-rule-society.

7. «How to Manage Your Company like an Improv Group: Twitter CEO Dick Costolo,» vídeo subido a YouTube por Bloomberg Originals, 12 de mayo de 2013, https://www.youtube.com/watch?v=xstzSihSu44.

8. Dick Costolo, «How to Run Your Company like an Improv Group, by Twitter CEO Dick Costolo,» *Bloomberg*, 11 de abril de 2013, https://www.bloomberg.com/news/articles/2013-04-11/how-to-run-your-company-like-an-improv-group-by-twitter-ceo-dick-costolo.

9. Christine Lagorio- Chafkin, «A 'Holy Shit' Moment: How Steve Huffman and Alexis Ohanian Built Reddit, the 'Front Page of the Internet'», *Vanity Fair*, 24 de septiembre de 2018, https://www.vanityfair.com/news/2018/09/how-steve-huffman-and-alexis-ohanian-built-reddit.

10. Kerry Hannon, «A Nation of Quitters: US Workers Aren't Staying at Jobs for as Long as They Used To,» Yahoo! Finance, actualizado el 3 de junio de 2023, https://finance.yahoo.com/news/a-nation-of-quitters-us-workers-arent-staying-at-jobs-for-as-long-as-they-used-to-114100476.html.

11. «The Science of Storytelling, with Paula Croxson and Uri Hasson,» *This Is Your Brain*, 25 de febrero de 2022, https://thisisyourbrain.com/2022/02/the-science-of-storytelling-with-paula-croxson-and-uri-hasson-s3-ep5.

12. Paul J. Zak, «Why Your Brain Loves Good Storytelling,» *Harvard Business Review*, 28 de octubre de 2014, https://hbr.org/2014/10/why-your-brain-loves-good-storytelling.

Capítulo 1: El fundador como narrador principal

13. Mason Walker, «U.S. Newsroom Employment Has Fallen 26 % Since 2008,» *Pew Research Center*, 13 de julio de 2021, https://www.pewresearch.org/short-reads/2021/07/13/u-s-newsroom-employment-has-fallen-26-since-2008.

Capítulo 2: Líneas argumentales

14. Anna Mazarakis and Alyson Shontell, «How Box CEO Aaron Levie Got Mark Cuban to Invest in Their Startup While They Were Still in College— Without Ever Meeting Him,» *Business Insider,* 17 de julio 2017, https://www.businessinsider.com/how-box-ceo-aaron-levie-got-mark-cuban-to-invest-2017-7#.

15. L. Jon Wertheim and Sam Sommers, «The Eternal Appeal of the Underdog,» *The New York Times*, 15 de marzo de 2016, https://www.nytimes.com/2016/03/15/opinion/the-eternal-appeal-of-the-underdog.html.

16. «How Box Created and Led the Cloud Content Management Category,» Decibel, https://www.decibel.vc/articles/how-box-created-and-led-the-cloud-content-management-category (visitado el 11 de junio de 2024).

17. Amy Ingram and William Gartner, «What Do Entrepreneurs Talk About When They Talk About Failure?,» Research Gate, enero de 2013, https://www.researchgate.net/publication/261175279_What_do_entrepreneurs_talk_about_when_they_talk_about_failure.

18. Tom Clynes, «How to Raise a Genius: Lessons from a 45- Year Study of Supersmart Children,» *Scientific American*, 7 de septiembre de 2016, https://www.scientificamerican.com/article/how-to-raise-a-genius-lessons-from-a-45-year-study-of-supersmart-children.

19. Tom Eisenmann, «Why Start- Ups Fail,» *Harvard Business Review*, mayo de 2021, https://hbr.org/2021/05/why-start-ups-fail.

20. Robert McKee, «Story-in-Business: Why Story Works, Overcoming Negaphobia, and Authoring the Future,» McKee Story, https://mckeestory.com/wp-content/uploads/story-in-business-white-paper.pdf.

Capítulo 3: Los cuatro grandes secretos de una buena historia

21. Gabriel Perna, «Jonathan Bush on Founding Zus Health, Lessons from Athenahealth and Hospital Cafeteria Food,» *Health Evolution*, 28 de julio de 2021, https://www.healthevolution.com/insider/jonathan-bush-on-founding-zus-health-lessons-from-athenahealth-and-hospital-cafeteria-food.

22. Heidi Zak, «An Open Letter to Victoria's Secret,» *ThirdLove*, 19 de noviembre de 2018, https://www.thirdlove.com/blogs/learn/an-open-letter-to-victorias-secret.

23. Elizabeth Segran, «Victoria's Secret Threw Shade at ThirdLove, and CEO Heidi Zak Had the Perfect Response,» *Fast Company*, 19 de noviembre de 2018, https://www.fastcompany.com/90270034/victorias-secret-threw-shade-at-thirdlove-and-ceo-heidi-zak-had-the-perfect-response.

24. Jacob Silverman, «Spies, Lies, and Stonewalling: What It's Like to Report on Facebook,» *Columbia Journalism Review*, 1 de julio de 2020, https://www.cjr.org/special_report/reporting-on-facebook.php.

25. Ibid.

26. «Unexpectedly Canine— Customers Can't Keep Their Paws Off TD Bank's One of a Kind Dog ATM,» TD, 15 de mayo de 2024, https://stories.td.com/us/en/article/unexpectedly-canine-customers-cant-keep-their-paws-off-td-banks-one-of-a-kind-dog-atm.

27. «2024 Gen Z and Millennial Survey: Living and Working with Purpose in a Transforming World,» *Deloitte*, 2024, https://www.deloitte.com/global/en/issues/work/content/genz-millennialsurvey.html.

Capítulo 5: Crear una historia a partir de una estrategia

28. «Steve Jobs' 2005 Stanford Commencement Address,» Vídeo subido a YouTube al canal de Stanford, 8 de marzo de 2008, https://www.youtube.com/watch?v=UF8uR6Z6KLc.

29. «Our Credo,» Johnson&Johnson, https://www.jnj.com/our-credo (visitado el 21 de noviembre de 2024).

30. Don Sull and Charlie Sull, «MIT SMR's Culture 500,» MIT Sloan, https://sloanreview.mit.edu/culture500/research (visitado el 11 de junio de 2024).

31. Dan Bigman and Ted Bililies, «Benioff's Way: A Conversation with Salesforce Founder and 2022 CEO of the Year Marc Benioff,» *Chief Executive*, 20 de octubre de 2022, https://chiefexecutive.net/benioffs-way-a-conversation-with-salesforce-founder-and-2022-ceo-of-the-year-marc-benioff.

Capítulo 6: Marcas impulsadas por sus historias

32. Reid Litman. «For Gen Z, Brand Is What You Share, Not What You Sell— Part I». *Ogilvy*. 4 de octubre 2022. https://www.ogilvy.com/ideas/gen-z-brand-what-you-share-not-what-you-sell-part-i.

Capítulo 8: Para bien y para mal

33. John Carreyrou, *Bad Blood: Secrets and Lies in a Silicon Valley Startup*. (New York: Knopf, 2018).

Capítulo 9: El uso de una buena historia para aumentar el capital

34. «Michael Moritz: Cardiff-Born Billionaire from 'Ordinary Comprehensive'», *BBC News*, 12 de julio de 2012, https://www.bbc.com/news/uk-wales-south-east-wales-18809606.

35. «Michael Moritz: The Best Advice I Ever Got,» *CNN*, 21 de diciembre de 2011, https://money.cnn.com/2011/12/21/technology/michael_mortiz_best_advice.fortune/index.htm.

36. Owen Thomas, «Mike Moritz Regrets: He Never Patched Things Up with Steve Jobs,» *VentureBeat*, 6 de abril de 2010, https://venturebeat.com/business/mike-moritz-return-to-the-little-kingdom-steve-jobs-apple.

37. «Why Storytelling Matters for Founders,» Vídeo subido a YouTube al canal de Peak XV, 3 de julio de 2020, https://www.youtube.com/watch?v=mS06WYMjyD4.

38. Dan Primack, «Google Ventures Shelves Its Algorithm,» *Axios*, 28 de septiembre de 2022, https://www.axios.com/2022/09/28/google-ventures-shelves-its-algorithm.

39. «Arc,» Sequoia Cap, https://www.sequoiacap.com/arc (visitado el 21 de noviembre de 2024).

40. Stewart Scott- Curran, «Sequoia's James Buckhouse on the Role of Story in Experience Design,» Intercom, 27 de julio de 2017, https://www.intercom.com/blog/podcasts/sequoia-james-buckhouse-experience-design.

Capítulo 10: La narrativa y el sesgo

41. Christopher Helman, «Fracker Chris Wright, Trump's Energy Pick, Isn't a Climate Denier— He's a Pragmatist,» *Forbes*, 6 de junio de 2024, https://www.forbes.com/sites/kimelsesser/2024/06/06/female-ceos-outearn-male-counterparts.

42. Véronique Hyland, «How Emily Weiss Influenced Everything,» *Elle*, 25 de marzo de 2024, https://www.elle.com/beauty/a60112997/emily-weiss-women-of-impact-interview-2024.

Capítulo 11: La narrativa y la IA

43. «Elon Musk Freaks Out Joe Rogan About the Dangers of AI,» Vídeo subido a YouTube al canal de Enterprise Management 360, 1 de septiembre de 2023, https://www.youtube.com/watch?v=VozVRnZaceo.

44. Anna Tong, Jeffrey Dastin, and Krystal Hu, «OpenAI Researchers Warned Board of AI Breakthrough Ahead of CEO Ouster, Sources Say,» *Reuters*, 23 de noviembre de 2022, https://www.reuters.com/technology/sam-altmans-ouster-openai-was-precipitated-by-letter-board-about-ai-breakthrough-2023-11-22.

45. Gene Maddaus, «After Scarlett Johansson Dustup, AI Lobbying Group Urges Congress to Outlaw Deepfakes,» *Variety*, 10 de junio de 2024, https://

variety.com/2024/biz/news/scarlett-johansson-ai-lobbying-deepfake-microsoft-openai-software-alliance-1236029583.

46. Angus Fletcher, «Why Storytelling Will Prevent AI Dominance,» Vídeo subido a YouTube al canal de Singularity University, 9 de marzo de 2023, https://www.youtube.com/watch?v=6VuVVDK83vk.

47. Edward Winstead, «Can Artificial Intelligence– Driven Chatbots Correctly Answer Questions About Cancer?,» *National Cancer Institute*, 3 de octubre de 2023, https://www.cancer.gov/news-events/cancer-currents-blog/2023/chatbots-answer-cancer-questions.

48. Nathan Heller, «The End of the English Major,» *The New Yorker*, 27 de febrero de 2023, https://www.newyorker.com/magazine/2023/03/06/the-end-of-the-english-major.

49. Annie Murphy Paul, «Reading Literature Makes Us Smarter and Nicer», *Time*, 3 de junio de 2013, https://ideas.time.com/2013/06/03/why-we-should-read-literature.

50. Jack Kelly, «Goldman Sachs Predicts 300 Million Jobs Will Be Lost or Degraded by Artificial Intelligence,» *Forbes*, 31 de marzo de 2023, https://www.forbes.com/sites/jackkelly/2023/03/31/goldman-sachs-predicts-300-million-jobs-will-be-lost-or-degraded-by-artificial-intelligence.

51. Aytekin Tank, «How Limitations Can Foster Innovation and Productivity,» Jotform, https://www.jotform.com/blog/how-limitations-can-foster-innovation-and-productivity (visitado el 21 de noviembre de 2024).

52. Santul Nerkar and Kevin Draper, «For Sports Illustrated, Report About Fake Authors Is Latest Stumble,» *The New York Times*, 28 de noviembre de 2023, https://www.nytimes.com/2023/11/28/business/sports-illustrated-artifical-intelligence.html.

53. Charisma, https://charisma.ai.

54. Bill Donahue, «Tupac Shakur's Estate Threatens to Sue Drake over Diss Track Featuring AI- Generated Tupac Voice,» *Billboard*, 24 de abril de 2024, https://www.billboard.com/pro/tupac-shakur-estate-drake-diss-track-ai-generated-voice.